Die verführte Gesellschaft

Joachim Kohlhof

Joachim Kohlhof

Die verführte Gesellschaft

Ist Ethik nur eine Theorie im Kopf?

Shaker Media

Bibliografische Information der Deutschen Nationalbibliothek
Die Deutsche Nationalbibliothek verzeichnet diese Publikation in der
Deutschen Nationalbibliografie; detaillierte bibliografische Daten sind im
Internet über http://dnb.d-nb.de abrufbar.

Printed in Germany.

ISBN 978-3-95631-220-5

Shaker Media GmbH • Postfach 101818 • 52018 Aachen
Telefon: 02407 / 95964 - 0 • Telefax: 02407 / 95964 - 9
Internet: www.shaker-media.de • E-Mail: info@shaker-media.de

Für meinen Sohn Hendrik

„Alle Mitarbeiter des Shaker Media Verlages gratulieren Herrn Kohlhof ganz herzlich zu seinem 70. Geburtstag und hoffen dies spätestens zum 80. in einem weiteren Buch wiederholen zu können."

Inhaltsverzeichnis

Die Politik in Deutschland
hat sich wenig geändert.

Aus der Großmachtsucht
wilhelminischer Prägung
bis hin zur nationalsozialistischen
Exzession wurde eine
Großmannsucht
republikanischer Provenienz.

Beides schadet dem Volk
und seinem Ansehen.
Und beides kostet viel Geld.

Vorwort

Liebe Leserinnen, liebe Leser!

Die Geschichte Deutschlands ist eine Geschichte der Verführung. Viele gewählte und selbsternannte Führer sind vom Weg verantwortungsvoller Tugenden abgekommen und haben während der Zeit ihrer Herrschaft Land und Leute ver-führt und damit in die Irre geleitet.

Das vorliegende Buch „Die verführte Gesellschaft" setzt die bisher von mir publizierten Bücher unter der Thematik ethischer Würdigung prozessualer gesellschaftlicher Vorgänge und Abläufe in der jüngeren Vergangenheit fort. Es geht nicht um historische Nachweise generationenübergreifender und jahrzehntelanger Verführungen unserer Gesellschaft, sondern um ihre ethischen Verwerfungen und die sich daraus ergebenden Konsequenzen. Hinzu tritt dabei die Überlegung, inwieweit die Verführungen von der Gesellschaft gewollt und deshalb bewusst herbeigeführt worden sind – und aus diesem Grunde immer noch bewusst gesteuert werden. Das Buch soll eine *tour d'horizon* durch unterschiedliche Bereiche unseres gesellschaftlichen Lebens sein, wo die Verführungen besonders signifikant sind. Aus der *tour d'horizon* wird so eine *tour d'éthique*.

Vor dem Hintergrund drohender Ausblutung ethischer Werte in Politik und Gesellschaft, in Kirche und Kultur, in den Medien und besonders in der Wirtschaft suchen wir vergebens nach wertstabilen Orientierungshilfen, die unserem Dasein menschliches Profil verleihen. Vorbilder mit Verantwortung für das Gemeinwesen sind Mangelware. Korruption, Bestechung, Vorteilnahmen und Vertrauensseligkeit sind die treuen Wegefährten unserer irdischen Wanderschaft und die Attribute jener Chargen, die sich selbst zu Führern aufschwingen.

Aus der Großmachtsucht vergangener politischer und gesellschaftlicher Verführungen ganzer Generationen hat sich bedauerlicherweise eine Großmannsucht entwickelt, der wir heute nur noch tatenlos zusehen können und die immer teurer und gefährlicher zu werden droht. Beide Suchtverhalten haben unsere Gesellschaften in die Irre geführt und viel Leid verbreitet. Vielleicht spürt unsere Jugend intuitiv, dass Fehlleitungen und Irrwege nicht der Stoff sind, aus dem eine gedeihliche Zukunft entstehen kann. Die Jugend ist vielmehr unsicher und verängstigt und sie spürt, dass sich das Ist immer mehr beschleunigt und das Soll mehr und mehr gebremst wird. Nicht zuletzt strahlt auch unser gegenwärtiges und möglicherweise dauerhaftes Demographieproblem auf generative nachteilige Auswirkungen aus. Diese können nur hilfsweise durch den Import geeigneter multikultureller Strömungen korrigiert werden, mit all seinen Unwägbarkeiten, denen wir am Ende hilflos ausgesetzt sind und von denen wir langfristig keine gelingenden Perspektiven erwarten können.

Das Buch „Die verführte Gesellschaft" setzt sich aus zwei Teilen zusammen. Den ersten Teil bilden Blogs aus unterschiedlichen Fragestellungen. Ihre Beantwortung hat stets einen ethischen Bezug zu tagesaktuellen, aber auch wirtschafts- und gesellschaftspolitischen Fragen. Zu diesen wurde der Autor als langjähriger Schirmherr der VITAO® Ethic Community im Kanton Glarus in der Schweiz zur Stellungnahme eingeladen. Aus der gewählten Themenstellung ergibt sich ein weites Spektrum länderübergreifender Gemeinsamkeiten. Vielleicht sind wir in unserem Nationalbewusstsein noch nicht so weit, die Zusammenhänge zu erkennen, die uns alle verbinden. Solange wir den Banalitäten des Lebens hinterherjagen und nicht die Einsicht haben, dass es zwischen Himmel und Erde noch etwas anderes gibt als die Anhäufung von Geld, Macht und Anerkennung, solange werden wir noch lange auf Verständigung, Vergebung und auf die Besinnung warten, das Bessere für alle zu wollen und das Gute für den Einzelnen alleine infrage zu stellen.

Der zweite Teil des Buches enthält Essays mit Themenstellungen, die eine vertiefende ethische Ausrichtung haben. Diese dem Leser in Erinnerung zu rufen und nicht den Wortgewaltigen der unterschiedlichen politischen Denkrichtungen das Feld zu überlassen, ist ein besonderes Anliegen des Autors. Eigene Meinungsbildung ist wichtiger, als sich bequem dem Verführungsspiel der Macher zu überlassen. Denn am Ende profitieren nur sie und fragen nicht danach, wer alles unterwegs auf der Strecke zurückgeblieben ist, welche Schäden sie angerichtet haben und wie hoch der gesellschaftliche Preis war. Die Parolen sind uns alle wohlbekannt, was es den Verführern so einfach macht, mit der Gesellschaft zu spielen. Ein inzwischen inaktiver Landespolitiker des Landes Rheinland-Pfalz hat es auf seine ihm eigene Art auf den Punkt gebracht, wenn er sagt: „Wir müssen aktiv bleiben, dürfen aber nicht konkret werden." Mit lächelnder Miene gab er seine Weisheiten stets zum Besten und alle nickten und klatschten. Wer freilich konkret werden will, muss Farbe bekennen und Verantwortung übernehmen. Und weil niemand Verantwortung übernehmen will, ist die Welt um uns herum auch so farb- und leblos geworden.

Die Leserinnen und Leser, die nach einem fertigen Rezept für eigene Verhaltensweisen in diesem Buch suchen oder Ausschau halten, werden enttäuscht sein. Sie finden keine Musterlösungen. Die Welt und unser Leben lassen es offen, wie sich jeder von uns entscheidet. Und in dieser Freiheit der persönlichen Entscheidung liegt zugleich das ganze Geheimnis und der Erfolg der uns beeinflussenden Verführungskünste begründet. Wir alle sind gefordert, keine Verführungen zuzulassen und immer die notwendigen Fragen zu stellen. Seien wir also auf der Hut, wenn die Verführer kommen, die stillen und die lauten, die verschlossenen und die offenen, und uns ein besseres Leben einreden.

Für viele Anregungen, kritische Anmerkungen, Ergänzungen und Grundsatzdiskussionen bin ich meinem Freund David McLion in besonderer Weise zu Dank verpflichtet. Vieles, was ihn bewegt, habe ich durch meine Schirmherrschaft der VITAO® Ethic Community und der Linth- Akademie im Kanton Glarus kennengelernt und den Blick dafür gewonnen, dass es immer vorteilhaft ist, mit ihm das *audiatur et altera pars* zu pflegen. Jeder von uns hat durch den anderen seinem eigenen Blickfeld viele neue Facetten hinzugewinnen können und dadurch der Bewertung vieler Fragen neue Flügel verliehen.
Allen Freunden und Bekannten möchte ich für die Ermutigung danken, die Ethik stets als wichtigen Bestandteil unseres Lebens anzuerkennen und sie nicht in Vergessenheit geraten zu lassen. Insbesondere möchte ich

auch jenen Kritikern danken, die zu Recht behaupten, dass meine Bücher bisher keinen Anlass gegeben haben, ihre eigene Jagd, nach immer mehr haben zu wollen, einzustellen und sich und die Welt wenigstens in Ansätzen zu verändern.

Meinem Verlag, den Shaker Media Verlag in Aachen, möchte ich für seine Verbundenheit danken, seine Verlagsprogrammatik noch nicht ausschließlich auf Publikationen reduziert zu haben, die ein einträglicheres Geschäft erwarten lassen. Dies begründet auch umgekehrt die Treue des Autors zu ihm.

Danken möchte ich meiner Familie, insbesondere meiner Frau Ursula, der ich dieses Buch – wie alle meine Bücher - gewidmet habe. Sie ist das Zentrum meiner Aktivität und sorgt dafür, dass aus der Freude zum Schreiben auch immer ein konkretes Ergebnis geworden ist. Meinen Kindern Katinka, Hendrik, Fabian, Maximilian danke ich für ihr Verständnis, dem Vater seine Mission bisher nicht ausgeredet zu haben.

Mehren, im August 2014,
Joachim Kohlhof

Teil I

Blogs

Über das (Un-)Wort des Jahres 2012: „Rettungsroutine"

Kürzlich hatten in Neuseeland die „Hobbits" Weltpremiere und phantasie-volle Fabelwesen wurden wieder auf die Öffentlichkeit losgelassen. Peter Jackson führte in dem Fantasy-Streifen Regie und ließ die Herzen seiner Kinobesucher höherschlagen.

Die (wirtschafts- und finanzpolitischen) Hobbits sind auch in Europa unter-wegs und treiben dort ihre phantasievollen Eskapaden. Täglich erleben wir neue Film-Episoden aus dem Tollhaus EU-politischer Rettungsma-nie und wissen nicht einmal, wozu sie gut sind. Die Nationalökonomie traditioneller Prägung muss neu erfunden und geschrieben werden, denn J. M. Keynes ist für uns alle längst gestorben. Und sein Credo hat keine Bedeutung mehr. Die Europäer und solche, die sich dazu zählen, lehnen sich in Wohlgefallen zurück, um den rettungserprobten Politikern bei ihrer Schaustellerei zuzusehen, und ihnen von Zeit zu Zeit zu applaudieren oder sie mit Buh-Rufen zu versehen, wie bei allen Theaterstücken auf dieser Welt. Das visionäre Beruhigungs-Placebo „Wir sind auf einem guten Weg" hat Wirkung gezeigt und wird routiniert und gekonnt dort geschluckt, wo der Patient zur Kränkelung neigt. Der gute Weg ist bis heute nicht verifiziert und durch nichts bestätigt. Im Gegenteil. Die Ruhe ist tückisch und nicht nachhaltig. Entsetzen und Hilflosigkeit machen sich breit, ohne dass Pflastersteine in Berlin, Brüssel, Luxemburg oder anderswo fliegen. Rettungsschirme, Rettungsaktionen und andere Rettungsversuche werden inzwischen goutiert wie Fußballergebnisse und niemand hinterfragt ernst-haft, was eigentlich passiert, wenn etwas passiert.

Das Wesen Gollum, ohne Anspielung auf irgendwelche Ähnlichkeiten, treibt auch auf den Finanzmärkten und den politischen Parketts sein Unwesen und führt seine Wegbegleiter in die Irre. Niemand weiß, wohin die Reise

16

geht und welches Ziel angesteuert wird. Die Einen melden Bedenken an, die Anderen scheren aus, und wieder andere Mitläufer fühlen sich ohnmächtig und zum Mitmachen verdammt.

Griechenland, die erste Klappe zu den Filmaufnahmen dieses Währungsepos, mit seinem mageren 3%-Anteil am europäischen Bruttosozialprodukt, ist eigentlich von seiner wirtschaftlichen Bedeutung her kaum der Rede wert. Auf dem Korruptionsindex findet es sich nach jahrelangen Rettungsaktionen auf dem letzten Platz der EU. Also auch kein Grund, gutes Geld dem schlechten hinterherzuwerfen. Die Geretteten fühlen sich nicht gerettet, sondern unterdrückt und bevormundet von einer Gruppe europäischer Nordlichter, die bis heute noch nicht verstanden haben, was den Schiffbrüchigen im Mittelmeerraum tatsächlich langfristig hilft. Um im Bild zu bleiben, sie müssen schwimmen lernen, um im Notfall sich selbst zu retten und den Rettenden auch zu zeigen, dass sie gerettet werden wollen. Das neue (Un-)Wort der Gesellschaft für deutsche Sprache bringt es auf den Punkt. Mit dem Wort „Rettungsroutine" wird deutlich, dass die reale Politik in Deutschland und die der europäischen Rettungsvasallen sich von den politischen Diskussionen wirkungsvollerer Strategien längst entfernt haben. Es geht, so hat es den Anschein, nur noch um Rettung, egal, wann und in welcher Höhe und aus welchen Töpfen. Es geht nicht mehr um Lasteninzidenz der eigenen Steuerzahler und um Visionen und Zukunft für das eigene Volk. Rettung ist eben etwas moralisch Anständiges und Unumstößliches und kann daher von niemandem infrage gestellt werden, es sei denn, er nimmt in Kauf, vor der Weltöffentlichkeit an den Pranger gestellt zu werden. Bitte nicht noch einmal ein Shoa-Trauma. Eurokrisen beschwören nur die Rückwärts-Gewandten; die Akteure selbst üben sich in Gewohnheiten. Wir gehen inzwischen routiniert zur Tagesordnung über, weil wir im politischen Aktionismus unser Heil suchen und nicht in den verantwortungsbewussten Fragestellungen, die für die Leistungsträger dieser Zahlungsgemeinschaft von nachdenkenswerter Bedeutung sind.

Das Wort „Rettungsroutine" drückt sehr schön die Gegensätzlichkeit aus, die sich in den Herzen der sogenannten Verantwortlichen breitgemacht hat. Rettung ist etwas Positives, Routine lässt auf handwerkliches Können schließen. Beides ist nicht gegeben. Gerettet wird noch in den nächsten Jahren und Routine schleicht sich allenfalls ein, wenn es um Wiederholungsprozesse geht. Dieses Wort birgt Gefahren und diese werden nur von jenen erkannt, die noch wissen, was zu tun ist. Die erprobten EU-Gipfel lassen eine gewisse Routine mit dem Umgang der Schuldenländer erkennen. Sie hinterfragen nicht mehr, wer das alles bezahlen soll. Der Ruf nach Bankenaufsicht soll Schlimmeres verhindern und soll Zweifler beruhigen. Die Europäische Bankenaufsicht ist ähnlich durchlöchert wie ein Schweizer Käse, weil die Bankenlobbys es verstanden haben, das Raster so weit zu öffnen, dass die Mehrheit der Banken von ihr überhaupt nicht erfasst wird. Alles ist bruchstückhaft und niemand weiß ernsthaft, was im Falle neuer und schwererer Krisen geschehen soll.

Wenn in Deutschland die letzte Klappe fällt, das Wachstum einbricht und die unendliche Rettungsgeschichte ein Ende findet, dann kommt der Tag, an dem wir selbst vor der Aufgabe stehen: Rettet euch selbst, ihr Routiniers! Auf fremde Rettungshilfe ist dann jedenfalls kaum zu zählen. Zudem ist es schon erstaunlich, feststellen zu müssen, dass ein EZB-Präsident von seiner Umgebung hoch gelobt wird, weil ihm die Idee des Rückkaufs altgriechischer Schuldverschreibungen mit einem Drittel neuen Geldes gekommen ist, ohne dabei nur zu ahnen, wie gefährlich ein solcher „Schuldenschnitt" tatsächlich ist. Liegt der Wert des „Euro nuovo" nur noch bei einem Drittel der gegenwärtigen Währung? Müssen wir uns bereits daran gewöhnen, dass wir zwei Drittel unserer Währung abwerten müssen? Ist dieser Vorschlag ein mediterranes Entgegenkommen, den Anfang eines Endes einzuläuten, von dem wir noch nicht wissen, wann das Ende kommt? Nichts hat sich auf den Casino-Ständen unserer Finanzmärkte geändert. Sie gamblen weiter so wie ehedem und fürchten sich nicht vor einem neuen Kollabieren. Alles erstarrt in lächelnder Routine nach dem Motto: fröhlich geht der Euro zugrunde, und wenn er das tut, sind wir routiniert und erprobt genug, das zu verhindern.

Ich bin mir nicht sicher, ob bei der Kürung dieses Wortes „Rettungsroutine" auch der Gedanke Pate stand, dass dieses Wortes eine ganz gefährliche Mischung aus Unkenntnis und Hoffnungslosigkeit seiner Verwender in sich birgt. Es zeigt nämlich, dass wir ausnahmslos alle dieser gefahrvollen Hilflosigkeit unterliegen, nämlich, was mit uns geschieht und was am Ende dieser Entwicklung werden soll. Es fehlt die Transparenz wegen der verbreiteten Unkenntnis und umgekehrt sind Sorge und Unkenntnis auch Folge der fehlenden währungspolitischen Stringenz. Beides mündet in die vorhersehbare Strategie, dass immer mehr Länder immer mehr finanzielle Hilfe von den Ländern fordern, die von diesem Dilemma profitieren. Medien und Politik haben sich als Fragesteller schon lange verabschiedet und stecken den Kopf in den Sand. Es ist aber eine der vornehmlichsten Aufgaben demokratisch legitimierter Regierungen in zivilisierten Ländern, den eigenen Bürgern und Wählern die Wahrheit um die Vorgänge in der Finanzkrise nicht vorzuenthalten. Es reicht nicht der Ausruf „Wir lassen Griechenland und Europa nicht Pleite gehen", es würde reichen, den Preis zu nennen, der von uns eines Tages gezahlt werden muss, und was es bedeutet, sich in routinierten Rettungsaktionen verloren zu haben.

Wenn die letzte Klappe fällt, der Film zu Ende geht und die Hobbits wieder in ihren Höhlen verschwinden, dann sollten wir nicht wehklagen. Wir haben schließlich unübersehbare Rettungsaktionen gestartet, auch wenn wir dabei zu spät erkannt haben, dass es sich nur um Placebos und teure Lebensverlängerungen handelte. Geben wir also unserer Zuversicht Raum, dass in dieser Wortschöpfung auch Besinnung über das liegen kann, was wir zu verantworten haben. Vielleicht erkennen wir dann, dass schwache Volkswirtschaften nicht durch Sparen gezwungen werden sollten, den Anschluss an die wenigen starken Euro-Länder zurückzugewinnen. Sie werden in Depressionen verfallen.

Verantwortungslose Wirtschaftsethik

Wir wundern uns bis heute, dass in den Chefetagen von Banken und Wirtschaftsunternehmen ethische Handlungsmaxime bisher kaum Eingang gefunden haben. Bis auf wenige Ausnahmen können Wirtschaftsbosse mit ethischen Normen und Standards in ihrem täglichen Geschäftsdrang nach Gewinnmitnahmen und ihrer Gier nach noch mehr Einkommen, Boni und Remunerationen nichts anfangen. Ja, sie wissen häufig nicht einmal, womit sich Wirtschaftsethik überhaupt beschäftigt und ob sie ein Thema ist, das sie überhaupt berührt.

Es ist erschreckend festzustellen, dass Betriebe und Organisationen staatlicher und privater Provenienz der Ethik in ihrem täglichen Business nicht nur aus dem Wege gehen, sondern sie bewusst ignorieren und entsprechende Einwände von Mitarbeitern als Grund zur persönlichen Abstrafung benutzen. Wer Ethik im Betrieb von seinem Arbeitgeber einfordert, hat zumeist einen schweren Stand, auf der Hühnerleiter seiner Karriere rasch eine Sprosse höher zu kommen.

Auch in den Hochschulen wird die Beschäftigung und Auseinandersetzung mit ethischen Fragen bis heute eher stiefmütterlich behandelt und nicht in den Kontext betriebswirtschaftlicher Überlegungen eingebaut. Der notwendige übergreifende Spannungsbogen von Ethik und Betriebswirtschaft wird bewusst ausgeklammert, weil seine Spannkraft entweder nicht erkannt, übersehen oder, noch schlimmer, negiert wird. Wenn einzelne Hochschulen sich rühmen, ethische Lehrprogramme in Bachelor- oder Masterstudiengängen einzubauen, dann geschieht das zu Recht, weil sie immer noch eine Ausnahme darstellen. Sie lassen nämlich erkennen, dass eine gedeihliche unternehmerische Zukunft ohne Ethik nicht denkbar ist. Wenn aber junge Absolventen kein einziges Mal während ihrer Hetze nach schnellen und guten Examina Berührung mit unternehmensethischen Normen kennengelernt haben, dann sollte es nicht wundern, dass sie am Ende der Fahnenstange ihrer beruflichen Werdegänge auch keine nennenswerten Defizite in ihren Handlungsmaximen erkennen. Was Hänschen nicht lernt, wird Dr. Hans in seiner Mitarbeiter- und Unternehmensführung kaum nachholen können.

Ernsthafte Versuche, auch Vorständen und Geschäftsführern ethische Umgangsformen näherzubringen, scheitern oftmals daran, Rationalität, Sinn und Verstand mit Moral und Anstand in Einklang zu bringen. Das beginnt bereits bei der Frage, wo korrupte Machenschaften anfangen und wo das eigene Einkommen und dessen Absicherung im Hinblick auf die erbrachte oder zu erbringende Leistung noch vertretbar und moralisch gerechtfertigt sind. Das Verhalten vieler Wettbewerber im Markt hat mehr mit Marktkampf, Marktstrategie und Marktsieg um ihrer selbst willen zu tun als mit einer dem Menschen und seinen Bedürfnissen dienenden Vorgehensweise, die das Überleben aller sichert und nicht nur derer, die am rüpelhaftesten in Presse, Medien und Öffentlichkeit auftreten.

Wer die Ethik nicht kennt, kann auch nicht nach ethischen Tugenden handeln und nach ihnen bewertet werden. Langsam beginnt der Gedanke sich breitzumachen, jungen Leuten die Augen für maßvolles Verhalten, vertrauensbildende Verhaltensweisen und verantwortungsvolle Entscheidungen zu öffnen. Wenn die Abweisung jeder persönlichen Verantwortung für ihr Tun und Lassen von Politikern, Ministern, Wirtschaftsführern zur ständig praktizierten und gewohnten Einübung wird, weil sie sonst mit haftungsseitigen Konsequenzen oder irgendwelchen Karriereeinbußen rechnen müssen, dann darf es nicht wundern, dass diese üblen Vorbilder noch üblere Abziehbilder kreieren und Staat und Gesellschaft ihren letzten Kredit verspielen.

Es wäre heute dringend notwendig den Investmentbankern, die täglich mit Milliardenbeträgen jonglieren, die Gefahren aufzuzeigen, die mit dem Abzocken fremder Gelder verbunden sind, oder bei den Textilproduzenten mit ihren wunderschönen Einkaufspalästen ihre Manufakturstrategie in Bangladesh zu hinterfragen, wo es um minimale Cent-Artikel geht, die für gutes Geld andernorts teuer verkauft werden. Ein Manager, der in jungen Jahren etwas über ethische Grundhaltungen während seiner Studien gehört hat, wird sich schwerer tun, eine solche Geschäftsstrategie zu verfolgen. In allen Bereichen unseres bunten Lebens ließen sich tausende von Beispielen finden, die unsere Welt immer ein bisschen schlechter machen und dabei keine Gewissensbisse bei Produzenten und Konsumenten entwickeln. Hierzu gehört die Bereitschaft zu einer positiven Konfliktkultur, der wir uns alle verweigern. Die stets vorgetragene Entschuldigung, dass die Welt immer vernetzter und komplexer wird und dass man sich aus diesem Geleitzug nicht entfernen könne, heißt ja nur im Umkehrschluss, wenn alle lügen und betrügen, müssen wir mitmachen, sonst gehen wir selbst unter. Wertschöpfung, das allzu sehr beschworene Credo unserer strapazierten Marktwirtschaft, wird dann zur Farce, wenn sie mit Mitteln erarbeitet wird, die unmenschlich, unsozial und ungerecht sind. Auf solche Wertschöpfungsprozesse sollten ethisch ausgerichtete Unternehmen und Unternehmer verzichten. Wenn unsere akademische Jugend und der handwerkliche Nachwuchs keine Chance haben zu erfahren, welche Gewinnpotentiale in fairen und anstandsgerechten Konfliktlösungen stecken, die auf Kooperation und Compliance fußen, dann können noch so viele Managementkonzepte erarbeitet werden, die am Ende alle fehlschlagen müssen. Die vergangenen letzten zwanzig Jahre legen ein beredtes Zeugnis davon ab, was gelehrt und was umgesetzt wurde. Nämlich engpassorientierte Konzeptionen (EKS), die immer nur einen betrieblichen Engpass im Fokus hatten und den mitarbeitenden Menschen lediglich als Mittel zum Zweck missbrauchten.

EKS, Kaizen, Lean Management, um nur einige Theorien zu nennen, haben mehr verunsichert, als dass sie den Unternehmen geholfen haben. Umgekehrt ist zu konstatieren, dass die Einhaltung ethisch selbst formulierter Codizes in betrieblichen und organisatorischen Gemeinschaften das Zusammenrücken der Mitarbeiter erheblich gefördert hat, weil man sie nach ihren Befähigungen eingesetzt hat, so dass niemand überfordert oder unterfordert wurde.

Der Wirkungsgrad einer Arbeitsgemeinschaft ist dann am höchsten, wenn die Friktionen am niedrigsten sind. Und daran zu arbeiten, ist eine der vornehmsten Aufgaben eines verantwortungsbewussten Managements. Dies wäre auch der Mühe der Hochschullehrer wert, die Studierenden auf diesen Weg zu bringen oder zumindest ihnen zu helfen, diesen Weg für sich und ihr Leben zu erkennen und einzuschlagen. Dann käme die Ethik wieder ihrem ursprünglichen Ziele nahe: den ganzen Bereich menschlichen Handelns und Wirtschaftens umfassend, menschen- , anstands- und sachgerecht und verantwortungsorientiert zu steuern.

Ethik - Eine Theorie im Kopf?

Ich will gerne auf die Einlassung des Lehrers antworten, der sich skeptisch über die „Ethik" ausgelassen und sie als nur „eine Theorie im Kopf" bezeichnet hat. Für mich ist es erschreckend festzustellen, mit welcher ignoranten Erkenntnishaltung Lehrer auf unsere Jugend entlassen werden, welche dann im weiteren Leben gegen alle Widerstände besseres Wissen vermitteln sollen. Hier werden bereits die Probleme gesät, die später die Gesellschaft, die Wirtschaft, die Medien und die Wissenschaft ernten und mit denen sie sich dann auseinanderzusetzen haben. Bereits das verharmlosende Plagiieren und die unwissenschaftliche Übernahme fremden Wissens zeigen einmal mehr, woran es in den Bildungseinrichtungen offensichtlich hapert.

Ethik ist keine „Theorie im Kopf". Es hört sich zwar spaßig an und geht sofort in den Kopf, aber dass Schlagwörter wie diese ein Leben lang im Kopf verankert bleiben, zeigt, wie gefährlich solche Simplifizierungen sind. Man bekommt diese Ideen nicht mehr heraus. Alles bleibt graue Theorie, solange sie nicht durch die Natur, die Mitwelt oder andere Gesetzmäßigkeiten geändert oder bestätigt wird. Noch einmal:

Moral ist in einem bestimmten Sozialsystem, einer Gruppe/Organisation, einem Unternehmen die tatsächlich geltende und erzwingbare Norm. Moral spiegelt ein gesellschaftliches Niveau wider, welches zu einem bestimmten Zeitpunkt besteht. „Herrschende Moral" kann von einem bestimmten Partner, Gruppenmitglied, Teamangehörigen etc. verlangen, dass man sich nach den vorgegebenen bzw. herrschenden Prinzipien zu verhalten hat. Eine Fußballmannschaft, die eine hohe „Moral" zeigt, demonstriert, welche Werte für sie wichtig sind und welchen Einsatz dieses Spiel erfordert. Es geht um die Tatsächlichkeit, nicht um das Wünschens- oder Begehrenswerte. Moral beschreibt also, welche Werte, Normen und Verhaltensweisen (Einsatz bis zum Umfallen) in einer Gemeinschaft/Gesellschaft wirklich, effektiv und tatsächlich gelten. Sie ist stets ein Ergebnis bestimmter historischer Lebens- und Machtprozesse. Deshalb gibt es auch durchaus eine „Moral"

23

in kriminellen Vereinigungen. Auch die Mafia kennt eine Moral, weil die dort geheiligten „Werte", die für alle Mitglieder gelten, tatsächlich praktiziert und umgesetzt werden müssen.

Was unterscheidet nun die „Ethik" als „Eine Theorie im Kopf" von der oben beschriebenen Moral?

Der wesentliche Unterschied zwischen den häufig synonym verwendeten Begriffen von Moral und Ethik liegt darin, dass Ethik nach den Grundsätzen und Prinzipien für ein bestimmtes Verhalten fragt (auch nach den von der Mafia begangenen Morden und der damit praktizierten Moral). Ethik sucht nach der methodisch geleiteten Besinnung und ihrer nachvollziehbaren Begründung der tatsächlich geltenden menschlichen Moral. Eine Begründung für unmenschliches und daher unmoralisches Verhalten wird es aus ethischer Sicht bzw. mit ethischer Begründung nicht geben können. Ethisches Verhalten verlangt aber stets nach einer menschlichen Begründung. Insofern weichen beide Begriffe, sofern ihr zugrundeliegendes Verhalten nicht zu rechtfertigen ist, erheblich voneinander ab.

Um in der Diktion des Lehrers zu bleiben, ist die Ethik die Lehre bzw. Theorie von der menschlichen Verantwortung mit dem Versuch, diese zu begründen. Ethik ist daher gefährlich. Sie verunsichert den Handelnden und irritiert den Analysten. Sie setzt eine tiefe menschliche Erkenntnisfähigkeit voraus, das Verantwortungsvolle zu tun und das Richtige zu sagen. Ethik stellt infrage und prüft genau, welche Werte, Normen und menschlichen Tugenden begründbar sind. Sie ist somit eine Reflexion über unser (Da-) Sein und unser menschliches Miteinander in den Kristallisationspunkten unserer menschlichen Sozialisation.

Aus dieser bloßen „Theorie im Kopf" dürfen dann auch Lehrer und andere Wissensvermittler ihre Theorie ableiten, ob sie der Ethik nur als einem theoretischen Baustein einen Platz in ihrem Lehrgebäude für junge Menschen einräumen oder sie als Grundkonzept allen moralischen Handelns etablieren.

Ethik-Kommission zum Atomausstieg

Die vorauseilende deutsche Angstphobie über die Nutzung von Atomstrom hat sich nun in der Einberufung einer Ethik-Kommission Luft gemacht. Zur Abstützung ihrer Wendepolitik hat die Bundesregierung einen Arbeitskreis gebildet, den sie sicherlich nicht zuletzt aus wahltaktischen Gründen unverbindlich und trotzdem klangvoll „Ethik-Kommission" nennt. Das Gremium ist im Wesentlichen zusammengesetzt aus Veteranen von Politik, Wirtschaft, Wissenschaft, Gewerkschaften und Kirche. Den Angehörigen dieses Arbeitskreises kommt auch in dieser Reihenfolge die entsprechende Bedeutung ihres Gewichtes zu.

Wie Politiker „ihrer" Ethik folgen, ist eigentlich hinreichend bekannt. Wie sich die übrigen Kommissionsmitglieder ethisch positionieren, bleibt indes ihr Geheimnis. Die Ethik als „letzte moralische Instanz" wird von der Politik nur dann bemüht, wenn sie selber eine gewisse Ratlosigkeit und ein entsprechendes Hilfsbedürfnis verspürt und die Ethik sozusagen als Feigenblatt benützt, hinter dem sie ihre eigene Unentschlossenheit zu kaschieren versucht. Alle teilnehmenden Politiker hängen am Gummiband ihrer Amme, nämlich ihrer Parteien, von denen sie ihre Direktiven erhalten und die sie umzusetzen haben. Eine freie, nur dem Gewissen unterfallende Meinungsbildung findet indes nicht statt und passt auch nicht in das Konzept parteipolitischer Strategie.

Die Gruppe der entsandten Politiker spiegelt das Parteienspektrum wider, so wie es vom parlamentarischen Verteilungssystem proportioniert vorgegeben wird. Der einberufene „Energie-Arbeitskreis" soll nun die Wende im Energiekonzept der bisherigen Politik herbeiführen und ihr mit Augenmaß Sinn verleihen. Sie darf auf keinen Fall zu einem politischen Ansehens-, Glaubwürdigkeits- und Gesichtsverlust führen. Die Energiepolitik und der zunächst angedachte Atomausstieg sollen über das Gremium gewissermaßen auf eine höhere, unantastbare Ebene gehoben werden. Natürlich sind die Politiker dazu verdonnert, alles zu vermeiden, was nach Fehleinschätzung, falscher Einsicht und notwendiger Umkehr in ein verändertes Energiekonstrukt mündet.

Alle ihre Einlassungen und Einschätzungen dienen dem Hauptzweck, in der Öffentlichkeit und damit bei den Wählern den Eindruck einer verlässlichen und folgerichtigen Energiepolitik zu hinterlassen – weil nur das zählt. Die Orientierung am eigenen Wahlerfolg hat oberste Priorität und darf nicht infrage stehen, auch wenn es um gesamtwirtschaftliche Sicherheitsfragen, um Auswirkungen des Atomausstiegs auf den Klimaschutz, den möglichen Strom-Import, um Versorgungsprobleme oder gar um neue Kohlekraftwerke geht, die den damit verbundenen konkreten CO_2-Ausstoß wieder erneut entfachen.

Es darf durchaus nach dem Sinn der Entsendung von Berufspolitikern in diese Kommission gefragt werden, wenn man nicht dem Eindruck unterfallen will, dass wieder einmal der Bock zum Gärtner gemacht wird und alles so bleibt, wie es die Politik schon längst entschieden hat.

Die Sendboten der Wirtschaft in diesem Gremium haben einen eindeutigen Auftrag, denn ihr Gewissen orientiert sich ausschließlich an der Frage, was sich für sie rechnet und was nicht. Sie sind reine Interessenlobbyisten und haben nur jene Energieträger im Fokus, die ihnen einen günstigeren Einkauf sichern. Die Angehörigen der Atomindustrie wollen naturgemäß jede radikale Wendung auf andere Energieträger vermeiden, um die Brückentechnologie noch lange für sich nutzbar zu halten, solange es sich für sie rechnet und die gigantischen Investitionen in die Atommeiler nicht zu herben (Abschreibungs-)Verlusten führen. Sicherste Atomkraftwerke abzuschalten, die der Wirtschaft, den Verbrauchern und dem Ausland bisher preisgünstigen Strom bescherten, baut naturgemäß eine Druckkulisse auf, die einerseits auf Dauer zu massiven Energiepreiserhöhungen führt und andererseits einen ausgewogenen Energiemix vermissen lässt. Argumente also, die von den Gegnern des Atomstroms kurzfristig nur schwer entkräftet werden können, wenn sie nicht bewusst hysterisch auf die Ereignisse von Fokushima reagieren wollen. Die Steigerung der Strompreise aus alternativer Stromgewinnung ist vorhersehbar und bindet naturgemäß einen wachsenden Teil der Kaufkraft der privaten, industriellen und öffentlichen Haushalte. Im Warenkorb der Stromabnehmer findet ein Verdrängungswettbewerb statt, der die Kaufkraft für nicht substituierbare Energieprodukte reserviert und die übrige Kaufkraft für bisher freie Verwendungen bzw. Investitionen schmälert. Natürlich werden andere Wirtschaftszweige von diesen Veränderungen im Kaufkraftverhalten mittelbar und auch unmittelbar betroffen.

26

Letztlich müssen auch deren Kosten für ausfallende Verkäufe und ausbleibende Investitionen als externe volkswirtschaftliche Kosten dem Atomausstieg angelastet und den ersetzenden Energieträgern hinzugerechnet werden. Inwieweit sich diese Prozesse auch auf Arbeit und Einkommen auswirken, vermag natürlich eine solche Kommission nicht sachkundig einzuschätzen. Die totale Sicherheit vor Atomstrom gelingt nicht zum Nulltarif und wird am Ende von allen bezahlt werden müssen, die sich für das Heil der erneuerbaren Energieformen starkgemacht haben. Sicherheitsaspekte sollen und müssen in der Meinungsfindung eine wesentliche Rolle spielen. Dabei darf man aber nicht außer Acht lassen, dass auch bei der Herstellung von (Kampf-)Flugzeugen, Waffen, Autos, Gezeitenkraftwerken oder Windkraftanlagen sowie flächendeckenden Solarlandschaften Restrisiken bestehen, die bei sachgemäßer Nutzung zwar überschaubarer aber auch nicht zur Gänze auszuschließen sind. Häufig wird das Kind sofort mit dem Bade ausgeschüttet und es bleibt Ahnungslosigkeit und Verwirrung zurück, wenn alle Katastrophen-Szenarien dafür herhalten müssen, sich für den einen und gegen den anderen Energieträger auszusprechen. Natürlich wittern Wirtschaft und Investoren erneuerbarer Energien politisch motivierten Morgenduft und freuen sich über Kursgewinne, denen allerdings noch das reale „Underlying" fehlt. Insofern wundert es nicht, dass schon wieder ehemalige Ekelpakete aus der mumifizierten Dallas-Serie als Werbe-Ikone dafür herhalten müssen, die Sonnenenergie wieder als verheißungsvolles Licht am Horizont einer blühenden Zukunft erstrahlen zu lassen. Es wird mit neuen Arbeitsplätzen durch die erforderlich gewordenen Investitionen in erneuerbare Energie geworben, die der Arbeitsmarktpolitik nicht unverborgen bleiben und die Landschaftsgestalter von den Bergen bis zum Meer geradezu darauf warten lassen, Flächen für Windkraftanlagen und terrestrische Fotovoltaik- und Solarlandschaften anzubieten. Sicherheit hat ihren Preis, auch den der großflächigen Verschandelung von Bergen, Wiesen und Wäldern und der Vergewaltigung von kulturvollen Einrichtungen und Regionen. Die Aufgabe „blühender" Erholungsräume und die Einschränkung bisher freier Zugänge durch flächenmäßig großräumig abgesperrte alternative Stromgewinnungsanlagen dürfen dann als notwendige Kollateralschäden des Atomausstiegs auch nicht angeprangert werden.

So stehen sich die ernannten „Ethik-Kommissionäre" unversöhnlich gegenüber und beklagen die mangelnde Einsicht der Wettbewerber. Das Ergebnis ist ambivalent. Jeder bringt sich in Position und erhofft durch beabsichtigte und unbeabsichtigte Wahlhilfen Steilvorlagen für die Politik zu liefern, aus denen dann der erhoffte Klientelerfolg wird.

Banken sind in der Ethik-Kommission nicht vertreten. Ihr Metier ist gegenwärtig für ethische Fragen noch nicht zugänglich. Die Bankenethik wird von den Geldhäusern nach wie vor gemieden und nur wenige Institute sind wirklich von der geschäftsfördernden Praxis durch ethische Ausrichtung überzeugt. Gerade die überstandene Finanzkrise hat einmal mehr gezeigt, wie internationales Banking mit der Ethik auf Kriegsfuß steht und einfach nicht zusammenpasst. Die Beteiligung der Banken an der Kommission würde daher eher kontraproduktiv wirken, weil ihr geschäftliches Interesse – unabhängig von Ausstieg oder nicht – nur darauf abhebt, Investments danach zu beurteilen, wie und wo am schnellsten Kursgewinne zu realisieren sind und sich künftige Beteiligungen im Rahmen von *privat banking* oder *privat equity* am ehesten lohnen. Eine hilfreiche Mitarbeit von Bankenvertretern wäre demzufolge auch nicht zu erwarten.

Die in die Ethik-Kommission berufenen Gewerkschaftsmitglieder verstehen sich zu Recht als elementarer Bestandteil eines grundrechtgesicherten Sozialgefüges, das im Laufe der Geschichte dem Gesetzgeber bereits viele ethisch-wertvolle Gesetze abgerungen hat. Sie sind der wirkliche Ansprechpartner, wenn es um Verbesserung der Lebenschancen und der Steigerung der Wohlfahrt geht. Tarifauseinandersetzungen und andere gewerkschaftsseitige Aufgabenstellungen sind der Demokratie wesensimmanente Rechte, ohne die ein Volkskörper seine Zukunft nicht sichern kann. Die Gewerkschaften haben kein Problem mit dem Atomausstieg. Ihr Herz schlug schon immer für erneuerbare Energien, auch wenn Spitzenmanager der Gewerkschaft durch enge personale Anlehnung an die traditionellen Energieträger nicht zuletzt persönlich davon profitierten.

Die Sorge um den Erhalt alter Arbeitsplätze und die Aussicht auf die Schaffung neuer Arbeitsplätze durch den Ausbau erneuerbarer Energiequellen treibt die Gewerkschaften immer dann in die Lager von Investoren, wenn neue Innovationen angesagt sind. Obgleich es noch lange nicht erwiesen ist, dass durch den Ausstieg aus der Atomkraft und den Einstieg in den Ausbau erneuerbarer Energien eine Vielzahl neuer Arbeitsplätze überhaupt entstehen wird, haben sich die Gewerkschaften gleichwohl schon frühzeitig auf die Seite der Atomgegner schlagen lassen. Ihre Mitglieder entdecken neue Chancen und die Gewerkschaftsvertreter neue Einflussnahmen. Die Arbeitgeberseite hat viel zu lange gezögert, berechtigte Anliegen zu ihren eigenen, unternehmerischen und ethischen Überlegungen zu machen, und immer erst darauf spekuliert, staatliche Unterstützungen einzufordern, wenn die Stromlieferungen ihre Unternehmen existentiell bedrohen sollten. Immerhin macht auch heute noch ein abgeschriebenes Atomkraftwerk täglich einen Gewinn von über eine Million Euro, sofern es noch am Netz ist. Da gilt es nach wie vor, eigene Positionen – auch gegenüber den Gewerkschaften – erbittert zu verteidigen.

Die Ethik der Gewerkschaften ist einfach und überschaubar: es frommt ihnen, was den Mitgliedern auf lange Sicht dienlich ist und ihren Einfluss auf Arbeitgeber und Arbeitnehmerseite sichert. Es geht ihnen sicherlich nicht so sehr um eine Gefahr drohender Versorgungssicherheit durch Atomstrom, sondern in erster Linie um die Frage, wie der Energiewechsel gewerkschaftsorganisatorisch geräuschlos und zudem zielführend vollzogen werden kann. Dies ist ethisch zwar nicht sehr hilfreich, vermeidet aber unnötiges Konfliktpotential im Umgang mit anderen Arbeitgebern. Die Stellung der Gewerkschaften und ihre Bedeutung für ein zukunftsweisendes Gesellschaftsgefüge werden durch den Wechsel nicht eingeschränkt. Insofern können die Gewerkschaften getrost dem Energiewandel zustimmen, weil sie – auch wandlungsbezogen – nicht mit Bedeutungsverlust rechnen müssen.

Die schwächste Gruppierung innerhalb der Ethik-Kommission bilden die Vertreter der Wissenschaft. Sie, denen man eigentlich den wichtigsten Part in dem Gremium zugetraut hätte, können nur im ethischen Kontext mit ihrer deskriptiven Erfahrung aufwarten. Doch empirische Befunde, Wechselanalysen, Kostentransparenz, Verantwortungszuordnung bis hin zu glaubwürdigen Wissenschaftserkenntnissen liegen nicht vor. Wieso auch? Angewandte, empirische Ethik ist totale Fehlanzeige im deutschen Lehrprogramm. Hinter der Wissenschaft steht kein Wahldruck. Die politische Einflussnahme erstreckt sich allenfalls auf die Besetzung der Lehrstühle und – über das wissenschaftliche Ranking entscheidende Geldverteilungssystem – die Bereitstellung öffentlicher Gelder. Hochschulen, Forschungseinrichtungen und wissenschaftliche Institutionen haben es jahrelang versäumt, in der Lehre und in der Forschung der Ethik jenen Raum zu geben, der – wie in der gegenwärtigen Situation – geeignete Antworten und Lösungen anbieten kann. Ethische Unterweisungen und ethische Vorgaben und Standards wurden vernachlässigt und das Feld Philosophen, Theologen, Medienvertretern und Ex-Politikern überlassen, die daraus persönlich Kapital schlagen.

Wirtschafts-, Führungs- und Unternehmensethik galten lange Zeit für den Managernachwuchs als hinderlich und störend. Forschungsgelder wurden nicht bereitgestellt. Viele Vertreter der Wissenschaft waren und sind nicht vom Nutzen ethisch ausgerichteter Wirtschaftsunternehmen und der damit verbundenen menschengerechteren strategischen Ausrichtung von Unternehmen und Wirtschaft – sowohl im Hinblick auf Konsumenten, Kunden als auch auf die eigenen Mitarbeiter bzw. die gesamte Öffentlichkeit – überzeugt. Bis heute fehlt es an einem geschlossenen System zur Bewertung von Unternehmen auf ihre ethische Substanz hin. Die Bedeutung der Ethik für Wirtschaft und Kultur, für Gesellschaft und deren moralische Beschaffenheit ist nicht Gegenstand geschlossener wissenschaftlicher Untersuchungen. Die Wissenschaft übersieht die Gefahr der Notwendigkeit bisher unterlassener Ethikforschung, sie verkennt die positive Auswirkung der Ethik auf wichtige Zukunftsfragen und negiert ihren Nutzen für Menschen, Natur und Mitwelt. Wer Ethik bis heute nicht begriffen hat als einen elementaren Baustein im Gefüge des wirtschaftlichen, unternehmerischen und kulturellen Ganzen, der weist ihr einen Platz in der Gesellschaft zu, der ihrer fundamentalen Bedeutung nicht entspricht. So ist die Namensgebung dieser Kommission mit einem Anspruch verbunden, dem sie im ethischen Sinne nicht gerecht werden kann. Anspruch und Wirklichkeit an ethische Vorgaben und Normen müssen daher zwangsläufig auseinanderklaffen. Die fehlende Einsicht in ethische Forschungsnotwendigkeit ist sicherlich nicht zuletzt auch der Grund dafür, dass es keine probaten Ansatzmöglichkeiten gibt – geschweige denn diskutable Rezepturen –, der Wirtschaft aus Sicht der Wissenschaften begründete Verhaltensmechanismen anzubieten, die zu Wegen aus diesem Entscheidungsdilemma führen. Die Feldforschung steckt nicht einmal in den Kinderschuhen. Wie sollen da Schuhe bereits für Erwachsene angeboten werden? Wenn Hochschulen und Wissenschaften sich nur als Vorbereiter von akademischem Nachwuchs für eine Wirtschaft begreifen, der es ausschließlich um

Nutzenoptimierung und maximale Gewinnorientierung geht, dann muss die Ethik zwangsläufig auf der Strecke bleiben. Sie wird dann vergebens nach Antworten und Lösungen auf Problemstellungen suchen, die das desaströse und zum Teil menschenverachtende wirtschaftliche Verhalten ihrer Macher hinterlassen haben.

Es wäre schon ein Verdienst der Zusammenkunft der Ethik-Kommission, wenn wenigstens in der Zukunft erkennbar würde, dass der Ethik in allen gesellschaftlichen Belangen wesentlich mehr Aufmerksamkeit geschenkt würde – ganz so, wie dies in allen gesellschaftspolitischen Belangen und nicht nur beim Atomausstieg notwendig wäre.

Die Namensgebung der Kommission ist lediglich eine Hommage an die christlichen Kirchen. Deren Vertreter sind indes in der absoluten Minderheit und weisen den Initiator der Kommission als jemanden aus, der die Ethik irgendwo im Bereich der Theologie ansiedelt. Die christlichen Kirchen, insbesondere die Katholische Kirche, haben sich durch die päpstlichen Sozialenzykliken sozialethische Verdienste erworben. Die vermeintliche Sorge und die Verantwortung um ihr Seelenheil ringender Menschen bzw. Gläubiger haben die Kirchen umtriebig werden lassen. Sie versuchen Antworten auf die Zeichen der Zeit zu finden, ohne selbst die geeigneten Fragen zu stellen. Sie haben wie alle anderen gesellschaftlichen Organisationen und Institutionen bedauerlicherweise ein Glaubwürdigkeitsdefizit, weil sie das, was sie predigen, selbst nicht halten, und das, was sie denken, auch selbst nicht aussprechen (dürfen). Die Mitgliedschaft der Kirchenvertreter leitet sich deshalb aus der Notwendigkeit ab, dem christlichen Anspruch in den Parteiprogrammen halbwegs gerecht zu werden und daher die Unterstützung der Vertreter der Kirchen zu suchen. Das soll der Politik am Tag der (Wahl-)Abrechnung die erwarteten Stimmen sichern.

Das enorme Glaubwürdigkeitsdefizit, insbesondere in der Katholischen Kirche, sowohl im Hinblick auf den Umgang mit gelebter und praktizierter Ökumene als auch bei der Auslegung streng konservativer Religionsdogmatik, beim priesterlichen Fehlverhalten auf allen Ebenen, beim Abzug von Geistlichen aus der Fläche, und die damit ausbleibende Seelsorge für hilfesuchende Gläubige haben eine Verhältnis zur Amtskirche entstehen lassen, das viele Kirchenangehörige veranlasst hat, aus der Gemeinschaft der Kirche auszutreten. Konsequenzen wurden nicht gezogen. Vielmehr türmt sich ein Millionenkapital bei den Bistümern auf, deren Oberhirten sich wie Fürsten gebärden und sich in prunkvollen Selbstzelebrationen und schmückenden Konzelebrationen ergehen. Zuweilen entsteht der Eindruck, dass sich Kirche nur in Domen, Kathedralen und Münster abspielt und Priestermangel nur in der Provinz besteht, in der die Seelsorge nicht ganz so ernst genommen wird. Anhand der wachsenden Zahl ausfallender Gottesdienste besteht dort jedenfalls kein Mangel. Man stelle sich einmal ein Pontifikalamt in einer Wellblechhütte, einer Industriehalle oder in einem profanen Lagergebäude vor; das würde doch nichts hergeben. Kurzum, die Kirchen werden ihrer Verantwortungsethik nicht gerecht und die Quittung erhalten sie tagtäglich durch die Leerstände der Kirchen, den fehlenden priesterlichen Nachwuchs und die unzeitgemäßen Verhaltensweisen ihrer Oberen. Zurück zum Thema.

Eine funktionierende Ethik-Kommission wäre eine gute Plattform für kritische Töne und eine Rückgewinnung längst verlorener Positionen. Es wäre ein Podium für das Aussenden sozialethischer Verhaltensgrundsätze. Die Katholische Kirche müsste sich selbst wieder ethisch finden und sollte erst dann wieder ethische Normen formulieren, wenn sie sie selbst vertrauensvoll und glaubwürdig transportieren kann. Dann hätte auch ihr Beitrag zum Ausstieg aus der Atomkraft in dieser Gesellschaft Gewicht und fände entsprechende Akzeptanz. Wenn es den Kirchen ernsthaft um das Seelenheil ihrer Gläubigen und um das Wohl aller Menschen geht, dann muss sie sich von opportunen Strukturen lösen und sich auf das besinnen, wozu christliche Gemeinden angetreten sind: zu dienen, nicht zu herrschen. Der Cäsaropapismus moderner Prägung sichert zwar das Überleben der kirchlichen Institution, er geht aber an seinem ursprünglichen Auftrag vorbei. Die Chance, auch in der Ethik-Kommission für die Kirche punkten zu können, sollte daher nicht ungenutzt bleiben. Sie hätte dazu alle Voraussetzungen.

Als Resümee aus der von der Bundesregierung einberufenen Ethik-Kommission lässt sich das Fazit ziehen, dass die Aufgabenstellung, nämlich die Suche nach einem breiten gesellschaftlichen Konsens vor dem Hintergrund des Umstiegs von der Atomkraft zu erneuerbaren Energien, unstreitig und richtig ist. Ein geordneter – auch unter zeitlichen Dimensionen – akzeptabler Rückzug aus alten in neue Energiefelder ist notwendig und wünschenswert. In der allerdings vorgesehenen Zeit ist weder aus diesem Gremium noch aus anderen zur Verfügung stehenden Einrichtungen ein

Ergebnis ableitbar, das von Kirchen-, Gewerkschafts- und Politvertretern eine Antwort erwarten lassen darf auf etwaige Versorgungsprobleme, Auswirkungen auf den Klimaschutz und eventuelle Opportunitätskosten des Strom-Imports. Hier sind auch den Weisen fachliche und berufliche Grenzen gesetzt.

Lassen wir es dabei bewenden. Die Tatsache allein, ein gesellschaftliches Commitment finden zu wollen, ist es der Mühe wert, den Druck aus der emotional geführten Diskussion zu nehmen. Mit Ethik im eigentlichen Sinne hat der Arbeitskreis wenig zu tun. Es ist lediglich die gute Absicht, die für ein gutes Ergebnis steht. Eine Ethik-Kommission, die es verdient hätte, diesen Namen zu tragen, hätte aus Persönlichkeiten bestehen müssen, die in ihrer Verantwortungsfindung für alle Bevölkerungsteile gleichermaßen unabhängig und prädestiniert sind, nur ihrem Gewissen verantwortlich zu sein und ausschließlich ihren menschlichen Erfahrungen und Eignungen zu vertrauen. Ethik hat mit Verantwortung für alle zu tun und nicht mit der Wahrnehmung von Detail- oder Individualinteressen. Sie gefährden einmal mehr die längst verlorene Glaubwürdigkeit in die Lenker und Denker dieser Nation. Menschengerecht zu leben, anstandsgerecht zu entscheiden und sachgerecht zu handeln, bleibt der Tribut, den wir alle unserer Gesellschaft zollen.

JU-LE-EX-ME-MO

Die jüngsten Ereignisse geben Anlass, meine tiefe Scham über unser öffentlich-rechtliches Regierungsverhalten doch einmal zu dokumentieren: Unter der Überschrift JU-LE-EX-ME-MO kommen mir folgende Gedanken: Deutsches Verfassungsrecht, wie auch internationales Recht, fußen auf der bekannten Gewaltenteilung, die im Grundgesetz der Bundesrepublik Deutschland verankert ist. Diese zu bewahren und zu beachten ist oberste Regierungsaufgabe und zugleich Messlatte für die übernommene Regierungsverantwortung, nach der sich die meisten Politiker mehr aus Eitelkeit als aus überzeugter Fähigkeit händeringend sehnen.

Die **JU**dikative als rechtsprechende Gewalt soll eine von der Politik, d. h. von der Legislative und Exekutive unabhängige dritte Gewalt garantieren und stellt damit ein hohes Rechtsgut in jeder Demokratie dar.

Die **LE**gislative ist die von den Parlamenten ausgestattete gesetzgebende Gewalt, die das Soziale Gefüge des Staates sichert und das ordnende Räderwerk im gesellschaftlichen Zusammenleben der Bürger ermöglicht.

Die **EX**ekutive als gesetzausführendes Organ sichert und sanktioniert erlassene Gesetze, Verordnungen und erlässt Verwaltungsakte, um den Willen der Gesetz- und Verordnungsgeber in die tägliche Praxis gesetzes- und verordnungstreu umzusetzen.

Inzwischen haben sich den drei Säulen klassischer westlicher Demokratien faktisch weitere Säulen hinzugesellt, die aus modernen Demokratien nicht mehr wegzudenken sind, obwohl sie in den Demokratie-Verfassungen als solche nicht explizit erwähnt werden und verankert sind.

Es handelt sich zum einen um die von mir „**ME**diative" genannte, meinungsbildende Gewalt der Medien. Sie hat sich zum eigentlichen Korrektiv in einer Demokratie entwickelt. Ihre Überwachungsfunktion hinsichtlich des Missverhaltens in den drei vorher genannten Säulen ist zum wesentlichen Element eines funktionierenden Staatsgebildes geworden. Die traditionellen Säulen sind dazu entweder nicht mehr bereit oder auch nicht willens, Missstände aller Art aufzudecken. Hier bedarf es unabhängiger Medien, die sich nicht als Steigbügelhalter unethischer Praktiken des Staatsapparates verdingt haben bzw. verdingen lassen.

Zum anderen drängt sich in jüngster Zeit noch eine weitere Staatsgewalt ins Rampenlicht der Öffentlichkeit. Ich würde sie als „**MO**neytive" Gewalt bezeichnen, weil sie sich ableitet aus der geldschöpfenden und geldvernichtenden Kraft des nationalen und internationalen Finanzwesens und in der Lage ist, durch ihre gigantischen vagabundierenden Finanzströme nicht nur ganze Demokratien zu gefährden, sondern auch deren wirtschaftliche und damit demokratische Funktionen supranational außer Kraft zu setzen. Diese fünfte Gewalt ist im Grundgesetz der Bundesrepublik als solche nicht verankert, sondern dort finden sich nur die inzwischen wirkungslosen Barrieren eines ordnungs- und verfassungsgemäßen Finanzgebarens, dem sich die meisten westlichen Demokratien ohnehin nicht unterworfen haben. Sie haben längst die verfassungsmäßig zulässigen Schranken überschritten und die selbst gewählten Beschränkungen *ad absurdum* geführt.

Wenn alle fünf Säulen in unabhängiger Weise das Einhalten demokratischer und dem Gemeinwohl verpflichteter Spielregeln beachten würden, wäre zumindest ein verträgliches Maß im Zusammenspiel demokratischer Gepflogenheiten erreicht. Die Loyalität der Bürger zu ihrem Staat wäre weitgehend gesichert und das Vertrauen in die Staatsorgane nicht nachhaltig erschüttert.

Die Realität ist freilich eine andere.

Die Wahl des Beitragstitels JU-LE-EX-ME-MO deutet schon auf die enge Verquickung aller drei bzw. fünf Säulen hin. Es gibt inzwischen eine unselige Vermengung und Vermischung der demokratischen Gewalten untereinander und zudem eine personelle Verbindung von Angehörigen der verschiedenen Staatsgewalten, die nicht einmal davor zurückschrecken, gleichzeitig in mehreren Engagements normalerweise trennscharfer Interessenlager ihre Hände aufzuhalten bzw. ihr Interessenfeld sogar in der Öffentlichkeit abzustecken und wenn notwendig auch umzusetzen. Nichts ist undenkbar geworden. Da versuchen Spitzenfunktionäre von der Exekutive in die Judikative umzuswitchen, die Einhaltung verabschiedeter Gesetze verwaltungsseitig als unbeachtlich einzustufen oder gar außer Vollzug zu setzen oder sich auf dem Ticket der Legislative oder der Exekutive in einer Weise persönlich zu bereichern, dass die Justiz nicht mehr nachkommen kann (oder will), kriminelle Vergehen zu ahnden. Die Macht korrumpiert sich selbst und hebelt so die sie tragenden Verfassungselemente immer mehr aus. Sie verblendet sich vor der notwendigen Verantwortung, auch wenn diese verbal immer wieder als unumstößlich und nicht abdingbar gebetsmühlenartig eingefordert wird.

Es ist beschämend mit ansehen und mit anhören zu müssen, welche Respektlosigkeit sich im Staatsgefüge breitgemacht hat. Es handelt sich eben nicht um eine positive Streitkultur, wenn sich demokratisch legitimierte Parteien gegenseitig der Lüge, der Fahrlässigkeit und des öffentlichen Vertrauensverlustes bezichtigen. Immer mehr gewinnt der arglose Bürger das beklemmende Gefühl, dass in den Hinterzimmern der Macht Deals ausgehandelt werden, an denen die Angehörigen anderer Gewalten entweder erst gar nicht teilnehmen dürfen oder über die sie nur scheibchenweise informiert werden, so dass am Ende nur ein Zerrbild dessen entsteht, was nun tatsächlich entschieden wurde. Diese Hinterzimmerpolitik – offenbar auch im Atomkonflikt – ist Ausdruck großer Unsicherheit und lässt vermuten, dass die Bevölkerung bewusst im Unklaren bzw. in Unkenntnis gehalten werden soll. Vorbilder agieren anders, sie kommunizieren und lassen andere Staatsträger an den Staatsaktionen mit teilhaben.

Es stellt sich überdies die Frage, wie der frühere deutsche Außenminister, der zugleich Parteivorsitzender seiner Partei war, bisher kein Direktmandat erwerben und nur über das Listenverfahren einige Abgeordnete in den Deutschen Bundestag entsenden konnte, die demokratische Legitimation ableitete, sich im Sicherheitsrat der Vereinten Nationen gegen eine wirksame Parteinahme für die Interessen des geknechteten libyschen Volkes auszusprechen. Wenn die internationale Solidarität immer nur von anderen eingefordert wird und keine eigene Bereitschaft besteht zu helfen, weil immer nur eigene wirtschaftliche Interessen im Vordergrund stehen, dann verwirkt auch unser Land die solidarische Unterstützung aller anderen Friede suchenden Völker, wenn es zu einem anderen Zeitpunkt ebenfalls um deren Unterstützung geht.

Menschengerechtigkeit verlangt, Hilfe dort anzubieten, wo sie dringend nötig ist, und nicht unverständliches Taktieren auf dem Rücken der Schwächsten. Anstandsgerechtigkeit liefert keine Grundlage für Spekulationen. Sie kann nur dort erfolgreich sein, wo nicht immer nur einseitige Vorteile für das eigene Land erhofft werden, nach dem Motto „Wasch mir den Pelz, aber mach mich nicht nass". Sie geht von einer beiderseitigen win-win- Strategie aus, in der das libysche Volk seine berechtigten Rechte und Interessen einfordert und unsere Republik auf lange Sicht Vorteile aus der demokratischen Entwicklung dieses arabischen Landes zieht. Das Ausgleichsangebot für die eigene „Weder Fisch noch Fleisch"-Politik, sich in Afghanistan mehr engagieren zu wollen, geht voll an der politisch legitimierten Aufgabenstellung vorbei.

Schließlich ist als dritte Komponente einer nachvollziehbaren ethischen Haltung die Frage nach der Sachgerechtigkeit einer solchen Enthaltungspolitik zu prüfen. Auch diese zielt ins Leere, weil eine „Noli me tangere"-Politik nur jenem Land hilft, das nichts zu befürchten braucht, wenn seine Unterdrückungsstrategie sich ungehindert in Folter und Tod fortsetzen kann. Gerade in Deutschland wäre eine eindeutige Positionierung zugunsten der Libyer wichtig gewesen, um durch das eigene Schicksal genügend motiviert zu sein, Diktaturen jedweder Art zu beenden und dem Selbstbestimmungsrecht der Völker zum Durchbruch zu verhelfen.

Von politischer Verantwortung ist da wenig zu spüren. Dieses wirklich abstruse und unverzeihliche Abstimmungsverhalten zu Lasten des nach Demokratie rufenden arabischen Volkes zeigt einmal mehr, dass offenbar nur zahlende Klienten bei einer sich nach außen liberal gebenden Partei Aufmerksamkeit finden. Wer aber nach allen Seiten hin offen sein will, kann auch kein geschlossenes Wahlprogramm anbieten. Die Optionen, für alle möglichen Alternativen zur Verfügung zu stehen, geraten zur ideenlosen Programmatik und am Ende zur Abstrafung durch den Wähler. Das Leben politischer und menschlicher Werte verlangt etwas anderes; nämlich Verlässlichkeit, Glaubwürdigkeit, Offenheit und Ehrlichkeit. An allem mangelte es diesen Protagonisten liberaler Gesinnung. Deshalb ist auch jede demokratische Wahl für sie zum Hasardspiel geworden, weil ihre Kalkulierbarkeit nur für zahlende Klienten galt, nicht aber für die abstimmende Bevölkerung.

Die Bedrohung, ständig in die parlamentarische Bedeutungslosigkeit zu verschwinden, hatte bedauerlicherweise nicht zur Erneuerung des maroden und anpassungsfreudigen Wertesystems geführt, sondern zu einer „Immer so weiter"- Politik, die den Wählern nicht mehr das notwendige Vertrauen abverlangen konnte. Eine liberale Partei, die nicht selbst die Kraft zur Selbsterneuerung aufbringt, verwirkt ihren Anspruch, für ein ganzes Volk Verantwortung übernehmen zu wollen. Sie bedient sich lediglich der Machtmechanismen, um sich selber zu bereichern. Deshalb sollte ein Frontmann, der lauthals und stramm die Werte unserer ganzen Gesellschaft anzweifelt und deshalb erneuern möchte, der Erste sein, der im eigenen Haus damit beginnt. Und hier fängt das Dilemma an.

Keine Partei, kein Abgeordneter und kein Politiker ziehen das Allgemeinwohl dem Eigeninteresse vor. Es geht zuerst immer um die private Vorsorge und Karriere und dann um andere. Eine demokratische Runderneuerung reicht nicht aus, um politisches Profil zurückzugewinnen. Ähnlich wie bei Autoreifen.

Deshalb ist es unumgänglich, die Basis unserer Gesellschaft, nämlich die verfassungsmäßige Grundordnung JU-LE-EX-ME-MO wieder in den Mittelpunkt der politischen Kernerarbeit zu stellen und nicht die Sorge, bestimmten Anspruchsgruppen nur noch dienlich zu sein.

Wertediskussion, Wettbewerb, Korruption

Im Zuge der gegenwärtigen Wertediskussion erscheinen die traditionellen kulturellen, humanistischen und unternehmerischen Werte die einzigen bestandskräftigen Komponenten zu sein, die die Veränderungen der gesamten wirtschaftlichen und gesellschaftlichen Welt überleben werden. In den nächsten Jahren und Jahrzehnten wird nichts mehr so bleiben, wie es einmal war. Wir erleben zurzeit dramatische Veränderungen durch den technologischen Fortschritt und die politischen Umstürze, die zu gewaltigen Umwälzungen führen und den Dimensionen der vergangenen industriellen Revolution nicht unähnlich sind. Wir stecken in den Kinderschuhen einer Entwicklung, die wir noch gar nicht zu erahnen begonnen haben. „Mit dem einen Fuß im Marskanal und dem anderen im Neandertal", so singt es treffend Udo Lindenberg und meint damit wohl auch, dass wir noch nicht begriffen haben, wo wir eigentlich stehen und was wir eigentlich wollen. Deutschland rangiert nach einer Studie von Transparency International (TI) in der Hitliste korrupter Staaten in Europa im vordersten Feld. Wenn Korruption verstanden wird als „heimlicher Missbrauch von anvertrauter Macht zum privaten Nutzen und Vorteil" (TI), dann gehören hier alle Spielarten kriminellen Vergehens hinein, die sich tagtäglich im politischen, wirtschaftlichen und gesellschaftlichen Raum abspielen.
Wir sind bereits so weit, dass dieser Missbrauch nicht einmal mehr verheimlicht wird, sondern auf der Tagesordnung jeder öffentlichen Auftragsvergabe, jeder internationalen Akquisition in allen Teilen der Welt steht. Die Revolutionen im arabischen Teil der Welt haben einmal mehr demonstriert, dass viele Gelder – auch jene, die der Entwicklungshilfe zugedacht sind – bei den Menschen vor Ort offenbar nicht ankommen, sondern auf den Konten der Machthaber landen, die Veruntreuungen in Milliardenhöhe gegen ihr Volk begehen und begangen haben. Wen wundert`s, wenn dann ehemalige Entwicklungshilfeminister zu Waffenlobbyisten mutieren. Nicht viel anders sind auch die Korruptionsvergehen im Inland zu bewerten. In einem Land, in dem vor nicht allzu langer Zeit noch Schmiergelder

an Auftraggeber und Geschäftspartner als Betriebsausgaben behandelt wurden, steuerlich geltend gemacht werden konnten und die zu zahlende Einkommensteuer senkten, war die Bestechung zum anerkannten Mittel geschäftstüchtigen Unternehmertums geworden. Bis heute müssen sich große DAX-Unternehmen immer wieder den Ermittlungen von Staatsanwaltschaften stellen, um entsprechende Vorwürfe auszuräumen.

Korruptionen entladen sich nicht nur in illegalen Transaktionen, sondern auch in legalen Praktiken, wobei sie bei den Letzteren noch nicht einmal als unmoralisch empfunden werden. Korruptionsanfällig sind alle wirtschaftlichen und gesellschaftlichen Bereiche: von den politischen Amtsträgern in den Amtsstuben und Regierungspalästen über die Flure öffentlicher Verwaltungen bis hin zur Bauindustrie, zur Rüstungsindustrie und allen anderen nicht namentlich erwähnten Wirtschaftsebenen.

Korruption wird vielfach nicht als kollektives Übel angesehen, sondern als willkommenes Instrument, durch welches das wirtschaftliche Wachstum begünstigt, nicht aber nachteilig eingeschränkt wird. Persönliche Vorteilnahmen gelten als clever und lassen jedes Gespür dafür vermissen, dass durch Korruption die Wettbewerbsregeln bewusst außer Kraft gesetzt werden. Bei der Korruption geht es um Vorteile, die sich Unternehmen oder Personen aneignen, indem sie meist *praeter legem* Ausnahmen, Gefälligkeiten oder Begünstigungen jedweder Art vereinnahmen oder einfordern. Die Liste der Anreize für die Entgegennahme solcher *fringe benefits* ist so umfangreich, wie der Wunschkatalog von Menschen nur sein kann. Umgekehrt wird von den Empfängern dieser „Wohltaten" ein Wohlverhalten eingefordert, das den Bestechenden die wirtschaftlichen, persönlichen oder gesellschaftlichen Vorteile durch den Bestochenen verschaffen soll. Das Spektrum der Annehmlichkeiten reicht von Geldzuwendungen bis hin zu akademischen Würden.

Allen Korruptionsversuchen ist gemeinsam, dass die Akteure, staatliche wie private, zu Lasten unbeteiligter Dritte, also praktisch zu Lasten der Mitbewerber im Markt, handeln. Wettbewerb wird durch Korruption eingeschränkt. Er kann sich nicht über Konditionen, Qualitätsofferten und Preise so entfalten, wie es der Markt eigentlich fordert. Wenn also der Wettbewerb eingeschränkt oder gar behindert wird, werden interne Kosten nach außen hin verlagert, d. h. externalisiert, und private oder unternehmerische Vorteilnahmen werden zu Lasten eines gleichen Wettbewerbs auf die Allgemeinheit umgelegt. Die Allgemeinheit bzw. die Mitbewerber tragen die Lasten des entgangenen Wettbewerbsvorteils. Es steigt bei gleichen Leistungen – staatlichen wie privaten – die Abgabenlast oder umgekehrt, es sinkt bei gleicher Abgabenlast die staatliche oder private Leistung. Die den Wettbewerb auszeichnende Planungssicherheit für die Teilnehmer entfällt oder wird zumindest stark eingeschränkt. Die Legitimität des Staatsapparates und die Produktivität privater Wirtschaftsleistungen werden untergraben bzw. völlig außer Kraft gesetzt. Beispiele hierzu finden sich endlos und die Zeitungen sind voll von sich täglich abwechselnden neuen Ereignissen. Die Folgen sind, dass sich ehrliche Investoren entweder abwenden oder schließlich sich selbst in den Bann korrupten Geschäftsgebarens hineinziehen lassen.

Die Ergebnisse korrupten Wirtschafts- und Gesellschaftsverhaltens sind, *in toto* betrachtet, dass Wohlstand und Beschäftigung zurückgehen, weil der korrumpierte Markt nicht auskömmliche Preise vorgibt, wodurch Mitbewerber dazu gezwungen werden, Beschäftigte zu entlassen oder ganz vom Markt zu verschwinden. Unter diesem Aspekt wird deutlich, wie wichtig die Implementierung von Ethik-Managementsystemen in kleinen und großen Unternehmen ist, um nachhaltig Korruption aus den geschäftsstrategischen Überlegungen zu eliminieren.

Korruption als ethischer Unwert wird für die meisten Akteure dann zum Problem, wenn das Schmieren nicht geheim gehalten werden kann und strafrechtlich verfolgt wird. Sehr viele spektakuläre Beispiele in der jüngsten Vergangenheit haben immer wieder den Sumpf schwarzer Kassen und geheimer Konten aufgedeckt, mit denen die Unternehmen glaubten, dem Wettbewerb ein Schnippchen zu schlagen, und am Ende einen unermesslichen Schaden für sich persönlich, für ihr Unternehmen und die ganze Nation heraufbeschworen.

Bisher waren die Medien die Korruptionswächter. Politische Instanzen haben sich *nolens volens* nur noch in der Abwehr öffentlich bekannt gewordener korrupter Unterstellungen üben können, aber nichts oder nur wenig zu ihrer Beseitigung oder Bekämpfung beigetragen. Im Gegenteil. Ihre Kontrollfunktion hat völlig versagt und wird kaum noch von der Bevölkerung wahr- und ernst genommen.

Korruption ist kein Kavaliersdelikt. Es ist ein strafbarer Vorgang, bei dem die Beteiligten möglichst dazu verdonnert werden, dichtzuhalten. Es ist empirisch längst erwiesen, dass Korruption sich längerfristig immer negativ auf Investitionen und damit auf Beschäftigung auswirkt. Ergebnisse aus dieser Erkenntnis blieben jedoch bis heute unbeachtet.

Soziale Netzwerke können helfen, Korruption einzudämmen. Je offener und transparenter soziale Gruppen in der Lage sind, gegen ethische Verwerfungen vorzugehen und korrupte Machenschaften zu verhindern, desto geringer wird auch die Angriffsfläche für Korruption sein. Soziale und ethische Kompetenzen in unserer Gesellschaft und in unseren Wirtschaftsunternehmen werden immer mehr zum Gradmesser für legale, rechtschaffene und unbestechliche Handlungsmechanismen und für einen fairen Umgang im Wirtschaftsleben.

Ethik und Gewinnerzielung

Diese Frage taucht in vielen Diskussionen auf und lässt bei den meisten Diskutanten den Eindruck entstehen, dass man als Unternehmer mit Rücksicht auf ethische Handlungsmaxime nicht mehr den unternehmerischen Freiraum besitze, der erforderlich ist, um erfolgreich im Markt zu bestehen. Diese irrige Ansicht hat sich durch unkluge und völlig deplatzierte Überlegungen in vielen Unternehmen und Unternehmern manifestiert und es ist schwer, dieses Vorurteil immer wieder auszuräumen.

Worum geht es in der Unternehmensethik? Grundsätzlich wird für den Markt produziert und dieser wird von Menschen gestaltet: weder von Maschinen noch von Systemen und auch nicht von Außerirdischen. Der Mensch ist Zentrum des Marktes und steht im Mittelpunkt des wirtschaftlichen Geschehens, und das soll auch so bleiben. Wirtschaften ist nicht Selbstzweck. Es dient ausschließlich dem Menschen, und zwar seinem Wohl und nicht seinem Untergang.

Die moralische Orientierung des Unternehmens setzt zwangsläufig unternehmerischen Freiraum voraus. Ein Unternehmen, das behauptet, nur unter dem Diktat der Sachzwänge produzieren oder wirtschaften zu können, hat seine moralische Kompetenz bereits verspielt. Natürlich bestehen in einem Wirtschaftssystem Vernetzungen und Abhängigkeiten, die Grenzen ziehen, die das Unternehmen respektieren muss und die nicht ohne weiteres überschritten werden können. Diese Tatsachen legitimieren das Unternehmen aber nicht, bei der Wahl seiner Mittel die Gebote verantwortlichen Handelns zu missachten oder gar außer Kraft zu setzen.

Es geht bei der Gewinnerzielung unter ethischen Aspekten nicht um die Höhe des Gewinns oder der erzielten Rendite, sondern um die Mittelwahl, wie und mit welchen Mitteln der Unternehmensgewinn erzielt wird. Der Unternehmensgewinn bildet erst die Voraussetzung dazu, überhaupt im Markt bestehen zu können und sich unternehmensethischen Fragen zu stellen. Die Ethik steht also nicht konträr zur Gewinnerzielung, sondern fördert, begleitet und beflügelt sie, unter einer angemessenen und menschenwürdigen Mittelwahl den größtmöglichen, d. h. unter ethischen Aspekten angemessenen Gewinn nachhaltig zu erzielen.

Mit der Ethik gewinnt das Unternehmen völlig neue Perspektiven. Es gewinnt den Respekt, die Achtung und die Wertschätzung von Kunden, Lieferanten und Mitarbeitern, der Öffentlichkeit und der Mitbewerber und es verhält sich als ein Marktteilnehmer, der sich in hohem Maße „symmetrisch" präsentiert: Es hält das ein, was es vertraglich verabredet, und sagt das, was es denkt. Dann gibt es auch keine Millionenpönalien der Kartellbehörde für illegale Preisabsprachen vieler Bierbrauer oder Wursthersteller zum eigenen Vorteil und zum Nachteil ihrer Kunden. Daran kann man ermessen, was ein Unternehmen im wahrsten Sinne des Wortes zu einem ethischen Unternehmen macht: dass es auf alle Formen der Illegalität und der Korruption verzichtet. An deren Ende steht neben der Gewinneinbuße auch der Reputationsverlust, der durch teure Image-kampagnen wieder aufpoliert werden muss. Mit einer unternehmensethischen Grundhaltung gäbe es keine Verlierer, sondern nur Gewinner. Wann werden die Unternehmen begreifen, dass der unternehmerische Freiraum nicht nur ein großes Geschenk ist, sondern auch die Grundbedingung dafür, ethische Werte im eigenen Unternehmen zu leben und sie in der täglichen Praxis umzusetzen?

Man braucht nicht auf theologische Weisheiten zurückzugreifen, wenn immer wieder die „Werkstatt oder Firma Kirche" bemüht wird, um ihren tausendjährigen Erfolg zu demonstrieren. Aber sie hat es über viele Jahrhunderte geschickt verstanden, den Menschen und seine Seelsorge in den Mittelpunkt kirchlichen Auftrags zu stellen und mitbeizutragen, eine menschengerechtere Arbeitswelt zu installieren, die dem früheren kritischen Zeitgeist in höherem Maße entsprach als dies gegenwärtig der Fall ist.

Wer allerdings agrarindustrielle Massenhühnerhaltung seinen eigenen Mitarbeitern als tiergerecht verkaufen will oder Genmanipulation an Pflanzen betreibt mit der Inkaufnahme gesundheitsgefährdenden Verzehrs für den Verbraucher, hat nur so lange kein Problem mit seinen Mitarbeitern, wie der Druck auf mögliche Arbeitsplatzverluste die Gegenwehr verhindert. Wer in Bangladesh als Kleiderdiscounter Kinderkleider von einheimischen Schneidern in Massenmenschhaltung zuschneidern und diese in Wochenarbeit von 6 Tagen mit täglich 9 Stunden und einem Stundenlohn von kaum mehr als 0,20 Euro pro Stunde bei einer Tagesproduktion von

2.500 Kinderjeans arbeiten lässt, kann kaum als ein unternehmerischer Zeitgenosse behandelt werden, dem der Respekt und die Verantwortung für seine Mitarbeiter positiv angerechnet werden kann. Es ist eher der Beweis, wie menschliche Würde auf dem Altar wirtschaftlicher Ausbeutung geopfert wird. Hier zeigt sich die ganze Spannweite menschenverachtenden Unternehmertums. Und sie ist in Wirklichkeit noch viel schlimmer.

Was wirtschaftlich machbar ist, sollte auch stets eine moralische Dimension haben. Diese darf und kann nicht ignoriert werden. Beides, die Ökonomie und die Ethik, gehen eine Symbiose ein, die für alle Beteiligten in eine Verträglichkeit führen sollte, die für Mitarbeiter und Kunden gemeinsame Vorteile bringt. Wer dies missachtet, negiert die Notwendigkeit, sich mit ethischen Fragen in der Wirtschaft auseinanderzusetzen. Er übersieht deren positive Wirkung auf die Gewinnerzielung und verkennt die Rolle des Unternehmertums für die menschliche Gesellschaft.

Nochmals, es geht nicht um Verzicht oder um Verlust, sondern es geht um ein positives Bewusstsein, dass nicht diejenigen bestraft werden, die sich im Wirtschaftsleben an ethische Gebote der Menschlichkeit halten. Nur daraus werden langfristig Vorteile gewonnen, die bis heute vielen geschöpf- und menschenverachtenden Marktteilnehmern verborgen geblieben sind.

Mit Verantwortung zum Erfolg

Vor einiger Zeit gab es eine Studie von Ernst & Young zum Thema: „Mit Verantwortung zum Erfolg".

Unternehmen, die gesellschaftliche Verantwortung zeigen, haben außerordentlich positive Rückkopplungseffekte. Sie zeichnen sich meist durch die Unterstützung sozialer Engagements aus und haben in der Regel ein überdurchschnittliches betriebliches Wachstum.

Verantwortung zu übernehmen, wird dabei zur wesentlichen Triebfeder des eigenen unternehmerischen Erfolges. Geschäftsprozesse werden optimiert und der Bekanntheitsgrad erheblich gesteigert, ohne hierfür eigene Werbemittel einsetzen zu müssen.

Es geht in der Wahrnehmung von Ethikmanagement im Unternehmen nicht einmal um hohe Sach- und Geldspenden, sondern um die Bereitschaft, sich an zukunftsträchtigen sozialen, kulturellen, karitativen, wissenschaftlichen Projekten zu beteiligen, Humankapital und Sozialkapital hierfür bereitzustellen und diese Projekte nachhaltig zu begleiten.

So unterstützen inzwischen von 100 untersuchten Unternehmen (lt. E&Y) 57 % Forschungs- und Bildungseinrichtungen sowie Bildungsfonds für Schüler und Studenten wie auch Förderprogrammen für gesunde Ernährung und Kindertagesstätten. Über zwei Drittel der Unternehmensleitungen sind fest davon überzeugt, dass sich verantwortungsbewusstes und damit auch soziales Verhalten immer positiv auszahlt, weil es meist mit den eigenen Geschäften und Verbindungen zusammenhängt. Mehr als die Hälfte aller Unternehmen erwartet positive Synergieeffekte aus ihren firmeneigenen Aktivitäten und sie erhoffen sich zugleich bessere Netzwerke auch zu unternehmensfremden Arbeiten und Dienstleistungen.

Unstreitig ist, dass durch die offenkundige gesellschaftliche Verantwortung die Attraktivität der Unternehmen als potentielle Auftrag- und Arbeitgeber steigt und für künftige *high potentials*, exzellente Bewerber und interessante Kunden ein gesuchter Geschäftspartner wird. Denn immer mehr Anspruchsgruppen in Gesellschaft und Wirtschaft neigen dazu, vom sozialen Einsatz ihres „Partners" auch auf dessen Unternehmenskultur zu schließen und damit auch auf sein partnerschaftsgerechtes Arbeits- und Vertragsklima.

In den Unternehmen allerdings, wo Klugheit Seltenheitswert hat, da hilft dann nur noch die schlechte Erfahrung.
Um diese zu vermeiden, sollten sich die Unternehmen in einem Selbstaudit die Fragen stellen:

- Wo liegen die Ziele und Prioritäten ihres Unternehmens?
- Wo nehmen sie moralische Defizite wahr?
- Wie moralisch integer sind Führungskräfte und Mitarbeiter?
- Was erwarten ihre Kunden in moralischen Belangen?
- Wie werden Unternehmen in der Öffentlichkeit hinsichtlich ihrer moralischen Integrität beurteilt?

Nach dieser Bestandsaufnahme erfolgt die Erarbeitung eines ethisch fundierten Unternehmensleitbildes, und dieses mündet in einen Maßnahmenkatalog zur Förderung der betrieblichen Wertorientierung. Zur Abrundung eines sich nach ethischen Kriterien selbstverpflichtenden Unternehmens müssen Möglichkeiten der Prüfung und der Sanktionierung aufgezeigt werden. Erst dann ist der Weg frei für ein Unternehmen, das sich dem hohen Wertegefüge eines moralisch und ethisch einwandfreien Wirtschaftspartners stellen kann.
Diese kurze Skizzierung verdeutlicht einmal mehr, dass ein Unternehmen mit einem hohen gesellschaftlichen Verantwortungsbewusstsein sich nicht leichtfertig nur auf die pünktliche Zahlung von Steuern oder einiger Geldspenden ausruhen kann, sondern sich erst mit hohem Aufwand eine reputative Wertschätzung in der Öffentlichkeit nachhaltig erarbeiten muss. Dann verdient es auch im wahrsten Sinne des Wortes, als ein *good citizen* oder *responsible partner* angesehen zu werden. Am Ende eines derartigen Bewertungs- und Beurteilungsprozesses ist eine Zertifizierung ethischen Unternehmensmanagements möglich. Der erfolgreiche Abschluss krönt zugleich die einzigartige Wertschätzung, die ein ethikzertifiziertes Unternehmen bei Mitarbeitern, Kunden, Lieferanten, in Staat und Gesellschaft genießt.

„I am Responsible" Die Herausforderung!

Verantwortung verpflichtet. Mit diesem „Slogan" treten mehr oder weniger prominente Zeitgenossen an die Öffentlichkeit und erschlagen damit jedes entgegenstehende Argument. Sie nehmen nicht zur Kenntnis oder wollen nicht verinnerlichen, dass zur Übernahme von Verantwortung der ernsthafte Wille vorhanden sein muss, die eigene Verantwortung zu erkennen, sie ernsthaft zu leben und notwendige Konsequenzen zu ziehen, wenn sie sich ihr stellen müssen.

Ver-**antwort**-ung enthält das Wort Antwort. Worauf gibt der Träger von Verantwortung nun seine adäquate Antwort?

Voraussetzung zur Übernahme von Verantwortung ist die persönliche Befähigung, verantwortlich zu sein und sich verantwortlich zu fühlen. Wer hier schon Schwierigkeiten hat, sollte sich der ihm angedienten bzw. übertragenen Verantwortung gar nicht erst stellen. Nur wer verantwortlich sein will, kann auch Verantwortung tragen. Und nur dann kann er auch verantwortbare Handlungen, Ziele und Maßnahmen treffen und sie mit anderen kommunizieren.

Wer Verantwortung also tragen will und diese als berechtigt anerkennt, danach lebt und handelt, muss Antwort geben können auf das, was er denkt, was er sagt und was er tut. Leider finden wir in Gesellschaft, Wirtschaft und Politik hier in Permanenz eine enorme Diskrepanz, weil nur noch ethische Asymmetrien unser Leben bestimmen. Wer Verantwortung in allen Lebensbereichen übernimmt, muss sich als verantwortlich erweisen und das, was er anstrebt, als verantwortbar vertreten.

Im Unternehmensbereich zählt hierzu das Definieren

- verantwortbarer Unternehmensziele,
- eine verantwortbare Mitarbeiterführung und schließlich eine
- verantwortbare Außenbeziehung zu Kunden, Lieferanten und zur Gesellschaft.

Leider beobachten wir eine weite Verbreitung von Verantwortungslosigkeit bis in die Spitzenpositionen von Wirtschaft und Gesellschaft. Niemand ist mehr bereit, für seine persönlichen Vergehen Rechenschaft abzulegen, wenn der Staatsanwalt nicht eigens hierzu auffordert. Die Verantwortungslosen verschwinden in der Versenkung, schieben Krankheiten vor, wechseln in den Ruhestand und kommen wieder aus der Deckung hervor, wenn der Mantel des Vergessens sich ausgebreitet hat. Ihre Vergehen sind hinreichend bekannt oder so subtil, dass sie erst später entdeckt werden. Wenn die Öffentlichkeit, die Justiz und häufig die eigene Partei keinen Anstoß an ihrem Fehlverhalten nehmen, gehen die Vergehen weiter, solange auch die Presse oder die Rechnungshöfe hierzu schweigen.

Angesichts der unzählbaren Fälle doloser und verantwortungsloser Handlungen und Wahrnehmungen stechen allerdings die Einlassungen einiger Politgrößen besonders negativ hervor, die nachgewiesenermaßen unwissenschaftlich gearbeitet haben und dennoch berechtigte Vorwürfe in aller Öffentlichkeit als abstrus bezeichnet haben. Im Kontext der oben erwähnten Interpretation der Verantwortung passt eine solche „Antwort" genau in das Konzept einer sich immer mehr erfreuenden Verantwortungslosigkeit. Wenn ausgerechnet ein ausgebildeter Jurist wissentlich eine eidesstattliche Erklärung unter seiner fertig gestellten Dissertation unterschreibt, die folgenden Wortlaut hat: „Hiermit erkläre ich ehrenwörtlich, dass ich die vorgelegte Arbeit ohne fremde Hilfe verfasst, hierzu keine anderen als die im Schriftenverzeichnis der Arbeit angegebene Quellen benutzt und noch an keiner andere Hochschule zu Studien- und Prüfzwecken vorgelegt habe", dann handelt es sich um eine vorsätzliche Täuschung, wenn die Arbeit dieser Erklärung nicht entspricht. Wenn die Alma Mater nicht in den Ruf pseudopolitischer Abhängigkeit geraten will, bleibt nur die Aberkennung des Doktorats oder anderer erschlichener akademischer Würden. Widrigenfalls gehörte diese Hochschule dann im Ranking aller anderen Hochschulen ans Ende der Hitliste.

Seien wir also vorsichtig mit dem leichtfertigen Umgang anvertrauter Verantwortung. Das ethische Netzwerk von VITAO®, dem ich seit Jahren als Schirmherr diene, weiß um diese Problematik und fordert die tägliche Umsetzung einer nachvollziehbaren Verantwortungsethik, die nicht an den Schranken von Geld und Kapital, von Politik und Macht, von Medien und Gesellschaft haltmacht. Die Kampagne „Die Welt schaut auf Glarus - Ethik und Demokratie-Verständnis als Standortbestimmung" stellt die Protagonisten vor eine große Herausforderung. Denn es ist nicht auszuschließen, dass potentielle Mitglieder davon ausgehen, dass es sich hierbei mehr oder weniger nur um einen Werbeslogan handelt. Die Kampagne selbst beinhaltet die Maxime für ein soziales Miteinander in Nachhaltigkeit, unabhängig vom Bildungsstandard, Religionszugehörigkeit, kultureller Herkunft und gesellschaftlichem Status und setzt entsprechende empathische Fähigkeiten voraus. Denn wer sich als ein verantwortlicher Teil eines Ganzen sieht und dementsprechend lebt und handelt, schützt die Familie, bringt sich aktiv in die Gesellschaft ein, achtet auf die Folgen seines Denkens und Handelns und ist kooperativ, weil über eine reine Machtausübung keine Miteinander-Verantwortbarkeit möglich ist. Das DU wird zum ICH und schafft das WIR als Konsequenz aus dem eigenen persönlichen Verhalten heraus.

Vielleicht fangen wir eines Tages an zu begreifen, dass sich unethisches und damit unverantwortliches Handeln rächt und dass Verantwortung zu übernehmen, nicht nur Aufwand bedeutet, sondern auch Ertrag einbringt. In Anlehnung an Alexis von Tocqueville sollten wir uns dabei stets vor Augen halten, dass nicht nur das Nützliche ehrenwert ist, sondern auch das Ehrenwerte nützlich sein kann.

Gedanken zur Bankenethik

Anbei einige Gedanken zur Bankenethik, die mich bewegen …
Bislang haben die Geldhäuser einen weiten Bogen um die Bankenethik gemacht. Hypertone Bankengewinne und ungerechtfertigte Gehaltsexzesse bildeten die Schlagzeilen in unseren Gazetten und hatten mit ethischer Unterlegung wenig zu tun. Die Finanzkrise war ein Produkt aus ungezügeltem Machtbewusstsein, unverantwortlicher Spekulation und einem Wettfieber, das nur auf Rennbahnen oder Spielcasinos seinesgleichen suchte. Die Banken waren weit davon entfernt, der Gesellschaft, aus der die Gewinne abgesogen wurden, auch einen Teil ihrer finanziellen Beute zurückzugeben. Die Verunsicherungen, die finanziellen Schäden und die Forderungsausfälle wurden indes sozialisiert, während die Gewinne eingeheimst, d. h. privatisiert wurden.
Die Finanzinstitute scherten sich wenig um ihren lokalen und regionalen gesellschaftlichen Auftrag, weil sie ihre exorbitanten Gewinne aus dem Äther globaler Vernetzung von Investmentbanking, Rohstoffspekulation und dubiosem Derivatehandel bezogen. Für ethische Überlegungen war kein Platz. Solange diese „Wetten, dass"-Mentalität anhielt und das Glück den Spielern hold blieb, blieb auch die Ethik außen vor. Hinzu kam, dass im Euro-Bereich die Fehler der Banken kaschiert, schlechte *assets* ausgegliedert und neues Spielmaterial über die Euro-Politik bereitgestellt wurden. Die Synchronisation von krisengeschütteltem Bankenmanagement und politischer Willfährigkeit war perfekt. Die Banken haben bis heute die EU als Zugpferd ihrer persönlichen Interessen zu nutzen gewusst. Auch hier fanden Sozialisierung der Kosten der Finanzkrise und die Privatisierung des zur Verfügung gestellten Nutzens statt. Die Folge ist die latente Erschütterung der Geldwertstabilität des Euro, der im Wettbewerb mit neu auf den Geld- und Kapitalmarkt drängenden Währungen weiter Federn lassen wird.
Haben wir eigentlich nicht begriffen, was die Bundesbank Jahrzehnte lang mit großem Erfolg praktizierte, nämlich durch ein hohes Stabilitätsbewusst-

sein für die Deutsche Mark diese als Quasi-Reservewährung in der Welt zu etablieren, während wir hingegen unter der Ägide der EZB beginnen, die zweitwichtigste Rolle des Euro auf den Weltmärkten als stabilem Anker für Geldanlagen und Import-Exportkalkulationen zu verspielen?

Der Geist der Bundesbank weht schon lange nicht mehr in den Räumen der Währungshüter. Nur so ist es zu erklären, dass einer der letzten Promotoren für eine stabile Leitwährung nicht bereit war, das Amt eines EZB-Präsidenten anzutreten, weil ihm die Gefolgschaft für eine stringente Geld- und Währungspolitik versagt blieb. In diese Landschaft passt dann auch die Verkündung, noch mehr Geld für mögliche internationale Bankpleiten und für den Kauf von Eurobonds bereitzustellen, damit die Verschuldungspolitik leichtblütiger Mitgliedsländer nicht behindert wird. Gerade in dieser schwierigen Zeit wäre es wünschenswert gewesen, einen Protagonisten der unumstößlichen Vermeidung inflationsbedingter Gefahren an der Spitze einer europäischen Institution zu wissen, dem es ernsthaft um die Sorge der Geldwertstabilität des Euro geht. In der Tat, eine verpasste Chance, die andere Länder zu nutzen wissen, die großzügiger mit der notwendigen Stringenz preisstabiler Wirtschafts- und Wachstumsfaktoren umzugehen verstehen. Der Euro wird nie so stark sein, wie es die stärkste Nation durch ihre Wirtschaftsdaten ermöglichen könnte, sondern immer nur so schwach sein bzw. bewertet werden, wie es die schwächsten und wachstumsärmsten Nationen, sprich die verschuldungsfreundlichsten Mitgliedsländer, zulassen. Die nationale Souveränität der einzelnen Mitgliedsländer gestattet ihnen, auf diskretionäre Hinweise der auf Sicherheit und Stabilität bedachten Partner nur mit den Instrumenten zu antworten, welche die jeweilige eigene Bevölkerung zulassen. Diese Gradwanderung ist natürlich schwierig, sie hat aber die Politik bis heute nicht veranlasst, dafür zu sorgen, dass diesem unseligen Treiben um mehr Nehmen als Geben in Europa ein Ende gesetzt wird.

Was sich auf den Finanzmärkten ausgetobt hat und noch weiter austoben wird, beginnt sich indes in der Lebensmittelbranche fortzusetzen. Sie droht zurzeit, in eine zügellose, international gesteuerte Preistreiberei mit hohem spekulativem Charakter einzumünden und zu entarten. Kein Bereich gesellschaftlichen Zusammenlebens scheint mehr davor geschützt zu sein, zum Gegenstand wilder und den Menschen verachtender Spekulationen zu werden.

So ist es umso begrüßenswerter, wenn ein ganzer Schweizer Kanton, wie der Kanton Glarus, beginnt, sich auf seine ethischen Wurzeln zu besinnen und Vorbild für Regionen in anderen Ländern zu werden. Was bei klugen Banken und bei einigen wenigen politischen Verantwortungsträgern zu fruchten scheint, wäre der Beginn einer neuen Denkhaltung, die für uns alle das Überleben sichert. Diejenigen, die für die angetretene Verantwortungsübernahme hoch bezahlt werden, sind oftmals ihrer Ämter nicht würdig. Da ist es doch um ein Vielfaches ehrenvoller, (auch) im Kleinen zu versuchen, Schaden von der Gesellschaft, den Mitbürgern und ihrer Zukunft auf jede erdenkliche Weise fernzuhalten.

Teil II

Essays

Und sie bewegt sich doch!

Die katholische Kirche platzt wegen ihrer menschlichen Probleme aus allen Nähten. Der gegenwärtige Überdruck ist offenbar so stark, dass er einen päpstlichen Rücktritt nicht verhindern kann. Selbst ein Rückschritt, auch wenn er nur aus körperlicher Schwachheit geschieht, wird bereits als kirchlicher Fortschritt gewürdigt.

Was macht die Kirche falsch, dass sie bereits jede ihrer Regungen, in welche Richtung auch immer, als angemessene Antwort auf dringende Fragen der Zeit interpretiert und deutet? Die Gläubigen warten auf ehrliche Antworten, nicht auf faule Kompromisse. Sie warten auf zeitgemäße Orientierungshilfen, die nicht alte und faule Zahnwurzeln überkronen, sondern helfen, Kirchenstrukturen zurückzugewinnen, die eindeutig eine angemessenere Verkündung der evangeliaren Botschaft und damit Heilung vieler gekränkter Seelen reflektieren. Die Überkronung vieler unerledigter Behandlungen und Baustellen am Körper der Kirche mit Schweigen, halbherzigen Erklärungen oder gar Fehlentscheidungen auszusitzen, verursacht am langen Ende mehr Unheil, Verdruss und Ärgernis, als dass sie hilft, alle glauben zu machen, dass alles in Ordnung sei. Das eigennützige Verhalten der Kirchenoberen hat nicht dazu beigetragen, die weitverbreiteten Irritationen und Glaubensdefizite abzubauen und der Kirche vor Ort neue hoffnungsvolle Impulse zu geben. Die Kirche droht in der Agonie selbst gewählter Gottesferne zu verkümmern und sich immer weiter von ihrem ureigensten seelsorgerischen Auftrag zu entfernen. In der Kirche will niemand mehr dienen, sondern nur herrschen und beherrschen, will niemand mehr beten, sondern nur bestimmen.

Die Mauer der Wahrnehmungslosigkeit um den Vatikan, die Bischofssitze, die Klöster und Pfarreien wird immer höher. Am Ende vermag niemand mehr von innen zu sehen, was außen geschieht, und keiner erhält mehr Einblick von außen, was innen passiert. Der glaubensseitige Austausch und die seelsorgerischen Bedürfnisse geraten immer mehr ins Abseits und Verfehlungen der kirchlichen Amtsträger werden bewusst übersehen, einfach negiert oder nicht gebührend oder korrigierend zur Kenntnis genommen. Die Veränderung der Welt bedeutet nicht zwangsläufig auch eine Veränderung der Kirche. Sie hält nach wie vor fest an starren Dogmen, die dem Zeitgeist längst entflohen sind, und rühmt sich vielmehr, in der Unbeweglichkeit ihrer kirchlichen und theologischen Dogmatismen das Geheimnis ihres zweitausendjährigen Überlebens bestätigt zu haben. Sie wird hiervon nicht abrücken. Eine fatale Fehleinschätzung, die weder traditionsbewusster Kirchenführung noch ihrem Anspruch als allein seligmachender Glaubensgemeinschaft gerecht wird.

Selbstgenügsamkeit und Selbstgefälligkeit, Selbstgerechtigkeit und pompöse Selbstinszenierungen sind Erscheinungen, die das Bild der Kirche im öffentlichen Ansehen prägen, ihr zugleich schaden und damit ihren eigentlichen Auftrag erschweren. Der unsensible Umgang mit Steuergeldern und Spenden, Kirchengeldern, Erbschaften und sonstigen Zuwendungen auf allen hierarchischen Ebenen zugunsten eigener Annehmlichkeiten auf (Fern-)Reisen, Flügen und in der sonstigen privaten Lebensführung belastet die Glaubwürdigkeit von Hirtenbriefen und evangeliaren Botschaften. Nicht zuletzt zeugt er von der großen inneren Distanz der Verkünder mit ihren klerikalen Anhängern zu den eigenen „Kunden" und Kirchenangehörigen. Zuweilen empfindet der aufmerksame Beobachter, dass die Kirche einen Lebensstil kultiviert, der eher Managern von Großunternehmen zu eigen ist. Bittstellungen und Spendenaufrufe passen nicht zu einer Kirche, die Millionen Guthaben anhäuft und gleichzeitig einen Sparkurs bis hin zu einer seelsorgerischen Diaspora in ihren Bistümern verfolgt. Nicht nur der „Bauer von Campanile" (Galilei), sondern die Leute von heute sollen spüren, wohin die Reise mit dieser Kirche geht.

Die Domäne einer reinen Männergesellschaft, wie sie sonst nirgendwo in der Welt existiert, gilt es natürlich zu schützen und zu verteidigen und sie nicht den Irritationen modischer Strömungen preiszugeben. Die Macht der Kirche gründet nicht mehr auf dem Wort des Evangeliums. Sie ist seit Jahrhunderten ein erprobtes und erfolgsbezogenes Menschenwerk, das zum Selbstläufer geworden und daher unumstößlich ist. Eine Infragestellung des komfortablen Konkordats, das die Kirche zum Machtfaktor erhoben hat, würde nur bedeuten, die bequemen Grundfesten der Kirche zu erschüttern. Insofern muss jeder Vorstoß, die Kirche zu ihrer eigenen Selbstbesinnung zu drängen, von vornherein scheitern und zu einem hoffnungslosen Unterfangen werden. Nur dort, wo es nicht mehr aufrechtzuerhalten ist, liebgewordene Gewohnheiten und Traditionen fortzuführen, lenkt die Amtskirche ein.

Dies geschieht dann sogar unabhängig davon, ob das II. Vatikanum diese Einlenkung richtig heißt oder nicht. Denn nur so ist zu erklären, dass neben jungen Knaben nunmehr in wachsender Zahl auch junge Mädchen Dienerinnen am Tisch des Herrn sein dürfen, um sicherzustellen, dass ausreichend Personal im Fond der Kirche bei Gottesdiensten, Pontifikalämtern und anderen kirchlichen Veranstaltungen vorhanden ist. Es geht dabei nicht um emanzipatorische Gleichbehandlung von Messdienern und Messdienerinnen. Nein, hier greift nur die Macht des Faktischen in den Alltag der Kirche ein und nimmt sich des weitverbreiteten personellen Rückzugs und dessen Verhinderung adjustierend an. Warum nicht diese Adjustierung auch auf der Ebene des Priesteramtes und höherer Weiheämter durch Frauen?

Erste Denkansätze, auch aus dem Kardinalskollegium, lassen erkennen, dass sich die Kirche auf ihrem Weg durch die Zeit nicht davor verschließen kann, den Frauen den ihnen seit Jahrhunderten gebührenden Platz innerhalb der Kirche einzuräumen. Dann würde der Ausspruch einer bekannten Theologin, dass Frauen nur mit dem Staubsauger in die höheren Kirchenetagen vordringen können, nicht mehr zutreffen und an Aktualität verlieren. Aber niemand weiß, ob das Nachdenken hierüber erst dann einsetzt, wenn die Existenz der Kirche ernsthafter bedroht ist und sie in ihrem Fortbestand gefährdet erscheint.

Die Kundschaft der katholischen Kirche erwartet ihre emanzipatorische Öffnung. Mit jeder weiteren zeitlichen Verzögerung verliert sie Marktanteile und Zuspruch neuer Mitglieder. Hier handelt es sich nicht allein um eine billige Anbiederung wegen personeller Engpässe innerhalb der Kirchenleitung, sondern ausschließlich um die Beantwortung der Frage, ob der Priesternachwuchs nur männlichen Geschlechts sein muss oder nicht. Gerade diese Ausschließlichkeit, dass nur männlicher Priesternachwuchs gewünscht ist, ist weder durch die Theologie noch durch irgendwelche Glaubensgrundsätze gedeckt. Das Zölibat ist eine Erfindung *sui generis* und nicht durch göttlichen Auftrag gedeckt. Es ist vielmehr durch zwanghafte Willkür über Jahrhunderte mehr oder weniger erfolgreich erprobt und daher nie vom jugendlichen Nachwuchs infrage gestellt. Warum also diese Kasteiung?

Indes kämpft auch der „normale" Priesternachwuchs um seinen guten Ruf, um die Rechtfertigung seiner Berufung und um seine Bestimmung in der Kirche und in der Welt. Warum verlangt die Amtskirche von ihm ein Leben im Zölibat, das zwar die Ehelosigkeit einfordert, aber von Keuschheit oder außerehelicher Beziehung nichts weiter sagt und das auch nicht berufsgefährdend ist?

Die Kirche tut gut daran, das geschlechtliche Miteinander als einen normalen Prozess zu akzeptieren und nicht den Zwang auszuüben, dass normale junge Leute ihre Geschlechtlichkeit und ihre sexuellen Neigungen an der Garderobe zum Priesterseminar abzugeben haben. Die Glaubwürdigkeit in den Predigten und Hirtenbriefen katholischer Gottesdienste wird nicht unbedingt dadurch erhöht, dass die Gläubigen in ihren Gebeten und Spenden den Beistand des Heiligen Geistes erflehen, um den grassierenden Priestermangel zu beheben. Der Heilige Geist kann nur dort helfend eingreifen, wo vorhandene Strukturen auch seine heilende Wirkung nicht unnötig erschweren oder gar verhindern. So wie der Normalgläubige immer wieder vom Klerus zu hören bekommt, dass er nur göttlichen Beistand zu erhoffen hat, wenn er durch hilfreiche Taten den Weg zu ihm ebnet, ebenso muss auch die Kirche ihren zeitgemäßen Weg gehen und sich bei Gott Gehör verschaffen. Jeder, der sich verweigert, ob Fußvolk oder Amtsträger, sollte bemüht sein, die Voraussetzungen für eine menschen-, anstands- und sachgerechte Aufbereitung einer Glaubenswirklichkeit zu schaffen, die mehr nach Gottes Erbarmen und seiner Gnade strebt als nach prunkvoller Selbstbeweihräucherung.

Solange für die göttliche Trinität nicht erkennbar ist, dass aufrichtige Gebete im Tagesgeschehen der Kirche die Kreuzesnachfolge Jesu suchen, sein Erbarmen erflehen und um Verzeihung und Erlösung bitten, solange warten wir alle vergeblich um helfendes und heilbringendes Eingreifen. Wer nicht aus dem Schlimmsten Gutes entstehen lassen kann und will, der braucht sich auch nicht an Gott zu wenden. Gott ist auch für die Geweihten kein zeitloses Fatum, sondern ein Adressat, der auf aufrichtige Gebete und verantwortliche Taten wartet und antwortet.

Dies eingedenk, sollte es bei Synoden, Konklaven und Konferenzen vor allem darum gehen, nicht den eigenen Machtanspruch zu festigen, sondern sich einzuüben in der Zuversicht, auf Gott und nicht ausschließlich auf sich selbst zu vertrauen. Gottes Wort muss wieder in das Zentrum der eigenen Handlungsmaxime gestellt werden. Nur auf sein Wort ist Verlass und nicht unbedingt auf seine subjektiven Interpreten. Darin läge ein probates Mittel, die Kirche zu erneuern und sie mit einer glaubensgerechten Botschaft zu versehen. In einem solchen Glauben sollten auch Priester, Bischöfe und Kardinäle ihre Angst vor der Zukunft überwinden. Das Vorleben von Demut, der Glaube an und das Vertrauen auf Gott sind die notwendigen Voraussetzungen, um seelsorgende Wirkung auf göttliches Heil zu entfalten und damit zugleich den Bestand der sich dezimierenden „Schafherde", auf Dauer wenigstens zu sichern.

Wenn eine vergewaltigte, gedemütigte und gequälte junge Frau von zwei sich in katholischer Trägerschaft befindlichen Kölner Kliniken zu nächtlicher Stunde abgewiesen wird, obwohl sie dringend medizinische Hilfe benötigt, und *für sie kein Platz war in der Herberge*, dann können wir ermessen, wie weit unser gelebter Katholizismus von unseren tatsächlichen Glaubensgrundsätzen entfernt ist. Aus Furcht, ihren ärztlichen Arbeitsplatz zu verlieren, haben sich die diensthabenden Ärzte für den Erhalt ihres Arbeitsplatzes und gegen das Wohl ihrer Patientin entschieden. Der kirchliche Statthalter Gottes hatte es so gewollt und sich vor Ort so positioniert. Ein betagter, nur sich selbst genügender unangefochtener Platzhirsch des Kölner Domkapitels hatte die Vorgaben gemacht, Heilung medizinisch zu selektieren und nur jenen Patienten zukommen zu lassen, die bestimmte Voraussetzungen erfüllten. Die helfende „Pille danach" war nicht im Angebot der Krankenhäuser, weil es die Kirche nicht wollte. Im Widerstreit zwischen Arbeitsplatzsicherung und Erfüllung ihrer ärztlichen hippokratischen Verpflichtung, dem Menschen zu dienen, haben sich die aufgesuchten Klinikärzte für den bequemeren Weg entschieden.

60

Die öffentliche Entrüstung und Empörung über dieses unmenschliche und ärztlich befremdliche Verhalten hatte schließlich den kirchlichen Würdenträger zum späteren Einlenken veranlasst. Als gefeierter Menschenfreund verkündete er wenige Tage später, dass wohl dem Verschreiben der notwendigen „Pille danach" nun nichts mehr im Wege stehe, da sie keine „abortive" Wirkung habe, sondern nur eine „prohibitive", die dafür sorge, dass die Nidation verschoben werde bzw. gar nicht erst eintritt.

Cuius regio, eius religio – wessen Gebiet, dessen Religion. In Umkehrung dieses fürstbischöflichen Grundsatzes ist es beruhigend zu wissen, dass sich noch niemals Kirchenfürsten in ehelicher Gemeinschaft befunden haben, gleichwohl sie sich dennoch nicht scheuen und sich anmaßen, Herr über alle Lebenslagen zu sein. Sie glauben, über alles Bescheid zu wissen, ohne auch nur zu ahnen, worüber sie reden und entscheiden. Dieses Vorgehen erinnert an ein mittelalterliches Relikt, dass nämlich die letzte Weisheit nur bei denen liegt, die diese vermeintlich von Gott direkt erhalten haben. Dies impliziert das Recht, über den Menschen und seine Existenz zu urteilen und ihn zu verurteilen bis über den Tod hinaus. Niemand, so scheint es, hat die Berechtigung, sich über kirchliche Verfügungen zu erheben oder diese in Zweifel zu ziehen. Selbst die Politik und die Wissenschaft sehen sich außerstande, den klugen und weniger klugen Verfügungen der Kirche zu widersprechen. Nur so ist es möglich, dass die Kirche sich erlaubt, bis in die intimsten Bereiche menschlichen Zusammenseins einzudringen, ohne selbst die Konsequenzen ihres Handelns institutionell und persönlich ziehen zu müssen.

Keiner der alten Grauköpfe ist sich zu schade, über Dinge zu sprechen, von denen sie nichts oder nur wenig verstehen. Sie folgen nur der Ahnung, dass bei einem unfreiwillig ausgeübten Beischlaf, der durch strafbare und kriminelle Energie eines Vergewaltigers erzwungen wurde, ungewolltes Leben entstehen könnte, das es zu schützen gilt. Egal, ob es einen kriminellen Hintergrund hat oder nicht.

Nun, es gibt keine theologische Begründung dafür, strafbares, kriminelles und menschenverachtendes Tatvorgehen anders zu qualifizieren als es die Gerichtsbarkeit verlangt, nämlich Bestrafung des Täters für seine Tat und Entlastung des Opfers hinsichtlich der Folgen des Vergehens. Wenn die Kirche sich bisher anmaßte, eine eigene theologische „Würdigung" dieser Strafhandlung zulasten des Opfers vorzunehmen, dann darf sie sich auch nicht wundern, dass sie die letzten Bastionen historisch begründeter Lebensbejahung in Zweifel zieht. Die Hoffnung, dass mit der Bestellung „jüngerer" Kardinäle auch ein neuer Zeitgeist in die klerikalen Führungsetagen Einzug hält, hat sich nicht bewahrheitet. Es fehlt am Mut, zur Christusnachfolge in den Zeitzeichen der Gegenwart bereit zu sein. Es fehlt an der Bereitschaft der Kirche und ihren Gläubigen, eine neue zeitgemäße frohe Botschaft zu vermitteln und ihr ein neues „Outfit" zu geben, damit sie nicht von Unbelehrbaren beherrscht, sondern von den Ihrigen verstanden wird.

Was brennt uns Gläubigen auf den Nägeln? Was sollten die Kirchenvertreter rasch und uneigennützig vorantreiben, damit erkennbar wird, dass sich die Kirche bewegt?
Es ist sicherlich ein Schritt in die richtige Richtung, die bereits oben erwähnte Notfalllösung für vergewaltigte Frauen durch die Zulassung der „Pille danach" über alle Konfessionsgrenzen hinweg zu gestatten. Und der schnellste Weg, nämlich seinen Nächsten zu finden, ist immer noch der, ihm konfessionsübergreifend zu helfen, und zwar ohne irgendwelche theologischen Winkelzüge. Als Amtskirche wäre es an der Zeit, nicht Wasser zu predigen und selbst nur Wein zu trinken. Sie sollte das von sich zuerst einfordern, was sie täglich von ihren Glaubensbrüdern und -schwestern verlangt. Es gilt für alle das Christuswort, und dies nicht nur in Notsituationen: *Was Du dem Geringsten meiner Brüder (und Schwestern) getan hast, das hast Du mir getan.* Wie weit wir tatsächlich von dieser Glaubensrealisierung entfernt sind, erfahren wir bedauerlicherweise immer wieder aufs Neue.

Die Kirche in Deutschland lässt sich indes für ihre Großherzigkeit feiern, indem sie nunmehr keine Einwände erhebt, „die Pille danach" zu verschreiben. Sie goutiert damit ihre Zustimmung, den Eisprung der Frau medikamentös so lange zu verzögern, bis die Überlebenszeit der Spermien überschritten wird und keine Schwangerschaft mehr droht. Wahrhaft eine theologische Meisterleistung. Die Gläubigen und die Missbrauchsopfer werden es der Kirche danken, obgleich diese in eigener Angelegenheit die ehrliche Aufarbeitung selbst begangenen Unrechts an Schutzbefohlenen immer noch vermissen lässt.

Das Naheliegende wird ausgeblendet, vertuscht oder verschwiegen. Dafür befasst sich die Kirche lieber mit interessanteren Gedanken, ob nämlich infolge der Verzögerung des Eisprungs durch die „Pille danach" die befruchtete Eizelle sich noch im Eileiter oder bereits in der Gebärmutter der Frau befindet. Fürwahr ein geeignetes Thema auf der Bischofskonferenz, sich kirchenhoheitlich mit diesem Thema zu beschäftigen und es anschließend kompetent zu kommentieren. Da erscheint der mutige Versuch einiger Jungpriester, ihren obersten Dienstherren unsittliche Annäherungen vorzuwerfen, geradezu als Bagatelle und eines Kommentars nicht würdig. In der Kirche ist nicht alles Monstranz, was glänzt. So liegt auch bei der Entscheidung für die „Pille danach" der Verdacht nahe, dass es den Bischöfen nicht zuletzt ums Geld geht. Denn die Zustimmung zur Befürwortung der Pille sichert den katholischen Kliniken den Verbleib in der Krankenhausfinanzierung, aus der sie sonst mit entsprechenden Millionenverlusten herausgefallen wären.

Ein weiteres Schwerpunktthema, das den Katholiken auf den Nägeln brennt, ist ebenfalls bis heute unbehandelt geblieben. Es geht um die Frage, welche Rollen Frauen in Zukunft in der katholischen Kirche spielen sollen und müssen. Es geht dabei nicht darum, Frauen zur Subdiakonie zuzulassen, damit sie die niedrigsten Weiheaufgaben übernehmen, sondern ihre Zulassung zu Priesterberufen und zu allen anderen Weiheämtern. Dies würde nicht nur vordergründig der personalen Entlastung überlasteter Pfarrer dienen, sondern für völlig neue Perspektiven in der Seelsorge und in den Pfarreien sorgen. Natürlich kratzen solche Überlegungen am Selbstwertgefühl der Insider, aber wenn sich Kirche bewegen soll, kann sie solche Perspektiven nicht ausblenden. Wer drin sitzt, hält die Türe zu. Diese *closed society*-Doktrin wird kurz oder lang nicht mehr haltbar sein und der Vergangenheit der letzten zweitausend Jahre angehören. Andere fundamentale Überlegungen, die die Zukunft der katholischen Kirche in besonderer Weise tangieren, sind der Umgang mit der zölibatären Lebensführung junger Priesteranwärter oder auch mit solchem Nachwuchs, der sich während der Vorbereitungszeit zu einem (nicht) gleichgeschlechtlichen Partner offen bekennt. Ein Riesenproblem, unter dem nicht nur die betroffenen Kandidaten selbst sehr leiden, sondern auch deren Partner, so wie auch Ausbilder und Vorgesetzte.

Der Kirche wird durch ihre Unentschlossenheit größer und nicht zuletzt menschlicher Schaden zugefügt, und das alles unter dem vermeintlichen Signum der Reinheit der Lehre. Denn so rein ist die Lehre auch wieder nicht, wenn man bedenkt, welche abartigen Erscheinungen sich bei der Sakramentspendung, im Umgang mit Schutzbefohlenen und in der Ausübung sakraler und nichtsakraler Tätigkeiten jahrzehnte- und jahrhundertelang in der Kirche ausbreiten konnten. Es wurde weggesehen und nicht hingeschaut. Alles Schnee von gestern, kontern die Verantwortlichen. Die Kirche hat ihren Beitrag zur Keimfreiheit ihrer Priester hinreichend geleistet und alles unternommen, die berechtigten Vorwürfe gegen Glaube, Hoffnung und Liebe wieder ins Lot zu bringen. Es gibt keinen Grund zur Kirchenverdrossenheit und damit auch keinen Grund, den sonntäglichen Gottesdiensten fern zu bleiben. Schließlich ist es nur der böse Zeitgeist, der den Kirchen zusetzt, und nicht der mangelnde Glaube an den Gekreuzigten, um den es eigentlich geht.

Nicht die Gläubigen sind es, die die Kirche scheitern lassen, sondern die Starrheit und Unbeugsamkeit ihrer Würdenträger selbst, die an allem festhalten, was ihre Macht dezimieren könnte. Der Preis hierfür ist auch der Verrat am Evangelium und der Frohen Botschaft durch Jesus Christus. Wenn die Anbindung an ihn, an sein Leben, sein Sterben und seine Auferstehung überhaupt noch Bedeutung haben soll, dann muss die Kirche auch auf sein Wort hören und sich wieder zu dem hin entwickeln, von wo sie einstmals herkam: zu einer glaubensgemeinschaft, in deren Mittelpunkt das Wort Gottes steht und nicht die persönliche Eitelkeit.

Niemand, auch nicht die Geschiedenen und Wiederverheirateten werden vor Gottes Angesicht verdammt, vergessen oder ausgegrenzt oder aus der Glaubens-gemeinschaft ausgestoßen, wenn sie aus eigener Glaubensüberzeugung zum Tisch ihres Herrn gehen und die Sakramente empfangen, wie jeder andere „Normalgläubige" auch. Wer gibt Kirchenmännern eigentlich das Recht, Menschen vor Gott und den Sakramenten auszusperren, denen Gott auf seine Weise mit offenen Armen begegnet?

Bedenke, es ist nur das Bodenpersonal, das sich usurpiert, das Richtige für sich zu reklamieren und das Unrichtige von sich zu weisen. Die Gesten der Versöhnung finden sich bedauerlicherweise nur noch auf jener Ebene, auf der sich die Menschen unvoreingenommen begegnen und menschenfreundlich sein dürfen. Wer verloren ist, wird nicht von Herrn Müller, Herrn Meier oder einem anderen roten Rockträger im Bischofsgewand entschieden, sondern – hier sei im ureigensten Sinne Gott gedankt – nur von dem, an den wir alle glauben und bei dem wir Gnade, Hoffnung und Zuflucht suchen, nämlich von Gott selbst.

Menschenwerk bleibt Menschenwerk, auch wenn es sich von Gottes Gnaden ableitet. In der langjährigen Menschheitsgeschichte haben viele Kaiser und Könige, Monarchen und auch manche Demagogen von Gottesgnadentum geträumt. Doch nichts ist geblieben als der historische Irrtum, da Gott sich nicht vereinnahmen lässt und nur dort zu suchen und zu finden ist, wo der glaubende Mensch um seiner selbst willen aufrichtig um Gnade bittet. Gott hat sich in der Geschichte nicht auf die Seite derer geschlagen, die sich seiner Huld am sichersten waren, sondern auf die Seite derer, die ihm Vertrauen auf seine Hilfe, Demut, Bescheidenheit und Aufrichtigkeit entgegenbrachten: alles Attribute, die wir im Laufe der Zeit verloren haben.

Es gibt viel Bewegungsfreiheit in der Kirche. Man muss sie nur nutzen. Was die Herzen vieler Menschen, Gläubiger wie Nichtgläubiger, bewegt hat, ist der Rücktritt „unseres" Papstes, nämlich von Papst Benedikt XVI. Dieses historische Ereignis, dass zu Lebzeiten eines Papstes das Amt des Stellvertreters Christi aus Altersgründen niedergelegt wurde, hat sich seit mehr als 700 Jahren nicht wiederholt. Deshalb fällt es aus der hergebrachten Vorstellungswelt heraus. Wie kann jemand abdanken vor einem traditionellen Pontifikatsende, der selbst im Rufe stand, stets den Glauben in seiner vollen Orthodoxie zu bewahren? Ein Novum im Gedankengebäude der gesamten Kirche. Aber gerade dieses Novum verdient hohen Respekt, nämlich dass Rom beginnt, sich zu bewegen. Vielleicht ergibt sich mit dem Nachfolger gemeinsam eine neue Richtung in der Kirche, die das zuvor Beschriebene wieder ernst nimmt und damit zukunftsweisend ist. Der alte Papst nimmt sich ganz zurück. Er gelobt Demut und Gehorsam dem, der sein Nachfolger ist. Theologisch ist dieser Vorgang zunächst unerklärlich, menschlich jedoch verständlich. Das Amt des Bischofs von Rom, als Stellvertreter Christi auf dem Stuhle Petri ist normalerweise kein Auftrag, den der Gewählte ohne weiteres aufgeben kann. Er ist ihm durch das Kardinalskollegium übertragen und von Gottes Gnaden verliehen worden und daher unumstößlich. Und nun wird es plötzlich menschlich. Überforderung, Ohnmacht gegenüber der Kurie und schwindende Gesundheit – oder welche Gründe auch immer – brechen die Jahrhunderte alte Tradition, das Pontifikat bis zum Tode des Pontifex zu Ende zu führen. Noch zu seinen Lebzeiten soll ein anderer Nachfolger als Papst die Führung des Kirchenschiffes übernehmen. Welche innere Revolution muss einen aktiven Pontifex ergriffen haben, um auf diese Weise das Amt aufzugeben und es jeder anderen Bürde gleichzusetzen?

Als vor über 700 Jahren Papst Coelestin V. nach nur einem halbjährigen Pontifikat seinen Rücktritt einreichte und 1294 aus freiem Willen die Nachfolge als Stellvertreter Christi in andere Hände legte, war dies damals ebenso überraschend wie in unserer Zeit bei Papst Benedikt, dem 265. Nachfolger auf dem Papstthron. Er fühlte seine Kräfte schwinden und wartete nicht ab, bis die halbe Kirchenwelt an seiner Bahre vorbeidefilieren würde. Im nahezu wortgleichen Text von Papst Coelestin begründet Papst Benedikt seinen Rücktritt und vermeidet damit, seinen Lebensabend und sein Sterben medialer Aufrüstung anzuvertrauen. Im Gebet, so sagt er, bleibt er seiner Kirche nahe. *„Im Bewusstsein des Ernstes dieses Aktes erkläre ich mit voller Freiheit, auf das Amt des Bischofs von Rom, des Nachfolgers Petri zu verzichten, weil meine Kräfte nicht mehr geeignet sind, um den Petrusdienst in angemessener Weise auszuüben."*

Ein Papst, der seine körperlich Schwäche bekennt und darum fürchtet, seiner Verantwortung, die ihm Gott mit der Bürde seines Amtes auferlegt hat, nicht mehr gerecht zu werden, zeigt ein apostolisches Verhalten, wie wir es bisher nicht gekannt haben. In einer Zeit des puren Größenwahns und überheblichen Gigantismus noch Menschlichkeit zu demonstrieren und den Mut zur Schwachheit zu zeigen, ist für die Purpurträger etwas Neues. Alle Kirchenminister verlieren mit dem Abgang des Papstes ihre Ämter. Und das ist gut so, damit der neue Papst alte Netzwerke und Strukturen, Machtkämpfe, Seilschaften und korrupte Verbindungen nicht mit übernehmen muss. Machen wir uns nichts vor. In der Kirche finden sich die gleichen kriminellen Seilschaften und Verbindungen wie im normalen Leben auch. Daher ist es gut, wenn ein neuer Wind weht und der frische Hauch des Heiligen Geistes alle im Vatikan und in der Kurie erfasst und ihnen neue Impulse und damit geistige Bewegungsfreiheit verleiht.

Als Kardinal da Morrone nur ein halbes Jahr vor seinem Rücktritt als Pontifex zum Papst Coelestin V. gewählt wurde, fühlte er schon sein körperliches Ende nahen und musste sein Unvermögen zur Leitung der Kirche eingestehen, indem er bekannte: „Ich schaffe es nicht, mich selbst zu retten. Wie soll ich da die ganze Menschheit retten?" Auch Papst Benedikt wird bei seinem Entschluss ähnlich gedacht haben. Er zieht die Einsamkeit vor und sucht die Stille im Gebet und in der Meditation. Der Mensch Josef Ratzinger hat wieder zu sich gefunden und ist zu sich selbst zurückgekehrt. Er weiß, dass er der Kirche in seinen kommenden Lebensjahren mehr dienen kann durch die Nähe zu Gott im Gebet als im Dienst an der Spitze des Vatikanstaates. Ihn ficht daher nicht der Vorwurf der Feigheit an und auch nicht der Vorhaltung, Traditionen ohne Not aufgegeben zu haben. Was ihn verletzen könnte, wäre nur die mangelnde Einsicht der Besserwisser, da er auf seine spezielle Weise versuchen wollte, die Liebe Gottes für seine Kirche und das Heil des Erlösers für alle Menschen in seiner neuen abgeschiedenen und monastischen Lebensführung zu erflehen. Und dies kann er nur in der Zurückgezogenheit seines Daseins und in Übereinstimmung mit sich und Gott. Gott hat sich nicht dagegen gewehrt, als Benedikt ihn danach fragte, sondern Benedikt ist ihm und seinem Rat bedingungslos gefolgt. Wer von uns wagt es, den ersten Stein aufzunehmen und zu werfen?

Das macht den Stil erst einer modernen Kirche aus, solche Revolutionen zuzulassen und zu ertragen: Wenn das Papsttum sich nicht wichtiger nimmt als das, wozu es Gott bestimmt hat. Es ist Teil der Menschheit und damit Teil unseres irdischen Zusammenlebens, und zwar mit allen Schwächen und allen Unzulänglichkeiten. Der Papst wird wieder Mensch, seine Tiara nur schmückendes Beiwerk, und als Mensch unterliegt er der gleichen Gebrechlichkeit wie alle anderen Menschen auch. Die Erkenntnis von

Benedikt, für den Rest seines Lebens lieber in Demut zu dienen und im Gebet mit der Kirche verbunden zu sein, ehrt „unseren" Papst in besonderer Weise. Dieser Schritt ist letztlich nur vollziehbar gewesen, da er felsenfest davon überzeugt war, in Einigkeit mit Gott auch das Verständnis seiner Glaubensbrüder hierfür zu gewinnen. Es ist die Eigenart dieses „deutschen" Papstes Benedikt, so zu handeln, wie er handeln musste, um die Führung der Weltkirche in stärkere Hände zu legen. Er spürte, dass die von Gott erflehten Kräfte ihm schwinden. Seine an ihn selbst gerichtete Erwartungshaltung für die Zukunft der Kirche und der gesamten Menschheit wollte er und konnte er nicht mehr erfüllen. Vielleicht sorgte er sich auch darum, in der Nachfolge eines Mannes zu stehen, dessen mediale Überhöhung ins Uferlose zu steigen schien und dessem heiligen Charisma er nicht gewachsen war oder auch nicht gewachsen sein wollte.

Papst Benedikt verdiente seine „Heiligkeit" auf einer ganz anderen Ebene. Er war kein „Politiker" und auch kein „Diplomat", sondern ein zerbrechlicher und fleißiger Arbeiter im Weinberg seines Herrn. Die tägliche Umsetzung dieses Auftrags verdiente Hochachtung und Anerkennung. Sein nimmermüder Einsatz für die Einheit der Kirche, für die Jugend der Welt und für ein pastorales Auftreten der Kirche für die Schwachen und Ratlosen, sein Bemühen um Aussöhnung mit anderen Religionen, jedoch nicht um den Preis des Verlustes der eigenen Identität seiner katholischen Kirche, verdienen hohen Respekt. Sie sind die eigentlichen Meilensteine im Pontifikat Papst Benedikts. Er hat inzwischen ein hohes und würdevolles Alter erreicht und dieses zum Wohle der Christenheit eingesetzt. Für ihn war es schön, Christ zu sein. Er war wie sein Vorgänger ein großes Geschenk für die Kirche und die gesamte Menschheit. Er verstand sich in doppelter Hinsicht als Brückenbauer, sowohl als Deutscher mit der erdrückenden Erblast als auch als Kirchenmann, zu den anderen Religionen. Seine Liebe zu seinem Heimatland hat er stets betont, wenngleich der Chauvinismus bayrischer Provenienz sich in engen Grenzen hielt. Er war ein großer Zeitgeist und Kosmopolit mit festen Wurzeln im Glauben und seiner deutschen Herkunft.

Die Geschichtsschreibung wird indes nicht müde werden, ihm vermeidbare Fehler während seines Pontifikats vorzuhalten. Sie wird ihm zusetzen, was das Zaudern und Zögern bei notwendigen Reformen und ausstehenden Antworten betrifft. Die Folgen durch die Vatileaks und das Verschweigen undurchsichtiger und uneinsichtiger Kirchenentscheidungen, die zu Irritationen in seiner Umgebung und bei vielen Gläubigen geführt haben, werden seinem Pontifikat angelastet. Doch seine schriftstellerischen Arbeiten über das Leben Jesu Christi werden auch über sein Papsttum hinaus für die katholische Kirche theologisch wegweisend sein. Sie überhöhen weder die historische Figur des Jesus von Nazareth noch verklären sie den Religionsstifter in unangemessener Weise. Die Buchtrilogie rückt vielmehr den Rahmen zurecht, in dem sich der Kern unseres Glaubens bewegt. Sie ist vor allem für jene Menschen dienlich und hilfreich, die ihre eigene Orientierung zum Gekreuzigten suchen und sich dabei nicht in oberflächlichen Wiederholungen verlieren möchten. Papst Benedikt hat Mut bewiesen und Zuversicht verbreitet. Er war immer bereit, jeden in seiner Schwachheit anzunehmen und ihn mit seiner Liebe zu umfangen.

Der Rücktritt des emeritierten Papstes war nicht nur für ihn, sondern für die ganze Christenheit ein bewegendes Ereignis. Sein Christsein war die Basis für die Übernahme seines apostolischen Amtes und zugleich auch der Grund für seinen Rücktritt. Die Kirche in die Hand eines Nachfolgers zu legen, der dank seiner Gesundheit nicht der Gefahr unterliegt, die Führung der Kirche nicht aktiv genug zu steuern, hatte ihm die Kraft verliehen, seinem Amt zu entsagen. Er wusste sich und die Kirche in der Zuversicht und in der Gnade Gottes. Seine Größe war seine Demut, vor Gott, vor dem Hirtenamt und vor sich selbst. Der Rücktritt von Papst Benedikt ist daher kein Schritt zurück, sondern eine Wegweisung nach vorne. So wird seine vermeintliche Schwäche zu seiner eigentlichen Stärke und so wird ein umsorgter Rücktritt zu einer großen Chance heilvoller Bewegung für die Zukunft der Kirche und der gesamten Menschheit.

Mindestlohn - eine ethische Notwendigkeit

Die Menschen, die für einen Niedriglohn arbeiten, werden ausgebeutet. Die Auswertungen des Statistischen Bundesamtes ergaben für das Jahr 2010, dass über 20 Prozent der Vollzeitbeschäftigten nur einen Niedriglohn erhielten, der sie alleine nicht ernährte und die Kluft zwischen den sozialen Gruppen in Deutschland weiter vertiefte. Welcher soziale Sprengstoff sich dadurch latent entwickelt, lässt sich alleine daran ermessen, dass die Bundesregierung zur Verbesserung der Lebensführung der meisten Betroffenen ständig zusätzliche soziale Leistungen zu erbringen hat, die eines Tages an die Grenze des Bezahlbaren stoßen müssen. Am Ende werden auch die bewusst niedrig entlohnten Menschen von den erworbenen Altersversorgungsansprüchen nicht leben können. Nach gegenwärtigem Wissensstand benötigen Arbeitnehmer 47 Arbeitsjahre, um eine Rente in Höhe der Grundleistung zu erarbeiten. Sie werden bis ans Ende ihrer Tage immer den öffentlichen Kassen zur Last fallen. Ein *circulus vitiosus*, der nur dadurch durchbrochen werden kann, dass private und öffentliche Arbeitgeber für Vollzeitarbeit eine Gegenleistung erbringen, von der die Menschen einkommensseitig auch menschenwürdig leben können.

Das Fehlen einer menschengerechten Existenzsicherung aufgrund von Dumping-Löhnen grenzt die Beschäftigten von der übrigen Gesellschaft aus, verarmt sie und lässt sie daher nicht teilhaben an den geistig-kulturellen Errungenschaften unserer Gesellschaft. Abgesehen davon, dass die Arbeitsproduktivität niedrig besoldeter Arbeitnehmer meist viel höher ist, als sich im Einkommen widerspiegelt, bedeutet die Einführung eines Mindestlohns auch den Beginn des Respekts vor der erbrachten Leistung und damit auch ein soziales Äquivalent für die bisher nur zu Dumping-Konditionen beschäftigten Heloten. Ein besseres Aus- und Einkommen entlastet zudem die notwendigen Sozialtransfers von den öffentlichen an die bedürftigen Haushalte und sorgt für ein Mehr an Steuereinnahmen. Selbst dann, wenn sich die Mehreinnahmen nicht mit den Mehrbelastungen die Waage halten sollten, ist die höhere soziale Zufriedenheit ein Gut, dass es der Gesellschaft wert sein sollte, das größere Ganze im Auge zu behalten und die mitmenschliche Wohlfahrt zu steigern.

Ein Mindestlohngesetz, so wie es von der Regierung in Berlin am 11.7. 2014 nach schwierigen Geburtswehen verabschiedet worden ist, hat neben seiner wirtschaftlichen Dimension und sozialen Bedeutung auch einen wichtigen ethischen Hintergrund. Dies gilt im Übrigen für die meisten sozialen gesetzlichen Errungenschaften, die die Bevölkerung und ihre Bedürfnisse regeln und in den arbeitsmarkt- und sozialpolitischen Mittelpunkt stellen, insbesondere für den Mutterschutz, den Arbeitsplatzschutz, die Verlängerung der Lohnfortzahlung im Krankheitsfall und viele weitere gesetzliche Regelungen zum Schutz und zur Sicherheit der Menschen. Ein Mindestlohngesetz reiht sich deshalb nahtlos in diesen durchaus ethisch unterlegten Gesetzeskontext ein.

Wenn die durchschnittlichen Arbeitslöhne im Niedriglohnbereich pro Stunde im Bundesdurchschnitt nur 6,80 Euro betragen und nach den Ergebnissen der Universität Essen fast jeder Vierte zum Niedriglohn seine Arbeitskraft zur Verfügung stellt (Kalina, Weinkopf: Niedriglohnbeschäftigung 2010, in: IAQ-Report 01/2012), d. h. sein „Eigenkapital" zu diesem Hungerlohn anbietet und verschleudern muss, dann ist ein Staat, dessen Wurzeln sich im christlichen Glauben wiederfinden sollen, falsch programmiert.
Es ist kaum zu glauben, dass mehr als 2,5 Millionen Arbeitnehmer weniger als 6 Euro und knapp 1,4 Millionen Beschäftigte weniger als 5 Euro pro Stunde verdienen. Eine unglaubliche Zahl, wenn man bedenkt, was DAX-Vorstände in ihrer Kernarbeitszeit gleichzeitig abräumen.
Ungelernte Kräfte und im Allgemeinen auch Frauen haben ein höheres Niedriglohnrisiko. Es besteht dabei kaum die Möglichkeit für diese Personen, sich diesem Teufelskreis zu entziehen, es sei denn, die Betroffenen suchen nach alternativen Möglichkeiten, wie sie sich in (partei-)politischen, kirchlichen, gewerkschaftlichen Vernetzungen anbieten, in denen es mehr auf die Zugehörigkeit als auf das fachliche Wissen ankommt. Schon aus diesem Grunde muss Armut nicht schicksalhaft sein. Man muss nur beizeiten die richtigen Weichen stellen. Leider sorgt auch noch heute die Kumulation der Rentenansprüche für Mandatsträger in politischen

Ämtern dafür, dass der Eindruck entsteht, man könne sich jederzeit der drohenden Existenzgefährdung dadurch entziehen, dass man die richtigen (Partei-)Bücher besitzt.

Der Verzicht auf Ausbeutung durch Lohn- und Gehaltswillkür über eine gesetzliche Etablierung von Mindestlohn hat für alle Beschäftigten, insbesondere auch bei nicht tarifgebundenen Arbeitgebern, eine schützende Wirkung: es entfällt die Spaltung des Arbeitsmarktes in Arbeitnehmer mit tariflichen Vereinbarungen und solche ohne diese Regelung. Dies führt indes nicht zur Vermeidung weiterer sozialer Konflikte und damit zu einer Benachteiligung von kleinen und mittleren Gewerbetreibenden, die in der Regel bisher schon auskömmliche Löhne bezahlt haben.

Zudem ist der ethische Aspekt einer angemessenen und auskömmlichen Lohnzahlung nicht zu vernachlässigen. Viele Menschen besitzen nur ihre eigene Arbeitskraft als Einsatzfaktor für ihren Lebensunterhalt. Eine numerisch geringe Wertschätzung ihrer Arbeitsleistung durch Zahlung von Dumping-Löhnen zeigt einmal mehr, wie wenig den Arbeitgebern die arbeitsmäßig erbrachte Leistung finanziell wert ist, wenngleich sie umgekehrt gerne die Ergebnisse der hierfür geschaffenen Arbeitsproduktivitäten in Anspruch nehmen, um daraus ihre Gewinne zu steigern. Adäquate Lohnleistungen haben auch etwas mit der Würde des Menschen zu tun. Mindestlöhne sind, wie alle anderen Lohnleistungen auch, nicht nur Kosten und damit Bestandteile des Personalaufwandes eines Unternehmens, sondern auch Erfolgsfaktoren, die zu den angestrebten Umsatzzielen erforderlich sind und damit zu den betrieblichen Faktoren der Gewinnerzielung gehören.
Chef zu sein, heißt ja nicht nur zu cheffeln, sondern auf Grundlage einer unternehmensimmanenten Erwartungshaltung und Führungsverantwortung gegenüber allen Anspruchsgruppen so zu handeln, dass jeder Beteiligte seinen Anteil an der Gesamtleistung und den bereitgestellten Produktivitäten erhält. Niemand sollte das Gefühl haben, weder die Marktteilnehmer und Kunden noch die Beschäftigten, durch Übervorteilung oder totale finanzielle Geringschätzung nicht die gebotene Anerkennung und Wertschätzung für die erbrachten Leistungen zu erhalten.

In der Mindestlohndiskussion ist der ethische Aspekt viel zu kurz gekommen. Der Mindestlohn ist nicht nur reduzierbar auf betriebliche Nachteile durch höhere Lohnkosten und volkswirtschaftliche Vorteile durch Entlastung der Sozialhaushalte und weitere umwegsrentable Vorteilnahmen, wie zu erwartende Erhöhungen von Steuereinnahmen, sondern auf eine viel höhere Motivationsbereitschaft, für die eigene Arbeitsleistung auch eine höhere adäquate Gegenleistung zu erhalten. In einer christlich geprägten Wertegesellschaft, wozu sich die Bundesrepublik Deutschland zählt, muss erkennbar sein, dass immer nur der Mensch selbst im Mittelpunkt des wirtschaftlichen Geschehens stehen darf. Wer ihn an den Rand drängt und ausbeutet, versündigt sich an den christlichen Wertvorstellungen, negiert die menschliche Solidargemeinschaft und verkennt die Bedeutung der Rolle des Menschen für die gelingende Zukunft der eigenen Gesellschaft.

Mindestlöhne bedeuten für viele Menschen auch höhere Einkommen. Da die Konsumquote der Einkommen bei den Niedriglohnbeziehern nahezu 100 Prozent und mehr beträgt und damit die Schuldenquote vieler Haushalte ständig ansteigen lässt (über 3 Millionen junger Haushalte sind überschuldet), könnte durch die Einführung eines vertraglichen Mindestlohns und damit durch Verbesserung der Einkommenssituation zahlreicher Haushalte deren Entspannung und damit Rückgang ihrer Schulden eingeleitet werden. Mehreinnahmen bedingen höhere staatliche Steuereinkünfte. Sie ermöglichen zugleich auch das Bilden von privatem Sparvermögen, indem ein angemessener Konsumverzicht ermöglicht wird. Dadurch findet eine bescheidene Rückkehr in eine gewisse Normalität statt, die allen Beteiligten zugutekommt. Nicht zuletzt gewinnen auch die Arbeitgeber selbst. Sie profitieren von der Loyalität der an sie gebundenen Arbeitnehmer und erhöhen den Zufriedenheitsgrad der Mitarbeiter. Jeder Arbeitgeber sollte sich daher reiflich überlegen, ob ihm nur an Arbeitskräften zu Niedriglöhnen gelegen ist oder ob es ihm auch um die Einbindung seiner Mitarbeiter in das unternehmerische Denken und die unternehmerischen Prozessabläufe geht, die ein höheres Maß an Identifizierung mit dem eigenen Unternehmen erwarten lassen.

Leider herrscht bei vielen Unternehmen immer noch der Gedanke vor, möglichst geringe Lohnkosten zu haben. Ihr Erfindungsgeist kennt dabei keine Grenzen. Unbezahlte Praktikanten, befristete Arbeitsverträge, Lohn-

Dumping in allen Variationen, Ausschöpfen aller Formen ausländischer Schwarzarbeit bis hin zu mafiosen Strohmanneinschleusungen sind nur einige Beispiele, wie arbeitswillige Menschen ausgetrickst werden und keine Chance haben, vollwertige Mitglieder einer Gesellschaft zu werden, die sich ihnen gegenüber verweigert. Die Reduktion des Lebens auf Essen, Schlafen und Ausscheiden ist zu wenig, um den Ansprüchen des eigenen Lebens gerecht zu werden. Die permanente Drohung auch der mächtigen Verbände, dass sich bei Einführung des Mindestlohns der Beschäftigungseffekt negativ auswirken würde, hat sich empirisch nicht bewahrheitet. Es handelt sich – wie so oft bei Veränderungen von liebgewordenen Gewohnheiten – um das Hauen auf den berühmten Sack. Will heißen, dass an der üblichen Polemik etwas Wahres sein könnte. Man muss nur laut genug donnern, um die Politik einzuschüchtern. Dafür ist die parlamentarische Lobby ja schließlich da.

Wenn wir nicht indische, chinesische oder asiatische Verhältnisse in unserem Wirtschaftsleben haben wollen, dann müssen uns die im Grundgesetz normierte Garantie der Menschenwürde und das Sozialstaatsprinzip auch so viel wert sein, dass wir uns deutlich von anderen Lebens- und Wirtschaftsverhältnissen abheben und dafür Sorge tragen, dass wir uns ihnen nicht durch eine falsch interpretierte Anpassungsethik gefährlich annähern. Wer sagt, dass wir nicht selbst den Gefahren unterliegen, die wir durch Uneinsichtigkeit und Dummheit heraufbeschworen haben? Langfristig gesicherte Vollzeitarbeitsplätze mit hoher Rentengarantie und geringen oder schwachen Arbeitsproduktivitäten werden auf Dauer für uns nicht bezahlbar sein und aufgrund des weltweit steigenden Wettbewerbs mit wesentlich höheren Kapital- und Arbeitsproduktivitäten ohnehin der Vergangenheit angehören. Die Zeiten, in denen unmoralisch hohe und wirtschaftlich nicht gerechtfertigte Manager-Gehälter zu Lasten einer Vielzahl unterbezahlter Mitarbeiter ausgelobt werden, sollten vorbei sein und sie bedürfen in Zukunft einer strengeren Aufsicht und Kontrolle. Manchen Herrschaften in den Vorstandsetagen überkommt nicht einmal das große Zittern, wenn sie bei ihren Millionengehältern die Hand aufhalten, obwohl sie wissen, dass sie bei einer unternehmenskritischen Überprüfung niemals das hierfür notwendige Äquivalent geleistet haben. Auch für diese im wirtschaftlichen Naturschutzgebiet wandelnden Bosse und Vorstände sollte nur das Argument ihrer fachlichen Eignung und persönlichen Wettbewerbsfähigkeit gelten und nicht ausschließlich ihre persönliche Vernetzung, Nähe und Beziehungsgeflechte zu anderen Vorständen, Aktionären und Aufsichtsräten. „Wasch mir den Pelz, aber mach mich nicht nass", hätte zumindest dann als Karrieredevise ausgedient. Führungsseitiges Unvermögen zu Lasten der Existenz vieler Menschen, die hart gearbeitet haben, darf nicht dadurch goutiert werden, dass sich diese Leute weiterhin die Taschen vollstopfen und mit dem goldenen Handschlag vorzeitig in den Ruhestand verabschiedet werden.

Die Einführung eines Mindestlohns indes lockt sicherlich kein Husten der Einkommensmillionäre hervor. Aber er respektiert den Anspruch der Lohnempfänger, auf eine ordentliche Arbeit auch eine ordentliche Bezahlung erwarten zu dürfen. Andere hochindustrialisierte Staaten in Europa, die bereits den Mindestlohn eingeführt haben, teilen nicht die Befürchtung, dass die Einführung eines Mindestlohns ihre internationale Wettbewerbsfähigkeit einschränkt. Immerhin empfinden 20 von 27 Staaten in der EU die Existenz von Mindestlöhnen nicht als eine volkswirtschaftliche Bedrohung oder als ein gefährliches wirtschaftspolitisches Experiment.

Warum, so fragt man sich, tut Deutschland sich so schwer, im eigenen Land menschliche und damit ethische Züge zu entwickeln, während Regierungen im nachbarschaftlichen Umfeld zu jeder bezahlbaren und vertretbaren Großzügigkeit bereit sind? Warum sind ethische Errungenschaften immer nur mit großen Opfern zu erstreiten, während die Einführung des Ehegattensplittings für Schwule und Lesben lediglich ein Akt des Durchwinkens in den parlamentarischen Gremien ist? Auch dieser Vorgang war eine Form der Klientelpolitik, wofür der Durchschnittsbürger nur wenig Verständnis hatte. Liegt es nur allein an der Willkür der jeweiligen Machthaber und der politischen Nomenklatur, was der Nation frommt?

Mindestlöhne dienen in erster Linie dazu, menschliche, soziale und einkommensseitige Ungerechtigkeiten zu beseitigen und eine halbwegs akzeptable Lohngerechtigkeit herzustellen, die den sozialen Frieden fördert und nicht gefährdet. Was muss eigentlich an Fehlern in allen öffentlichen Haushalten, zuletzt im Verteidigungshaushalt mit einem Drohnendesaster von über einer halben Milliarde Euro, passieren, damit die Politik einsichtig und handlungswillig wird, notwendige Kontrollen durchführt und persönliche Konsequenzen zieht? Das falsche uneingeschränkte gegenseitig ausgesprochene Vertrauen beruht bedauerlicherweise nur auf reinem politischem Machterhalt und nicht auf dem Inhalt und dem Wortlaut der in der Eidesformel bei Regierungsübernahme übernommenen persönlichen Verantwortung. Das ist der eigentliche Grund für die Unerträglichkeit der gesellschaftspolitischen Zustände, weil sie die Wahrheit verheimlichen, verharmlosen und verbergen und das Fehlen notwendiger Glaubwürdigkeit verstärken. Es ist die kleine wie die große Politik, die unter dem gleichen Bazillus leidet, der alle ansteckt, denen Macht übertragen wird. Zuweilen gewinnt der unbedarfte Bürger den Eindruck, dass jeder, der politische Verantwortung übernehmen will, auch eine genetische Disposition zur (kleinen wie großen) Kriminalität entwickelt.

Die CDU erweist sich einmal mehr als ein „Club Der Unentschlossenen", da sie sich im Taumel der unterschiedlichen Interessenkonflikte zu keiner klaren und eindeutigen Position aufraffen kann. Ihr damaliger kleiner Koalitionspartner FDP, der seinen Sponsoren Steuervorteile versprach und auch ermöglichte, wurde inzwischen als Partei *non grata* abgestraft. Sie gerierte sich als eine reine Klientelpartei, die nur „Für Den Profit" ihrer Zweitstimmenwähler ausgerichtet war und sich nicht als Korrektiv einer verantwortbaren Regierungspolitik in einem demokratischen Gefüge verstand. Beide Parteien mauerten einmütig beim Mindestlohn und betrachteten ihn als einen Angriff auf die Liberalität der Wirtschaft und des Landes. Mikro- und makroökonomische Argumente wurden bemüht, um gegen den Mindestlohn zu wettern und den Niedriglohnsektor beizubehalten. An die werktätigen Menschen selbst wurde nicht gedacht. Die Einführung des Mindestlohns wurde als Damoklesschwert für den Arbeitsmarkt beschworen. Ja, er wurde sogar als fehlende Leistungsbereitschaft missdeutet und damit als Verstoß gegen den Grundsatz der subsidiären Sozialhilfe. Wer sich für den Niedriglohnsektor ausspricht und in ihm nur ein billiges *Recruitment* für Frauen, ungelernte Arbeitskräfte und Hartz-IV-Empfänger vermutet, der wird dem Anspruch der arbeitenden Bevölkerung und der Gesellschaft auf sozial-verträglichen Lohn nicht gerecht, gleichgültig, ob er sich auf sein christliches oder liberales Menschenbild zurückzieht.

Wenn Menschen von ihrer Hände Arbeit nicht mehr leben können, ist dies aus Gründen der sozialen Gerechtigkeit ebenso verwerflich, wie wenn einige wenige Gesegnete dieses Landes ein Hypergehalt mit einer zum Teil zweifelhaften Leistung beziehen, das in seiner Höhe dem Budget einer mittleren Kleinstadt gleichkommt. Zum Erhalt der nackten Existenz müssen inzwischen mehrere Minijobs angenommen werden, die nicht selten einen Arbeitseinsatz von zwölf bis 14 Stunden am Tag erforderlich machen. Die Ausbeutung kennt keine Grenzen, solange arbeitende Menschen als Leistungsverweigerer diskreditiert werden, nur weil sie über den erwirtschafteten Lohn nicht dem Anspruch dieser Gesellschaft genügen. Es fehlt diesen Menschen nicht an Motivation. Auch nicht bei der Jugend, der man lange genug nachgesagt hat, sie sei nicht mehr leistungsbereit und daher arbeitsscheu. Es sind die Selbstgenügsamkeit, die Selbstgefälligkeit und die Selbstgerechtigkeit, die die Macher in Wirtschaft, Gesellschaft und Politik träge werden lassen. Natürlich gibt es Ausnahmen. Und es gibt gute Gründe für die Einführung eines Mindestlohns.

Wie bereits erwähnt, verhindern Mindestlöhne höhere notwendige Sozialtransferkosten. Sie wirken auch nicht kontraproduktiv, indem sie durch höhere Produktionskosten bzw. Arbeitskosten Umsatz und Gewinne der Unternehmen einschränken. Sie ändern vielmehr das Konsumverhalten der Lohnempfänger, indem Konsumgüter und Dienstleistungen in erhöhtem Maße nachgefragt werden, Investitionen initiiert werden und damit Wachstum des Bruttosozialprodukts und Verbesserung des Volkswohlstandes einhergehen. Die Festlegung eines Mindestalters für den Bezug von Mindestlöhnen jedoch ist sehr fragwürdig. Sie eröffnet erneut den widerwilligen Unternehmen, eine Personalpolitik zu betreiben, die ständig dazu führt, dass Mindestlohnempfänger durch jüngere Niedriglohnempfänger ersetzt werden. Auch die gesetzlich vorgesehene Aufweichung der Einstellungshürde für Langzeitarbeitslose ist ethisch nicht in Ordnung. Denn sie ermöglicht den Unternehmen im ersten halben Jahr nach der Übernahme, noch den niedrigen Lohn zu bezahlen und erst danach auf den Mindestlohn umzusteigen. Jeder Wirtschaftsstudent kann sich bei dieser Gesetzeslage ausmalen, wie die Unternehmen verfahren werden. Sie werden sich so lange der Mindestlohnzahlung verweigern, wie es betrieblich (und strafgesetzlich) vertretbar ist. Auch der Hinweis auf regionale Unterschiede in Deutschland verfängt nicht. Sicherlich gibt es Produktivitätsunterschiede im Osten und im Westen, die eine Staffelung der Mindestlöhne ins Gespräch bringen könnten. Aber eine Nation kann sich nach jahrzehntelangem Zusammenwachsen nicht darauf berufen, Einkommens-, Renten- und Produktivitätsunterschiede so zu zementieren, dass Haushaltsalimentierungen von West nach Ost auf unabsehbare Zeit erfolgen. Irgendwann muss Schluss sein.

Mindestlöhne gibt es zurzeit in sechs Branchen Die Untergrenze pendelt inzwischen bei 8,50 Euro pro Stunde, wobei diese undifferenzierte Festlegung für Großstädte oder ländliche Gebiete wenig hilfreich ist. Vielmehr gehört sie in die Anpassungen der jeweiligen tariflichen Auseinandersetzung. Die Sorge, dass durch eine Art Indexierung der Mindestlohn zum Verlust von Arbeitsplätzen führen könnte, erscheint unbegründet, solange mit dieser Arbeit mehr verdient wird, als an Löhnen gezahlt wird. Der Mindestlohn klebt an der geleisteten Arbeit. Es spielt dann keine Rolle, ob der berufstätige Mindestlohnempfänger dabei über- oder unterqualifiziert ist. In jedem Fall muss sichergestellt sein, dass bei ganztägiger Arbeitsverrichtung das existentielle Minimum verdient wird und der sozialverträgliche Einkommensabstand gewahrt bleibt gegenüber solchen Zeitgenossen, die sich freiwillig oder unfreiwillig ausschließlich für die Segnungen des Sozialstaats entschieden haben.

Wenn man bedenkt, dass gerade etwa die Hälfte aller Beschäftigten einem Branchen- und Firmentarifvertrag unterfallen und die untersten Tarifgruppen gerade noch die Höhe des Mindestlohns erreichen, dann wird deutlich, warum die Arbeitgeberseite sich sträubt, leistungsadäquate Löhne zu bezahlen. Wer natürlich Löhne nur als betrieblichen Kostenfaktor oder als Betriebsaufwand verteufelt, die stets zu minimieren sind, der verkennt nicht zuletzt den ethischen Anspruch aller an der Produktion beteiligten Mitarbeiter auf eine angemessene Verzinsung des von ihnen eingebrachten Humankapitals und des geistigen Know-hows.
Er übersieht zudem die Abhängigkeit, dass ohne die Arbeitnehmer auch der Arbeitgeber nichts verdienen kann, und negiert die Notwendigkeit, den ihm anvertrauten Beschäftigten ein finanziell auskömmliches Dasein zu ermöglichen.
Natürlich sind Personalkosten betrieblicher Aufwand für die Unternehmen. Sie sind aber zugleich auch Einkommen für die Beschäftigten selber.

Ihnen einen Existenz sichernden Mindestlohn vorzuenthalten mit dem Argument, dass sonst der Fortbestand des eigenen Unternehmens gefährdet sein könnte, verführt in unzulässiger Weise die betroffenen Arbeitnehmer, sich gegen höhere Löhne und die Verbesserung des eigenen Wohlstands zugunsten höherer Gewinne und der damit verbundenen besseren Verzinsung des Aktien- oder Eigenkapitals der Aktionäre bzw. Eigentümer zu entscheiden. Denn auch der Arbeitnehmer stellt, wie weiter oben bereits angeführt, dem Unternehmen sein „Eigenkapital" zur Verfügung Dieses Kapital ist seine Arbeitskraft, seine Ausbildung, seine Erfahrung, seine Loyalität und das in ihn gesetzte Vertrauen. Es ist also nicht so, dass nur der Arbeitgeber sein Sach- und Finanzkapital als sein Eigenkapital für das Unternehmen einbringt, sondern auch der Arbeitnehmer bringt sich ein. Und beide Gruppierungen erwarten zu Recht eine angemessene Verzinsung und damit eine Rendite für ihren Kapitalinput.

Dies ist die soziale Grundbedingung. Auf ihr fußt unser Wirtschaftssystem und diese gilt es zu respektieren. Löhne zum existentiell nicht tragbaren Arbeitstarif zu bezahlen, grenzt an Sklaverei. Genauso, wie umgekehrt die unverantwortliche Selbstbedienung an exzessiv überzogenen Gehältern an ethische Ausbeutung und Menschenverachtung grenzt.

Es ist nicht nur eine ökonomische Frage nach der betrieblichen Wertschöpfung, dem Umsatzwachstum und der Gewinnerzielung, ob Unternehmen überhaupt bereit sein sollten, Mindestlöhne zu bezahlen. Vielmehr ist es eine gesellschaftliche Frage, ob ihnen der Verzicht auf Mindestlöhne und damit die betriebsindividuelle Besserstellung lieber ist, als der Allgemeinheit erhöhte Transferzahlungen zugunsten der Sozialhaushalte zu ersparen. Solidarität fängt nicht bei den anderen an, sondern zuerst bei sich selbst. Auch Unternehmen müssen sich als soziale Gebilde in einer Gesellschaft verstehen, von der sie nicht nur etwas nehmen, sondern der sie auch etwas geben müssen. Unternehmen sind keine gesellschaftlich isolierten Einrichtungen ohne soziale Verantwortung. Sie erhalten durch eine geeignete öffentliche Infrastruktur erst die Voraussetzung für ihre Produktion und die Bereitstellung ihrer Dienstleistungen. Sie bekommen in der Regel kostenlos arbeitswillige und fertig ausgebildete Fachkräfte, mit denen sie im Markt bestehen, und sie erhalten national und international Marktzugänge, die ihnen helfen, ihre Waren zu verkaufen. Dies alles macht die Habenseite eines im Wettbewerb agierenden Unternehmens aus. Die Sollseite indes vervollständigt erst die Bilanz, und dies nicht nur in unternehmerischer, sondern auch in gesellschaftspolitischer Hinsicht. Dazu gehört auch die Zahlung von Mindestlöhnen.

Wie bereits erörtert, haben die meisten Sozialgesetze in Deutschland einen hohen ethischen Hintergrund und bilden die Säulen einer christlich orientierten Wertegemeinschaft, wie z. B. das Lohnfortzahlungsgesetz im Krankheitsfall, das Kündigungsschutzgesetz, das Mutterschaftsgesetz, das Bundesurlaubsgesetz und viele andere mehr. Alle Gesetze mussten – ähnlich wie das jetzt vorgesehene Mindestlohngesetz – hart erstritten werden. Widerstände haben sich dort aufgebaut, wo „unbillige" Kosten vermutet wurden. Natürlich bedeuten lohnseitige Zugeständnisse zusätzliche Kosten und „gefährden" offiziell den Fortbestand des Unternehmens. Jeder exogene Eingriff in die Eigenständigkeit eines Unternehmens verdient Abwehr und Gegenwehr, und solange der Gesetzgeber nicht handelt oder erzwingt, geschieht auch nichts.

Diese allgemein verbreitete und dennoch kurzsichtige Denkhaltung mag für den einen oder anderen Arbeitgeber vorteilhaft sein. Am langen Ende jedoch ist bei generationsübergreifenden Überlegungen ein Verzicht auf Mindestlöhne für alle Branchen und Wirtschaftszweige nicht tragbar. Es wird sich zeigen, inwieweit die Entwicklung der Mindestlöhne von insgesamt rund 3,7 Millionen Betroffenen nicht zuletzt wissenschaftlich überprüft werden müssen, damit es nicht zu Fehlsteuerungen kommt. Doch eine notwendige Evaluation über wirtschaftliche und beschäftigungspolitische Auswirkungen sollte freilich nicht das Gesamtkonstrukt infrage stellen.

Umso unverständlicher sind die Einlassungen zahlreicher Politiker, die sich die vermeintlichen positiven Wirkungen einer eher abwehrenden Haltung gegenüber der flächendeckenden Einführung eines bundesweit geltenden Mindestlohns lange zu eigen gemacht haben. Begründet wurde diese Einstellung in dem Glauben, dass es noch viele motivierte Hilfeempfänger gibt, die sich bei Verzicht auf Zahlung von Mindestlöhnen verstärkt um eine – auch niedrig bezahlte Arbeit – bemühen und sich dadurch höhere

Chancen auf Wiedereingliederung in den Arbeitsprozess erhoffen. Motivation und Selbstwertgefühl seien wichtiger als die eigentliche Lohnhöhe.

Diese Ansichten stehen aber einer anderen Lebenserfahrung entgegen. Wenn bei voller Arbeitsbelastung am Ende eines Tages, einer Woche oder eines Monats nichts Nennenswertes mehr in der Lohntüte verbleibt als das, was bei Verzicht auf Arbeit als dauerhaftes soziales Transfergeschenk ausbezahlt wird, dann entfällt auch die Motivation und niemand sieht dann noch ein, für das gleiche Geld arbeiten zu gehen. Ja, Leistungswille kann sich dann sogar in sein Gegenteil wandeln und verhindert vorsätzlich den Einstieg in den Arbeitsprozess. Das Selbstwertgefühl wird zum Spielball der unterschiedlichen Interessenlagen und des Abwägens der jeweiligen „Preisvorteile".

Auch das Argument, durch den Verzicht auf Lohnuntergrenzen werde die Beschäftigungslage verbessert, der Staat nehme dadurch mehr Steuern ein und verringere somit die Transferzahlungen an Nichtbeschäftigte, ist nur zu einem geringfügigen Teil berechtigt. Dieses Argument ist wegen der langjährigen öffentlichen Schuldenaufnahme deshalb unglaubwürdig, weil die politisch Verantwortlichen in ihrem Ausgabenhype lukrativere Haushaltsersparnisse außer Acht gelassen haben, die zu einer höheren Haushaltsentlastung geführt hätten. Kommunen, Länder und der Bund haben es bis heute angesichts der sprudelnden Mehreinnahmen nicht verstanden, auch nur einen Cent von ihrem historisch unverantwortlich hohen Schuldenberg herunterzukommen. Sie haben lediglich das Tempo der Neuverschuldung verlangsamt und die Gunst der fetten Jahre nicht genutzt. Zwar sind Klimawandel individuell nicht steuerbar und Flutkatastrophen nicht vorhersehbar, die Kosten des Energiewandels nicht überschaubar und die Eurorettung auf Dauer nicht bezahlbar. Aber dennoch trügt der Eindruck nicht, dass die Politik schon lange nicht mehr die an sie gestellten Herausforderungen für die gegenwärtige und die kommenden Generationen verantwortbar meistert. Sie kuriert nur an Symptomen und packt das Übel nicht an der Wurzel. Sie öffnet das Füllhorn für alle Anspruchsgruppen, ob berechtigt oder nicht, weil finanzielle Zugeständnisse immer noch am wenigsten Widerstände hervorrufen. Politik nach Gutsherrenart dient nur dem kurzsichtigen Machterhalt, nicht aber den Menschen.

Für die sozial-ethische Ausrichtung der Zukunft unserer Gesellschaft ist einzig und allein entscheidend, ob die Einführung des Mindestlohns das Bollwerk gegen die Armut weiter Bevölkerungskreise wirksam verstärkt und die arbeitende Bevölkerung an der wirtschaftlichen Prosperität unseres Landes teilhaben lässt. Es kann und darf nicht sein, dass nur wenige Branchen und Wirtschaftszweige wegen ihres lobbyistischen Drucks den guten Willen der Politik genießen, während die große Mehrheit der kleinen und mittleren Unternehmen und das Gros der Beschäftigten die daraus resultierenden finanziellen Mehrleistungen stemmen müssen. Der Graben zwischen Reich und Arm, Hungerleidern und Einkommensmillionären in Deutschland wird jedenfalls durch eine Günstlingspolitik nicht kleiner, sondern eher größer.

Jeder weiß, dass diese Entwicklung für den sozialen Frieden nicht förderlich ist, aber niemand ist bereit, sich gegen den damit einhergehenden sozialen Sprengstoff zu wehren. Jeder goutiert inzwischen alles, auch die Opposition. Vielleicht bedarf es eines Tages nur eines unbedeutenden Anlasses, bis dieser Sprengstoff sich entzündet und zur Detonation gelangt. Von den Menschen werden immer mehr Opfer gefordert. Diese verlängern sich mit zunehmendem Alter und enden noch lange nicht mit dem Eintritt in den Ruhestand. Sie setzen sich mit anderen Inhalten und häufig noch größerer Belastung fort und es gibt keine Ruhe mehr bis ans Ende ihrer Tage. Die Menschenwürde bleibt auf der Strecke. Die demokratischen Spielregeln werden von denen bestimmt, die im elfenbeinernen Turm ihres Bergfrieds verharren und dort die Wogen des sozialen Unmuts aussitzen. Wähler und Applaudanten müssen sich dann fragen, wer die Rechnung bezahlen soll, die eines Tages präsentiert wird. Leider sind dann die meisten Verursacher längst abgetaucht und domizilieren den Rest ihrer Tage auf der Sonnenseite des Lebens. Die verführten Menschen und die Gesellschaft verstehen nicht, warum sie mit ihrer Hände Arbeit nicht mehr in der Lage sind, ihre Familien ausreichend zu ernähren, während gleichzeitig andere Gesellschaften in anderen Nationen mit finanziellen Großzügigkeiten aller EU-Mitgliedsländer versorgt werden und ihre Lebensgewohnheiten beibehalten können. Es ist letztlich eine Frage des politischen Anstands, nicht des Geschicks, wie weit die eigenen Bürger zur Kasse gebeten werden und wie lange ihnen die zusätzliche Belastung zugemutet werden kann. Wir streiten um Mindestlöhne und gleichzeitig setzen wir die eigene Lebenskultur aufs Spiel. Die politische Verwirrung gipfelt in dem Unvermögen, nicht zu wissen, was zu tun ist, und nur das zu tun, was gegenüber der eigenen unwissenden Bevölkerung gerade noch verantwortbar erscheint.

Es sind immer die sogenannten Kleinen, deren (Steuer-)Geld so großzügig verausgabt wird. Diese müssen Rechenschaft abgeben. Die Großen wissen sich zu wehren. Niemand in den Parlamenten fühlt sich als der Sprecher der Kleinen. Sie haben keine Lobby und sind nur als Wähler interessant, wenn wieder einmal eine Wahl ansteht. Alle Abgeordneten haben einen gemeinsamen Nenner, gleichgültig, ob sie links, Mitte oder rechts angesiedelt sind. Es ist die Lust nach Macht und weniger an der Gestaltung einer gedeihlichen Zukunft. Es ist die Gier nach permanent steigenden Diäten, die im Rhythmus eigener Machtvollkommenheit nahezu jährlich in unverantwortlicher Weise erhöht werden. Natürlich hinterfragt keiner der parlamentarischen Begünstigten die gesellschaftsverträgliche Angemessenheit im Gleichklang mit anderen „Tariferhöhungen", die gerade im Öffentlichen Dienst eher unzumutbar sind. Auf dem inzwischen erreichten Einkommensniveau und unter den übrigen Benefizien eines Parlamentariers fällt es diesen zugegebenermaßen schwer, sich auch noch um die Belange der Leute „draußen" zu kümmern und sich über ihre täglichen Sorgen Gedanken zu machen. Es schert sich deshalb niemand um sie und darum, dass viele von ihnen mit einem Einkommen leben müssen, dem jede Mindestabsicherung – auch im Rentenalter – fehlt und dass ihnen daher jede ethisch unterlegte Lebensbasis entzogen ist. Stattdessen touren die Parlamentarier fraktionsübergreifend mit Regierungsmaschinen und Helikoptern durch die Lande und lassen sich die VIP-Tickets zuführen, ohne in die eigene Tasche greifen zu müssen.

Die alltägliche Lebenspraxis vieler bedürftiger Menschen hat gezeigt, dass es für Sozialhilfeempfänger oftmals eine unlösbare Aufgabe ist, sich und eigenen Kindern ein Leben in Würde zu ermöglichen. Es beruhigt auch nicht, dass wir täglich in den einschlägigen Fernsehkanälen miterleben müssen, dass es in Wirklichkeit noch viel mehr Menschen in Deutschland gibt, die am Abgrund der sozialen Grenzziehung stehen. Es stört niemanden. Die

Fernsehkanäle sind voll von unsozialen Milieudarstellungen und abartige Realityshows erheitern die Zuschauer in einschlägigen Nachmittags- und Abendprogrammen. Der Sensation und damit der Zuschauerquote wird alles geopfert. Auch die Menschenwürde, wenn es sein muss.

Von 400 Euro im Monat und einigen wenigen steuerfreien Bezügen kann kein Alleinstehender existieren. Es kann daher nicht wundern, wenn die Zuwachsrate der Einbruch- und Beschaffungskriminalität rasant steigt, während die Politik versäumt zu hinterfragen, was in dieser Republik falsch läuft. Selbst wenn Zweit- und Drittjobinhaber bis an die Grenzen ihrer Leistungsfähigkeit gehen, reichen die Bezüge kaum aus, um den täglichen Lebensunterhalt zu sichern. Dann stellt sich für die Betroffenen zu Recht die Frage, was eigentlich noch geschehen muss und welche wirtschaftliche Prosperität erreicht werden muss, damit die Lebensbedingungen für sie wieder erträglich werden? Was passiert, wenn diese goldene Prosperität ein Ende hat? Wann stehen Arbeitnehmer wieder auf der Straße und Arbeitgeber wieder als Subventionsempfänger Schlange, um drohende Insolvenzen, drastische Gewinneinbrüche und dramatische Umsatzrückgänge zu verhindern und nach öffentlicher Unterstützung für ihre Existenzerhaltung zu rufen?

Wie weit ist eigentlich unsere Politik von der Realität entfernt, um Reformen auf den Weg zu bringen, die von unseren Kindern und Kindeskindern verstanden und später von ihnen umgesetzt werden? Die permanente Hinauszögerung dringender Investitionen auf die nächste(n) Legislaturperiode(n) zeugt nicht von Weitsicht und politischer Verantwortung. Sie spielt nur neuen Politgamblern in die Hände, die kommen und gehen. Auch die Einführung eines bundesweiten Mindestlohns gehört in diesen Kontext. Selbst die Einlassungen im Frühjahrsgutachten der wirtschaftlichen Forschungsinstitute vernebeln mehr, als dass sie uns der Wirklichkeit näher bringen. Sie geben zwar zu, dass die Konsequenzen der geplanten Lohnuntergrenze außerordentlich schwer abzuschätzen sind, sprechen aber von einem möglichen Verlust von 200.000 Arbeitsplätzen bei Einführung des Mindestlohns. Das Deutsche Institut für Wirtschaftsforschung distanziert sich zu Recht von solchen vagen Prognosen, die eher einer Kaffeesatzleserei gleichkommen als seriösen Aussagen. Zudem suchen angesichts der niedrigsten Arbeitslosenzahlen Industrie, Handel und Handwerk händeringend nach Arbeitskräften. Da werden sie sich bei weiter verbesserter Wirtschaftslage kaum von Arbeitnehmern trennen, die durch den Mindestlohn unwesentlich mehr verdienen, als sie zuvor erhalten haben. Die Unternehmen beklagen unterdessen einen bedrohlichen Fachkräftemangel. Viele von ihnen haben es versäumt, rechtzeitig durch eigene Ausbildungsmaßnahmen Vorsorge zu treffen. Sie haben sich auf andere Ausbildungseinrichtungen verlassen, um selbst Ausbildungskosten zu sparen. Sie hatten sich erhofft, ihren fachlichen Nachwuchs durch öffentliche Unterstützung und die Mithilfe ihrer Mitbewerber ausreichend requirieren zu können. Da diese Unternehmensstrategie zum großen Teil gescheitert ist, wird zwangsläufig der Ruf nach ausländischem Fachpersonal immer lauter. Der Staat muss wieder eingreifen. Er soll die Voraussetzungen dafür bieten, dass der erwünschte personelle Nachschub um Deutschland keinen Bogen macht und sich für inländische Betriebe interessiert. In diesen Kontext muss wohl auch die jahrelange Verweigerung der Wirtschaft gesehen werden, auskömmliche Löhne, und dazu zählen Mindestlöhne, zu zahlen. Wer nicht selbst in Aus- und Weiterbildung investiert, trägt am Ende den Schaden. Es ist kontraproduktiv, weil die entstehenden Zusatzkosten die Unternehmen letztlich mehr belasten als die vermiedenen Mehrkosten für vermeintlich unnötige Ausbildungsmaßnahmen.

Unternehmensführung mit Perspektive im Personalbereich verlangt, für alle Marktsituationen gewappnet zu sein und sich nicht darauf zu verlassen, dass vom Arbeitsmarkt genügend personeller Nachschub folgt. Einmal mehr zeigt sich, dass Kurzsichtigkeit und der Fokus auf schnelle Kursgewinne die falschen Ratgeber in den Führungsetagen vieler Unternehmen sind. Diese Attitüden kennen wir bereits auch aus dem staatlichen Sektor, und sie sind deshalb nicht richtiger. Es geht um öffentlichen Applaus, gewinnbringende Heimvorteile und schnelle Anerkennung für die Protagonisten, die sich nur um das Heute und nicht um das Morgen Gedanken machen.

Aus den bisherigen Darlegungen gibt es weder volkswirtschaftlich noch betriebswirtschaftlich gute Gründe, auf die Einführung flächendeckender Mindestlöhne zu verzichten. Erst recht gibt es keine Gründe, sie ganz wegfallen zu lassen. Angesichts der dramatisch sich verschlechternden demographischen Entwicklung werden zudem ausländische Arbeitskräfte nicht mehr einzugliedern sein, die sich mit vagen Versprechungen oder niedrigen Löhnen abspeisen lassen. Inzwischen hat wieder eine Emigration von früheren Immigranten eingesetzt, die der Wirtschaft und der Politik genau dieses Phänomen vorwerfen. Green Cards, die nicht mehr Fachleute anlocken, weil die Gehälter ohnehin dem internationalen Wettbewerb nicht standhalten, verstärken die Sorge um guten Fachkräftenachwuchs. Daher ist der Widerstand der Gewerkschaften nur allzu begreiflich, sich gegen Lohnanpassungen nach unten zu wehren. Sie würden die Einkommenssituation beschäftigter Arbeitnehmer noch weiter verschlechtern. Das von der Arbeitgeberseite vorgebrachte Argument, sinkende Löhne würden dafür sorgen, dass bislang von der Beschäftigung ausgeschlossene Arbeitsuchende schneller „ins Brot" kommen, hat wenig Realitätsbezug und zielt ins Leere. „Sklavenarbeit zu Sklavenlöhnen" dient nur den Unternehmen, nicht aber den Menschen, die davon leben müssen.

Das Thema Mindestlöhne kann sicherlich nicht nur im Zusammenhang mit arbeitsmarktpolitischen Überlegungen behandelt werden, sondern muss auch im Konsens mit familien- und rentenpolitischen Fragen stehen. Mindestlöhne bedingen Mindestrenten. Wer sein Leben auf fleißige Arbeit gründet, sollte nach 45 Berufsjahren ohne Anrechnung arbeitsloser Fehlzeiten darauf vertrauen können, dass er aus den bezahlten Rentenbeiträgen im Ruhestand leben kann, ohne soziale Hilfen empfangen zu müssen. Dies wäre ein Generationenvertrag, um den sich eine christlich geformte Mittepartei ernsthaft bemühen sollte.

Wer sich also für den Menschen ausspricht und nicht nur für die Industrie und deren Belange, kann und darf den Mindestlohn nicht außer Acht lassen. Dies gebietet auch der Blick auf einen funktionierenden Sozialkreislauf, der dafür sorgt, dass Subsidiarität nur dort eingreift, wo die eigenen Kräfte versagt haben. Es wäre Verrat an den nächsten Generationen, wenn wir ihre Sozialhaushalte über Gebühr durch unsere eigenen Fehler und Einschätzungen belasten und deren Spielräume so einengen, dass für sie ein menschenwürdiges Leben nicht mehr möglich ist.

Konjunkturpolitisch führt die Einführung von Mindestlöhnen zu einem spürbaren Investitionsschub. Das Pestel-Institut Hannover beziffert in einer neuen Studie (mit Daten aus 2011) diesen mit über 19 Milliarden Euro pro Jahr und einer Verbesserung der Einkommenssituation für über 9 Millionen Beschäftigte, die gegenwärtig noch weniger als 8,50 Euro brutto pro Stunde verdienen. Insgesamt ist jeder fünfte Erwerbstätige hiervon betroffen und jeder dritte in Ostdeutschland. Die Lohnanpassungen an das gewünschte Niveau würden bedeuten, dass die betroffenen Arbeitnehmer im Schnitt 2.112 Euro jährlich mehr verdienen. Bezogen auf alle Bundesbürger wären dies pro Kopf immerhin 238 Euro p.a. Der Mindestlohn wäre ein eigenes Konjunkturprogramm, überwiegend privat finanziert und nicht nur mit öffentlichen Mitteln. Die Binnenkonjunktur erhält über den privaten Konsum eine spürbare Belebung und es käme zu mehr Wettbewerbsgerechtigkeit unter den Betrieben. Es ist skandalös, wenn man bedenkt, dass viele Unternehmen bis heute Dumping-Löhne an ihre Mitarbeiter gezahlt haben und sich nicht scheuen, sich via Steuern von denjenigen Mitbewerbern subventionieren zu lassen, die stets angemessene Löhne bezahlt haben.

Mit christlichem Verständnis hat diese Wirtschaftspraxis wenig zu tun. Gleichwohl gibt es Meinungen von uneinsichtigen Lobbyisten, die nicht wahrhaben wollen, dass Vollzeitbeschäftigte nicht angemessen von ihrer Hände Arbeit leben können und die daher vor der Einführung des Mindestlohns warnen. Und dies angesichts der Tatsache, dass es nach Auskunft der Bundesagentur für Arbeit in 2012 ca. 323.000 Vollzeitbeschäftigte gab, die für so wenig Geld arbeiten, dass ihr Einkommen mit Hartz-IV- Leistungen aufgestockt werden musste, allein um das Existenzminimum zu erreichen.

Die von offizieller Regierungsseite häufig vorgetragene Sorge, dass eine allgemein verbindliche Lohnuntergrenze nur in solchen Branchen eingeführt werden sollte, in denen ein tarifvertraglich festgelegter Lohn nicht existiert, ist unbegründet: auch bei Festlegung einer Lohnuntergrenze besteht durchaus noch genügend Verhandlungsspielraum im Rahmen der Tarifautonomie und der Lohngestaltung, um Arbeitsuchende und Arbeitswillige dem Arbeitsmarkt als Sprungbrett für den Eintritt ins Arbeitsleben zuzuführen, weil es hierzu noch genügende Gestaltungsmöglichkeiten gibt.

Die Christlich Demokratische Arbeiterbewegung (CDA) hat schon vor Jahren die Einführung einer Lohnuntergrenze gefordert. Nichts ist daraus geworden. Die Politik hat indes gezaudert, die Wartenden vertröstet, die Hoffenden enttäuscht und die Gegner gestärkt. Besserung wurde erst nach der nächsten Wahl zum Deutschen Bundestag in Aussicht gestellt. Wenn aber Zaudern und Zögern zum Standardprogramm regierungsseitigen

Handelns gehören, dann darf es nicht wundern, dass man vergebenen Chancen hinterhertrauert. Vollmundige Ankündigungen dürfen nicht in vage und mehrdeutige Versprechungen versanden, sondern bedürfen einer konkreten politischen Umsetzung.

Soziale Gerechtigkeit gibt es nicht zum Nulltarif. Sie zwingt die Verantwortlichen, auf Dauer klare Positionen zu beziehen. Auch diesbezüglich ist Deutschland in der Tat ein Sanierungsfall, wie kürzlich ein Protagonist der EU-Administration in Brüssel zu Recht verkündet hat. Ja, er geht noch einen Schritt weiter und klagt die Verantwortlichen in Politik und Wirtschaft an, dass Deutschland sich wenig um die wirklichen Sorgen der Menschen schere und in ihrem Fokus nur die eigenen politischen Interessen stünden.

Was ist das Ergebnis einer solchen Analyse?
Müssen wir nicht alle angesichts dieser Permanenz von Inkompetenz und Dilettantismus verzagen? Was dürfen wir noch erwarten und was können wir uns noch erhoffen, wenn wir von Enttäuschung zu Enttäuschungen taumeln? Sind nicht von vornherein alle Bemühungen zum Scheitern verurteilt, wenn sie nur als Urquell politischen Machterhalts dienlich sind? Jede demokratisch legitimierte Partei, ob sie nun im äußersten rechten oder linken Spektrum der Parteienlandschaft angesiedelt ist, verspricht, was sie nicht halten kann, und realisiert nur, was ihr frommt. Eine solche Politik ist unchristlich und unethisch.

Wenn Menschen wegen legalen Lohn-Dumpings ausgebeutet werden und es ihnen nicht möglich ist, in ihrem Land mit ihrer Hände Arbeit einen auskömmlichen Lebensunterhalt zu verdienen, dann muss ein Aufschrei durch das ganze Land gehen, dass solche Zustände nicht länger haltbar und zu beenden sind.

Ethisch begründete Forderungen und ethisch verantwortbares Handeln sind nur durchsetzbar, wenn den Bekenntnissen in Sonntagsreden und auf Parteiveranstaltungen auch ihre faktische Umsetzung folgt.

Es wäre gut, wenn Vertrauen und Politik wieder zueinander fänden. Die Etablierung eines Mindestlohns in Deutschland würde zumindest viele

Menschen wieder hoffen lassen, dass ihnen ein anstandsgerechtes und menschenwürdiges Leben ermöglicht wird, indem politisches Handeln wieder geprägt wird durch das, was man erreicht, und nicht durch das, was man lediglich beabsichtigt. Durch die inzwischen vollzogene Verabschiedung des Mindestlohngesetzes hat sich indes der Wählerwille zu einer gesetzlichen Ausformung wirtschaftsethischer Zukunftsgestaltung konkretisiert.

... und Managergehälter - eine ethische Katastrophe

Der Streit und die Auseinandersetzungen um die Einführung von Mindestlöhnen haben – wie wir im vorigen Kapitel gelesen haben – etwas mit der Würde menschlicher Leistung zu tun.

Das genaue Gegenteil finden wir in der Diskussion um das Abdriften von Managerbezügen in unanständige Sphären. Ein leistungsbezogenes Underlying für Arbeitnehmer in den Teppichetagen angestellter Topverdiener sucht man vergeblich und findet hierzu auch keine Maßstäbe. Eine nachvollziehbare und verständnisbezogene Korrelation zwischen erbrachter Leistung und Leistungsentgelt besteht nicht, nicht einmal aus Sicht der Empfänger.

Sie bestätigen vielmehr, dass zukunftsweisende Entscheidungen durch Vorstand und Aufsichtsrat in der Regel ausgiebig diskutiert werden. Ja, auch die Hauptversammlungen und die Medien tragen ihren Teil dazu bei, die Vor- und Nachteile gravierender In- und Auslandsinvestitionen ergiebig zu diskutieren, so dass kein Raum für einsame Entscheidungen aus dem Fundus überragender Geistesblitze übrig bleibt, die solche Einkommen rechtfertigen. Strukturell wegweisende Entscheidungen von Vorstand und Geschäftsführung, ob Personalabbau, Standortschließung, Verkauf, Programmverschiebungen oder -schließungen bedürfen schon kraft Gesetzes der umgehenden und zeitnahen Informierung der Kontrollgremien, die – allerdings lediglich als Nickesel – die Überlegungen des Vorstands absegnen. Dem Management verbleibt allenfalls das operative Geschäft zur Durchführung der Unternehmensbeschlüsse und es kann normalerweise von jedem fachlich ausgewiesenen Unternehmensleiter ohne nennenswerte Begabung durchgeführt werden. Millionengehälter werden zwar verdient, aber damit noch lange nicht erdient.

Innerhalb des Vorstands einer Gesellschaft werden die vorbereitenden Gespräche für eine markante Unternehmensentscheidung von allen Fachabteilungen durchgerechnet, begutachtet und für akzeptabel befunden. Eine unternehmerische Entscheidung, die wie bei Eigentümerunternehmern Weitsicht, Risikoabwägung, Eigenverantwortung und Verantwortlichkeit gegenüber Mitarbeitern, Kunden und Öffentlichkeit verlangt, fehlt in den Kurzfristüberlegungen der auf Zeit bestellten Manager. Nahezu sämtliche zukunftsorientierten Maßnahmen einer Unternehmensleitung werden auf alle Schultern der Führungsebene verteilt und niemand fühlt sich alleine verantwortlich für das, was im Unternehmen geschieht. Wenn es gut geht, hat der Erfolg nur einen Vater. Wenn es schlecht läuft, hat das Versagen viele Urheber. So einfach wird Unternehmenspolitik gemacht. Die unverdienten Einkommen werden indes nicht zur Disposition gestellt. Die eigene Verantwortung endet da, wo entstandener Schaden einen nachteiligen Reflux auf die eigene Einkommenssituation mit sich bringen könnte. Die Würde der Arbeit von Mindestlohnempfängern endet bei den Managern in der Durchsetzung ihrer vertraglichen Ansprüche. Hier werden diese Herrschaften bei Misserfolgen wieder zu „Hartz IV"-Empfängern, nur mit dem Unterschied, dass sie ihr bisheriges fürstliches Dasein nicht einschränken müssen. Nach wenigen Wochen des Scheiterns erinnert nur noch wenig daran, welches die Gründe für das erlittene Desaster waren. Die alten Abgänger beklagen fehlendes Vertrauen und kassieren ihre finanziellen Segnungen, und die Neuen beginnen wieder um vorschüssiges Vertrauen zu werben. Wann wird eigentlich hochbezahlten Headhuntern und Aufsichtsräten klar, dass untaugliche Manager nicht dadurch besser werden, dass man sie bei A schasst und bei B von ihnen wieder neues Glück erhofft. Leute, die unfähig sind, sind es auf kurze oder lange Sicht in jedem Unternehmen, gleich welcher Branche. Dies trifft umso mehr zu, je höher sich die jeweils erreichte Hierarchieebene befindet. In den unteren Chargen sind das entstandene Unheil und die damit verbundenen Verluste eher überschaubar und weniger unternehmensgefährdend.

Was die Extremverdiener eint, ist die Gier nach Geld. Ihr Erfindungsreichtum kennt keine Grenzen. Fixe und variable Gehaltskomponenten unterliegen dem Verhandlungsgeschick ebenso wie Bonifikationen, Aktienoptionen und sonstige *fringe benefits*. Je nach Höhe des Medien- und

Öffentlichkeitsinteresses werden die Komponenten austariert. Fixe Gehaltskosten werden in einer Weise festgesetzt, dass sich kein unternehmenseigener Widerstand und keine öffentliche Empörung entwickelt, und was dann noch fehlt, wird im variablen, d. h. im erfolgsabhängigen Teil der zu erbringenden Arbeit untergebracht. Meist ist dieser Teil ein Versprechen auf die Zukunft, unabhängig von dem tatsächlich erzielten Erfolg.

Ebenso wenig wie es eine Lohngerechtigkeit für Billigarbeiter gibt, ebenso wenig gibt es eine Leistungsgerechtigkeit für Topverdiener.

Dies ist ein Dilemma und kann ohne weiteres nicht konfliktfrei gelöst werden. Vor allen Dingen darf es nicht alleine auf das Gleis der Neiddebatte gestellt werden, sondern muss nach objektivierbaren Kriterien und Ereignissen aufgeschlüsselt werden, welche die Nachvollziehbarkeit gezahlter Millionengehälter ermöglichen. Gleichwohl ist unbestritten, dass die Kriterien für die Wahl eines bestimmten Topmanagers nicht auf objektivierbare Verhältnisse zurückgreifen, sondern auf Beziehungen, Vetternwirtschaft, personale Netzwerke und Seilschaften, die traditionell tiefe historische Wurzeln haben. Nur so ist zu erklären, dass Nieten immer wieder hochgeschwemmt werden, nur weil sie bestimmte Herkunftsanforderungen erfüllen und eben nicht, weil sie durch sachliche Erwägungen aufgefallen sind.

Wer in den Olymp höchster Gehaltsklassen aufgenommen wird, hat bereits seine Lehr- und Lernjahre hinter sich gelassen. Lebenslanges Lernen gilt nur für die Mitarbeiterebene, die dafür sorgen muss, dass andere davon profitieren. Viele Bespiele aus der jüngsten Geschichte namhafter Banken und Industrieunternehmen legen Zeugnis davon ab, dass Arbeitsqualität weniger eine Rolle spielt als Vernetzung, Herkunft oder Aussehen. Nur so ist zu erklären, dass nach Millionen- und Milliardenverlusten durch die Protagonisten ein schmerzhaftes Zurückrudern der Steigbügelhalter erforderlich wird, wobei die Glaubwürdigkeit für die getroffene personelle Entscheidung durch die Bestellungsgremien vollständig verloren geht.

Der jüngste fliegende Wechsel bei Siemens verdeutlicht einmal mehr das zuvor Beschriebene. Statt Visionen bediente man die klassischen Hebel, um den Konzern wieder flottzumachen – man entließ Personal. Personal aber bedeutet Humankapital. Der langjährig angesammelte Erfahrungswert wurde vorzeitig in den Ruhestand versetzt. Menschen wurden als überflüssiger Kostenfaktor betrachtet und dementsprechend abgebaut. Das alleine hat aber das Weltunternehmen nicht saniert. Im Gegenteil. Die Zahlen wurden immer schlechter und die internationale Wettbewerbsfähigkeit litt unter diesem Fehlmanagement. In den wenigen Jahren verfehlter Unternehmensleitung, an der natürlich alle mitgewirkt haben, also auch jene, die sich heute als neuer Messias gerieren, wurde auf ein Erfahrungs- und Qualitätskapital von über 100.000 Mitarbeitern verzichtet. Man stelle sich einmal vor, welche Ausbildungs- und Erfahrungspotentiale hierdurch leichtfertig verschleudert wurden, wenn die Mitarbeiter nicht ohnehin durch Zeitablauf verrentet worden wären.

Siemens war schlecht beraten. Bereits der Korruptionsskandal hätte im Vorfeld vermieden werden können oder wäre zumindest strafmildernd behandelt worden, wenn sich Siemens einer Ethik-Zertifizierung unterzogen hätte, wie es die Weißbierbrauerei Schneider, Kehlheim schon vor einigen Jahren erfolgreich praktiziert hatte. Stattdessen nimmt das Unternehmen lieber Strafgebühren in dreistelliger Millionenhöhe in Kauf. Da hilft es auch nicht, dass man ein politisches Schwergewicht aus Bayern zum Ethikbeauftragten des Unternehmens erhebt. Niemand wird ernsthaft glauben, dass diese personelle Installierung mehr sein soll, als dem Konzern ein ethisches Feigenblatt zu ermöglichen. Wenn es um Geld, Korruption und Schwarze Kassen geht, dann sollte es dem industriellen Schwergewicht ein Leichtes sein, durch die richtigen Signale dem Unternehmen die richtige Richtung und die geeignete Weichenstellung zur Verhinderung von strafbaren Wiederholungen zu ermöglichen. Es entbehrt nicht einer gewissen Pikanterie, dass der Aufsichtsratsvorsitzende von Siemens zugleich der Namensgeber einer Kommission ist, die sich gerade durch eine adäquate Kodifizierung, nämlich durch einen Corporate Governance Code, darum bemüht hat, die ethischen Verwerfungen in der deutschen Wirtschaft und Gesellschaft, wenn nicht zu beenden, aber so doch durch die Normierung von Standards einzuschränken. Die Glaubwürdigkeit solcher Kodizes leidet aber darunter, dass sich ihre Urheber selbst nicht an das verfasste Wort halten.

Glaubwürdigkeit und Integrität sind Eigenschaften, die wesensimmanent sind und nicht wie ein Jackett an- und ausgezogen werden können, je nachdem, in welcher Gesellschaft man sich befindet. Diese Leute gehören nicht in die Schaltzentralen wirtschaftlicher Macht. Die Psychologie der Börse und die wirtschaftlichen Indikatoren reagieren sehr feinfühlig auf die falsche Wertsetzung. Diese zerstört den über Jahrzehnte aufgebauten guten Ruf in Windeseile und es bedarf vieler teurer Jahre der Imagepflege, um die Folgen der Ramponierung wieder zu beseitigen. Die Deutsche Bank kann mehrere Strophen dieses Liedes mitsingen.

Die Höhe der Managergehälter indes reflektiert dieses Fehlverhalten nicht, und es gibt auch keine Haftungsübernahme für Kosten, die dem Unternehmen durch vorstandsseitige Schäden zugefügt werden. Es macht es also einfach, in Kumpanei mit dem Kontrollorgan ein „Immer so weiter wie bisher" zu praktizieren, weil es keine Sanktionen gibt.

Dieter Lintz vom Trierischen Volksfreund (TV) bringt es am 31.7. 2013 auf Seite 23 auf den Punkt, wenn er schreibt:

Siemens-Spitzenmanager müsste man sein. Da wird keiner mit einem warmen Händedruck verabschiedet, da gibt's den goldenen Handschlag. Zwischen neun und fünfzehn Millionen Euro: In solchen Dimensionen schätzen die einschlägigen Experten ihre Abfindung, weil ihre Firma sie unbedingt loswerden will.

Erschrecken Sie jetzt nicht, aber stellen Sie sich einmal vor, man hätte Sie vor 6 Jahren nicht als Vorstandsvorsitzenden engagiert, sondern als, sagen wir, Leiter eines kleinen Siemens-Lagers in Heckhuscheid. Chef von 5 Mitarbeitern, zuständig für Bestellung und Auslieferung. Von den Angestellten haben Sie zwecks Einsparung erst einmal 2 rausgeschmissen. Trotzdem verschätzen Sie sich jedes Jahr mit der Kalkulation, weil sie die Einnahmen zu hoch und die Ausgaben zu niedrig ansetzen. Andere Lager, die Sie dazu mieten, erweisen sich als Flops, manche Ihrer Lieferungen kommen nicht rechtzeitig an, Sie müssen zeitweilig sogar Kapazitäten bei der Konkurrenz buchen. Und vom versprochenen Ertrag bleibt am Ende nur ein Bruchteil übrig.

Wissen Sie, was dann passiert: Irgendwann steht der Gebietsleiter in Ihrem Büro und setzt Sie wegen erwiesener Unfähigkeit freundlich, aber bestimmt vor die Tür. Als Dokumentation des guten Willens bietet er Ihnen an, ins Zeugnis reinzuschreiben, Sie hätten sich stets bemüht, den Anforderungen des Jobs gerecht zu werden. Wenn Sie dann wagen, das Wort „Abfindung" in den Mund zu nehmen, fällt Ihr Gesprächspartner vor Lachen vom Stuhl. Stopp! Höchste Zeit, dass Sie aus diesem Alptraum erwachen. Sie gehören schließlich nicht zum Fußvolk. Der Aufsichtsratsvorsitzende bittet Sie, wie sich das unter Topmanagern gehört, zu einem Gespräch über eine „einvernehmliche Trennung". Das ist zwar nur ein Synonym für Rausschmiss, aber der Unterschied zum Heckhuscheider Lagerleiter liegt ungefähr bei der Höhe von einer zweistelligen Millionensumme. Schließlich hackt ein Abzocker dem anderen kein Auge aus.

Und im Grunde sind Sie ja bescheiden. Wedekind ging bei Porsche mit 50 Millionen, Esser bei Mannesmann mit 30 Millionen Euro. Und ihr Siemens-Vorgänger Kleinfeld bekam schon knapp 6 Millionen, allein dafür, dass er nach Ablauf seines Vertrages darauf verzichtete, direkt zur Konkurrenz zu gehen.
Ist doch kein Problem. Das holt der Konzern locker alles wieder rein. Schmeißt man halt noch irgendwo 100 Lagerarbeiter raus. Oder ersetzt ein paar Dutzend Bürojobs durch Praktikanten von der Uni. Ihr Nachfolger wird's schon hinkriegen.

Wissenschaftlich würde man in diesen kurzen Ausritt in die Machenschaften eines Großkonzerns nur als ordnungspolitische Fehlsteuerung unseres Wirtschaftssystems interpretieren. Während ungewöhnliche Sportbegabungen von Fußballspielern, Golf- und Tennisprofis, Rennfahrern auf zwei oder auf vier Rädern nicht ohne weiteres austauschbar und in ihrer Einzigartigkeit außergewöhnlich sind, sind Spitzenmanager genauso austauschbar wie Inhaber anderer Spitzenjobs, insbesondere Politiker und Minister. Sie zeichnen sich in der Regel eben nicht durch Talent, hohe Begabung, Erfahrung, Fleiß und auch Ausdauer aus wie die meisten Spitzensportler. Zwar besteht eine gewisse Übereinkunft mit hochbezahlten Schauspielern. Diese müssen aber ihre hohen Gagen durch das Einspielen guter Filme rechtfertigen, was bei den Topleuten in Wirtschaft und auch der Politik eher weniger funktioniert: Die Zuschauer und Zuhörer winken ab. Auch an der mit den Spitzenverdienern im Sport, in der Kultur, in den Medien und in der Gesellschaft involvierten Verantwortungsübernahme und Risikobereitschaft mangelt es bei dieser Klientel. Ganz im Gegenteil: Ihr Versagen wird noch fürstlich entlohnt. Topmanager verdienen heute das 500- bis 1.000fache der durchschnittlichen Mitarbeitergehälter. Seit Mitte der 90er Jahre hat sich das Gehaltsgefüge dieser Spezies von der Normalentwicklung der normalen Arbeitnehmer losgelöst und sich entfesselt von der realen Wirklichkeit abgekoppelt. Diese Gehaltsdiskrepanzen sind durch nichts berechtigt. Weder durch Ausnahmeintelligenz der Millionärsclique noch durch außergewöhnliche visionäre Arbeitsleistung im Schumpeter'schen Sinne. Im Gegenteil. Das erworbene geistige Kapital und der Erfahrungswert der meisten Manager reichen zumeist nicht aus, durchschnittliche Führungsaufgaben zu übernehmen oder eine besonders hohe Vergütung zu beanspruchen.

Was aber sind die Gründe, die zu einer derartigen Entgleisung des unternehmerischen Gehaltssystems geführt haben?

Der Hauptgrund für diese unmoralischen und unanständigen Gehaltsexzesse liegt seit Jahren in der Verherrlichung kurzfristiger Börsenerfolge und der damit verbundenen kurzfristigen Denkhaltung bei der Gestaltung vergütungsabhängiger Gehaltskomponenten. Anders ausgedrückt: Dem kurzfristigen und nachvollziehbaren Erfolg wird alles untergeordnet, weil er der Maßstab der Vergütungssystematik des Vorstands ist. Ein nachhaltiger, der Bestandssicherung des Unternehmens förderlicher Unternehmenserfolg wird dagegen nicht favorisiert. Er ist nicht rasch genug nachvollziehbar und erschwert in den Verhandlungen um die variablen Vergütungsanteile den Nachweis erfolgswirksamer Gestaltungspolitik durch die Führungsmannschaft. Positive Medienauftritte helfen mit, die Börse und damit die Kurse in die richtige Richtung zu beeinflussen, ganz gleich, ob substanzielle Veränderungen zu einer späteren Zeit die Euphorie bestätigen. Es geht immer nur um schnelle und gute Meldungen, um den Boden für üppigen Gehaltsfluss aufzubereiten. Der Marktmechanismus unserer Zeit will es so, weil die Gier nach noch mehr Geld ungebrochen ist und unser ganzes gesellschaftliches Leben beherrscht. Es ist unbestritten, dass die börsenkursseitige Reflexion im Markt sicherlich ein konkaver Hohlspiegel ist, der den Unternehmenserfolg auf einen bestimmten Punkt fokussieren soll. Aber diese Reflexion darf und kann nicht alleine für das ausschlaggebend sein, was erst eine längerfristige Überprüfung ehemals getroffener Managemententscheidungen im Hinblick auf den Erfolg des Unternehmens erbringt. Häufig erhalten die Kandidaten noch Geld für Leistungen, die sie entweder nicht selbst erbracht haben oder für die sie auch nicht verantwortlich waren. Es besteht keine Symmetrie zwischen geleisteter Arbeit und bezogenem Einkommen.

Welche Faktoren sollten in Gehaltszusagen Eingang finden, damit wenigstens eine halbwegs nachvollziehbare Begründetheit gegenüber Mitarbeitern, Kunden und Öffentlichkeit Platz greift, die eine ansatzweise ethische Rechtfertigung zulässt?

Basis für den Unternehmenserfolg sollte nicht alleine der Umsatz des Unternehmens, sondern seine langfristigen Wertschöpfungspotentiale sein. Diese schließen den Umsatz zwar mit ein, relativieren ihn aber durch den ihn beeinflussenden Wareneinsatz und anderer Komponenten. Erst der *value added* gibt Auskunft darüber, ob das Umsatzwachstum tendenziell manipuliert und nur für die Gehaltskosmetik aufpoliert wurde. Der langfristige, durchschnittlich ermittelte Wertschöpfungsfaktor sollte auch für die Aufwandskomponenten als Grundlage dienen, in deren Relation sich der betriebliche Erfolg eher widerspiegelt. Eine isolierte Betrachtung der Senkung des Personalaufwandes sagt noch nicht viel über die strukturellen Vorteile des damit erzielten besseren Betriebsergebnisses aus. Vieles lässt sich bilanziell und buchhalterisch manipulieren, wenn es um das eigene Geld geht. In der Regel kann davon ausgegangen werden, dass alle zur Einsicht in das Zahlenwerk des Unternehmens Berechtigten weniger Gestaltungsphantasie entwickeln als die Betroffenen selber. Die Fokussierung des Unternehmenserfolges auf den Abbau des Personalbestandes zu reduzieren, weist den angestellten Manager nicht unbedingt als qualifiziert aus. In den Vereinigten Staaten von Amerika ist das Gegenteil Ausdruck eines erfolgreichen Managements: Wertschöpfungsfaktoren auf der einen Seite und Betriebsgewinn auf der anderen Seite haben eine gewisse Zangenwirkung für die Beurteilung unternehmerischer Qualität. Sie sind unabhängig von stochastischen Maßnahmen und lassen eher Rückschlüsse auf die tatsächlich geleistete Arbeit zu.

Die bisher gepflegte diskretionäre Praxis bei der Vergabe von Spitzenpositionen muss einem personellen Wettbewerb weichen, in dem die Kandidaten ihrer Erfolgsgeschichte harte Fakten unterlegen und sich zweifelsfrei als geeignet ausweisen. Dann werden auch Überkreuzverpflichtungen erschwert, in welchen der Aufsichtsrat des einen Unternehmens zum Vorstand eines anderen Unternehmens berufen wird und umgekehrt. Hier spielen sich die Optionseliten gegenseitig in die Hände und bilden eine nahezu geschlossene Gesellschaft, die nur selten von Außenstehenden erkannt oder gar durchbrochen wird. Diese Vergabepraxis hatte große Vorteile. Sie ermöglichte, die Transparenz der Bezüge zu verhindern oder doch zumindest einzuschränken. Im Falle des Widerstandes von Teilen des Aufsichtsrates oder etwaiger Aktionärsvertreter wurden die Jahresbezüge einfach in unterschiedliche Bestandteile gesplittet, wobei der variable Teil der Bezüge in der Endabrechnung in solche Folgejahre verschoben werden konnte, in denen die befürchtete Gegnerschaft nicht mehr aktiv war. Die veränderbaren Gehaltsanteile waren und sind stets die interessanteren Vertragsmodalitäten. Sie verbergen vor den Outsidern die wahren Kalküle und lassen den Insidern genügend Spielraum für lukrative Optionen. So wurden den Chefs von Banken und Wirtschaftsunternehmen bislang Aktienoptionen ermöglicht, die erst dann erfolgswirksam ausgeübt werden, wenn das eigene Versagen durch spätere Nachfolger kaschiert wäre und günstigere Erfolgsaussichten die Realisierung der Optionen geboten erscheinen ließen. Dies geschah meist durch Festlegung sehr niedriger Kurse, bei deren Überschreitung die Ausübung der Aktienoptionen dann zu entsprechenden Gewinnmitnahmen führte.

Die Vielfalt der Nutzenmaximierung aus den Optionen der Nebeneinkünfte war für Unkundige kaum zu durchschauen. Dementsprechend waren die Synergien von Verzicht und Zugewinn für den Protagonisten immer nur von Vorteil. Am Ende blieb für die gescheiterten Manager immer noch ein Auskommen zu Lasten des „gemanagten" Unternehmens in astronomischer Höhe. Dies ist auch deshalb so ungeheuerlich, weil für Topmanager, Spitzenbanker und Investmentgambler kein Existenzrisiko oder direkter Leistungswettbewerb besteht, weil ihr Job unter einer gewissen Staatsgarantie steht: In guten Zeiten unterliegen sie keiner Kritik und keiner Hinterfragung ihrer Bezüge, in schlechten Zeiten werden Schlüsselindustrien, Banken und Börsen durch die Hilflosigkeit der Politik staatstragend abgefedert, indem sie aus dem Topf der Steuerzahler gigantische Hilfe erhalten, die für Routinerettung sorgt und ein „Immer so weiter" garantiert.

Die Steuerzahler werden in doppelter Hinsicht benachteiligt: Sie müssen für schlechtes Management ihre Steuerzahlung herhalten und als Einleger oder Darlehensnehmer der Banken zahlen sie die Zeche mit jahrelangen schlechten Konditionen. Die Milliardenverluste werden schließlich so zertifiziert, dass der Staat die Rettung über Abschreibungsverluste einleitet und dem Steuerzahler anlastet. Ein probater Weg, der die übelste Seite spätkapitalistischer Verwegenheit goutiert. Am Ende unterscheiden sich Bezieher von Millionengehältern in der Garantie ihrer Arbeitsplätze kaum von jenen Staatsbediensteten, die bei politischer Unbill zur Rettung der Reputation noch wichtigerer Leute mit einer fürstlichen Pension verabschiedet werden. Eine Verantwortungssymmetrie zwischen Bezügen und persönlichem Einstehen für Versagen gibt es nicht. Würde sie bestehen, dann gäbe es nicht so viele Fehlbesetzungen an den Steuerungsstationen von Wirtschaft, Politik und Gesellschaft.

Vielen Mitgliedern in Aufsichtsräten bleibt aus korruptionsgeneigten Wohlverhaltensstrategien der Vorwurf nicht erspart, dass sie Geschäftspraktiken mit ihren Exekutivorganen eingegangen sind und weiterhin eingehen, die bewusst oder – einfach durch Ignoranz – in Unkenntnis geschehen: sie heißen unternehmerische Risiken durch täuschende Verbriefungsaktionen gut und täuschen damit Aktionäre und Öffentlichkeit über die wahre Höhe von Gefahren und Risiken des Unternehmens und der Bezüge der Vorstände hinweg. Nach dem Motto „Wie Du mir, so ich Dir" bleibt alles unter sich. Mitarbeiter, Kunden, unkundige Lobbyisten in den Aufsichtsräten und große Teile des Publikums erfahren nicht, um welche Beträge es bei den Empfängern geht. Wen kümmert's, solange die Existenz der DAX-, MDAX- und TDAX-Konzerne nicht wirklich gefährdet ist. Wenn die Böcke selbst zu Gärtnern werden, wundert es nicht, dass im Laufe der Zeit alle Gärten verwüstet sind und die Gehaltskultur Ausmaße annimmt, die kaum noch reversibel ist. Glaubwürdigkeit lebt ebenso von der Legitimität wie von der Legalität. Auf keines der Felder allein kann man sich zurückziehen.

Unternehmergeführte Betriebe in hoher Eigenverantwortung bedürfen keiner strukturellen Vorgaben bei der Abschöpfung des eigenen Unternehmens. Sie tragen volles Risiko – auch bei der Plünderung eigener Kassen. Sie bezahlen ihre Maßlosigkeit mit dem Verlust des ganzen Unternehmens oder mit Teilen davon. Gerade die persönliche Haftung des Managements, für eigene Fehler selbst einzustehen und hierfür persönliche Verantwortung zu übernehmen, was ein wesentliches Merkmal eigentümergeführter Unternehmen ist, entfällt bei den Großkonzernen. Bis heute hat der Gesetzgeber diesen Webfehler in den einschlägigen Gesetzen nicht beseitigt. Vielleicht auch aus dem Grunde, dass viele in Ungnade gefallene Spitzenpolitiker ihr Heil in dem Selbstbedienungsladen Wirtschaft suchen, ohne dort ernsthaft gefordert zu werden. Verträge sind wie Legislaturperioden: Was am Ende in die Verlängerung geht und was sich von den Pfründen verabschieden muss, bleibt ein gewisses Vabanquespiel. In jedem Fall erfolgt der goldene Handschlag bei der Verabschiedung.

Hier wird noch einmal deutlich, wo Änderungsregelungen nottun. Es geht um unbestritten gültige und aussagekräftige Kriterien, an denen der tatsächliche Erfolg eines Unternehmens gemessen wird, an die Erstellung einer Sozialbilanz, inwieweit sich ein Unternehmen auch als ein gesellschaftlicher Faktor versteht, es geht um die Nachhaltigkeit und damit Langfristigkeit bei der Sicherung von Vollzeitarbeitsplätzen, es geht um die Übernahme von persönlicher Haftung für falsche Weichenstellungen im Management, verbunden mit der Möglichkeit fristloser Entlassung und der Begrenzung der Abfindung auf maximal ein Jahresgehalt. Und es geht um die Festlegungen von Obergrenzen bei den Gehaltsbezügen, die bei Ausübung der Optionen ethisch und moralisch gerechtfertigt erscheinen. Letzteres ist Aufgabe der Hauptversammlung, die mit qualifizierter Mehrheit entschieden werden sollte.

Der viel gerühmte und doch nicht praktizierte Corporate Code of Governance hat wenig zur Entschärfung beigetragen, weil selbst seine Protagonisten sich nicht an die Bestimmungen des Kodizes gehalten haben. Auch das „Gesetz über die Offenlegung der Vorstandsvergütungen" war durchlöchert wie ein Schweizer Käse und bot genügend Schlupflöcher für findige Vertragspartner, die gesetzlichen Vorgaben zu umgehen. Die dort erwünschte Angemessenheit der Managervergütungen war ein unbestimmter und vager Begriff und konnte je nach Großzügigkeit des Aufsichtsrates in alle Richtungen ausgelegt werden. Eine ethisch notwendige Begründung wurde nicht für notwendig befunden, so dass weiterhin Tür und Tor offen waren, ohne dass die Betroffenen Sanktionen fürchten mussten. Die in diesem Zusammenhang immer häufiger angeführten US- amerikanischen Verhältnisse bei den Millionenbezügen ihrer Manager hapern schon an der Tatsache, dass dort Manager auch zu Millionenstrafen herangezogen werden können und unter Umständen für viele Jahre eingesperrt werden. Im Übrigen gelingt es argumentativ nicht immer, ausländische Verhältnisse für das eigene Verhalten zu bemühen, wenn die Rahmenbedingungen einer auf sozialer Gerechtigkeit fußenden Marktwirtschaft für Investitionen, Arbeitsplatzsicherungen und Subventionen durch den eigenen Staat gesichert werden müssen.

Über die Grenzen der Bundesrepublik Deutschland hinaus sollen in der EU Richtlinien dafür sorgen, dass bestimmte variable Vergütungskomponenten an den längerfristigen Erfolg des betreffenden Unternehmens gekoppelt werden. Hier handelt es sich auch nur um ein Placebo, das aufgrund seiner Sanktionslosigkeit in der tatsächlichen Umsetzung das Papier nicht wert ist, auf dem die Richtlinien verfasst sind. Auch die Hinauszögerung von Bonifikationszahlungen auf mehrere Jahre, um später erst erkennen zu können, ob diese lohnseitig gerechtfertigt sind oder nicht, greift ins Leere. Es sind bloße Absichtserklärungen, die Worthülsen sind, ohne dass ihnen praktische und rechtliche Bedeutung beigemessen wird. Je nachdem, welche Gehaltskomponenten in die öffentliche Diskussion gelangen, werden diese so austariert, dass der Empfänger am Ende keine Einbußen hinnehmen muss. Der Phantasie sind keine Grenzen gesetzt.

Die Bankenaufsicht sollte im Bereich der Finanzwirtschaft auch ihren Teil dazu beitragen, dass miese Tricks bei der Gehaltszumessung aufgedeckt und beendet werden. Sie hätte zumindest dafür zu sorgen, dass es eine nachvollziehbare Begründung für Leistung und zu erwartende Gegenleistung gibt und ob die selbstgestrickten Kodizes für ein Vertrauensmanagement wenigstens ansatzweise eingehalten werden. Wenn sich die globalaktiven Konzerne schon nicht in ihre Vertragsgeschehnisse hereinreden lassen wollen, so bedarf es für den gesellschaftlichen Sozialkonsens eines Regulativs, das die schlimmsten Exzesse verhindert und ein vertretbares Maß sonst exorbitanter Gehaltsabsprachen sicherstellt. Auch in solchen Fällen hätte eine Ethikkommission – ohne den hochtrabenden Ausdruck des Nationalen Ethikrates zu bemühen – eine Frieden stiftende Mission zu erfüllen. Diese Kommission gibt es bedauerlicherweise nicht und der Nationale Ethikrat befasst sich schwerpunktmäßig nur mit solchen Themen, die eher der moralischen Entlastung der Regierenden dienen. Eine solche Ethik-Kommission sollte sich Standards geben, an denen sie die „Richtigkeit" der Gehaltsabschlüsse misst und diese auch entsprechend begründet. Dies wäre auch an den Souverän der Unternehmen – den oder die Eigentümer – ein Signal, dass die Vertragsabschlüsse zwischen Aufsichtsrat und Vorstand unbeanstandet sind. Die Prüfung der Anständigkeit von Managementvergütungen durch eine unabhängige Kommission würde natürlich zu einem Paradigmenwechsel führen. Dieser müsste die Verantwortlichkeit für dem Unternehmen zugefügte Schäden beinhalten wie auch die persönliche Haftung. Damit würde das Ende der paradiesischen Zustände eingeläutet und gescheiterte Ehemalige würden wieder auf den Boden der Realität zurückgeholt. Sie müssten dann den Anspruchsinhabern ihr Geld wieder zurückgeben, das sie ihnen vorher weggenommen haben. Geld ist nur dann verdient worden, wenn es wirklich verdient wurde. Vergütungen sind damit kein Anspruch an sich, sondern werden an das Maß der übernommenen Eigenverantwortung gekoppelt. Dies gilt im Übrigen auch für alle anderen auf dieser Welt, ob sie dafür bezahlt werden oder nicht. Für die Ergebnisse eigener Handlungen hat jeder von uns einzustehen, und diese Erkenntnis sollte auch in den höchsten Teppichetagen Eingang finden.

Alle Humankapitalgeber – inklusive Topmanager – müssten am Strang der Nachhaltigkeit ziehen und bei allen unternehmerischen Überlegungen die Bestandssicherheit der Arbeitsplätze, die Zukunftssicherung des Unternehmens, die Pflege des Umweltkapitals und ein menschenwürdiges Miteinander sicherstellen. Betrieblicher Frieden und Erfolg können nicht gelingen, wenn das Umfeld national wie international zerstört wird. Das eigene Schäfchen ins Trockene zu bringen, weist den Topmanager wahrlich nicht als solchen aus. Es darf auch kein Trost für ihn sein, dass es letztlich keine allgemeingültige Lösung geben wird, die vor dem Hintergrund menschlicher Gerechtigkeit zum Tragen kommt. Aber es sollte stets beiden Seiten der Vertragsparteien bei den Abschlüssen über Vorstandsvergütungen der intrinsische Versuch zu eigen sein, Maß zu halten und nicht der Gier schnellen Geldes zu unterliegen. Die Ethik des Geldes darf nicht an der unerschöpflichen Maßlosigkeit menschlicher Anspruchsmanie ersticken.

Auf einem guten Weg

„Wir sind auf einem guten Weg." Diese Sedierungsbeschallung hören wir landauf, landab bei jeder sich bietenden Gelegenheit im Fernsehen, im Radio, in den Medien oder auf allen nur denkbaren Veranstaltungen. Wir sollen uns in Selbstzufriedenheit wähnen, ohne zu fragen, ob wir tatsächlich auf einem guten Weg sind. Dieser Satz scheint schon fast zu einem geflügelten Wort zu werden und weist seine nimmermüde Urheberin unmissverständlich als die Chefin der gegenwärtigen Bundesregierung aus. Die Kräfte dieses Landes entwickeln sich unter diesem Motto unerschöpflich und die Bürger loten ihre sedierte Belastungsfähigkeit mit stoischem Gleichmut aus. Wer sich dagegen wehrt oder Zweifel anmeldet, weist sich als politisch rechtslastig oder linksorientiert aus und droht von allen demokratischen Geistern verlassen zu werden. Kritik ist unerwünscht, schließlich befinden wir uns – wie uns seit Jahren eingetrichtert wird – alle auf einem guten Weg. Den Menschen geht es gut und gemeinsam sind alle erfolgreich. Oppositionelle gebärden sich als brave Gefolgsleute. Sie weisen jede Irritation weit von sich, nicht von Anfang an, als Wegbereiter dieses guten Weges mitgewirkt zu haben. In der Mitte des Weges ist Platz für alle und jeder beansprucht dort seine Zugehörigkeit.

Der gute Weg – niemand weiß, wohin er führt und woher er kam. Die einen behaupten, der Weg komme aus dem Dunkel und führe zum Licht. Die anderen sind der Meinung, der Weg weise ins Nirgendwo, weil er zu keinem konkreten Ziel führe. Dieses Ziel muss er auch nicht haben. Der Weg geht in alle Himmelsrichtungen und markiert lediglich die Entfernungen zu bestimmten Zielen. Er ist ein Glaubensbote. Jeder, der an ihn glaubt, wird zufrieden und glücklich sein. Sorgen über seinen Zustand, seine Hindernisse und Schlaglöcher, seine Länge und seine Dauer machen sich allenfalls die Wegewarte, die vorgeben, dafür bezahlt zu werden, dass alles in Ordnung ist. Die Wegbegleiter sind oftmals selber unkundig und wissen nicht genau, wohin der Weg führt. Sie sind aber zuversichtlich, dass er irgendwo und irgendwann sein Ziel erreichen wird und dass an seinem Ende alles besser sein wird als vorher. Auf dem Weg zum vermeintlichen Ziel ändern sich nicht die Parolen, aber oftmals die Begleitung, die wiederum selbst nach neuer Orientierung sucht. Aber auch die neuen Mitläufer finden sie nicht. Der Weg passiert viele Gefahrenstellen und verfolgt undurchsichtige, dunkle und verschlungene Pfade. Die Wanderer machen sich zu Recht große Sorgen und wissen nicht, ob die Versprechungen und Verheißungen am Ende eintreffen oder nicht. Täglich kommen neue Meldungen über Zieländerungen, Umleitungen und allzu hohe Kosten der Wanderschaft und deren Ausfall. Viele Wanderer bleiben am Wegesrand stehen, wollen nicht mehr weiter, fallen aus und beklagen sich über den inzwischen viel zu beschwerlich gewordenen Wegverlauf. Die Dauerparole, dass wir auf einem guten Weg seien, beginnt unglaubwürdig zu werden. Die Zweifel werden größer und lauter, ob alle, die bisher gut zu Fuß sind und die Botschaft immer wieder vernommen haben, von der richtigen Richtung überzeugt sind. Schutz bei drohenden Gefahren bietet der Weg freilich nicht. Er bietet auch keine Hilfe, wenn Unwetter, Stürme und Nebel, Hagel und Donner hereinbrechen. Keiner der selbsternannten Wanderführer weiß bei Gefahr, wie es weitergehen soll. Ja, viele machen sich aus dem Staub. Sie überlassen das Schicksal der Weggemeinschaft dann anderen, scheinbar besser wissenden Guides, die plötzlich auftauchen und den eingeschlagenen Irrweg fortsetzen.

Der Ausmarsch eines ganzen Landes in eine bessere Zukunft sollte Hoffnung für alle Beteiligten sein. Die Erfahrung hat indes gelehrt, dass nicht alle von der gemeinsamen Wanderschaft profitiert haben. Viele haben sich auf den Weg gemacht und mussten dabei feststellen, dass einige Zeitgenossen sich zusätzliche Wegerleichterung verschafft haben. Sie setzten sich rechtzeitig vom Geleitzug der übrigen Mitläufer ab und erreichten ihr persönliches Ziel schneller, komfortabler und ohne Umwege. Sie schlossen sich klugerweise jenen Wanderführern an, die Abkürzungen kannten und von Rastplätzen wussten, an denen sie ausruhen und neue Kräfte sammeln und ihre Ziele rascher und bequemer erreichen konnten. Diese VIP-Mitwanderer hat es immer gegeben. Sie bewohnen auf ihrer Wanderschaft Lodges, übernachten in teuren Herbergen, in denen normale Fußgänger keinen Zutritt haben, und genießen kulinarischen Luxus und jede Form der Bewegungserleichterung. Alle Menschen machen sich zwar auf den vermeintlich guten Weg. Aber wirklich gut ist er nur für einige wenige, denen der Vorzug zukommt, immer mehr Vorteile zu haben als andere. Je nach Grad der Hilfe und Unterstützung und der Schnelligkeit des Fortkommens fällt das Urteil am Ende des Weges aus, nämlich ob es sich um einen guten, weniger guten oder um einen sehr guten Weg gehandelt hat. Zuweilen wird der Eindruck erweckt, dass unser Weg einem Exodus gleicht, der schicksalhaft mit dem deutschen Volk verbunden ist. Gleichschritt, Gleichmut und gleiche Ängste bestimmen unsere Zukunft.

Indes, wir befinden uns nicht im Zustand eines europäischen Helotentums oder gar in einer Knechtschaft, die nach Befreiung strebt. Wir sind ein Volk, dem regierungsseitig bis zur Belastungsgrenze viel zugemutet worden ist und immer noch zugemutet wird. Die geschichtshistorische Schuld öffnet jede Schatulle und bereitet den Weg für jede berechtigte und nicht berechtigte Großzügigkeit. Auch die Regierung kann Geld nur einmal ausgeben, selbst wenn es in die falschen Kanäle fließt. Wer auch immer Deutschland auf dem Weg durch die Zeit geführt hat, versprach in seiner Eidesformel, Schaden von diesem Land abzuhalten und ihm nach Kräften zu dienen und nicht seine Strapazierfähigkeit zu testen. Die Führungen wechselten. Nicht immer waren sie auf das Wohl der Zeitgenossen ausgerichtet. Manchmal führte der Weg sogar in den Untergang. Alle jubelten und es gab kein Bedauern für die Irregeführten und Fehlgeleiteten. Viele Wegbegleiter sind durch diese Erfahrungen skeptisch geworden, ob die permanente Wiederholung von Parolen, Versprechungen, Wahlslogans oder anderen Beruhigungstabletten tatsächlich glaubhaft ist und deren Wahrheitsgehalt mit den Taten übereinstimmt. Einige Wanderer sind der Sprüche überdrüssig und wollen wieder zurück. Anderen wiederum geht es nicht schnell genug voran. Viele wollen Pause machen, um neue Kräfte zu sammeln, und andere kollabieren unter dem Druck der Geschwindigkeit, bevor sie ihr hoffnungsvolles Terrain erreicht haben.

Was immer auch geschieht, so wird verkündet, geschieht nur zum Besten der ganzen Wandergruppe. Die Verkünder sehen sich nach außen hin selbst als Betroffene. Manche wortgewaltigen Wegewarte erhoffen sich Lob und Anerkennung von ihren Wortführern. Sie ersehnen sich am Ende der Wegstrecke nach dem erwarteten und ihnen vielleicht in Aussicht gestellten finanziellen und personellen Segen. Die meisten wünschen sich alle ein gutes Ende. Der Glaube daran lässt sie stark sein. Nur, er schwindet von Kilometer zu Kilometer, wenn die Meilensteine, die die Wegstrecke markieren, erkennen lassen, dass die Wanderer gar nicht dem erhofften Ziel näher gekommen, sondern im Kreis gelaufen sind. Meilensteine können daher mitunter frustrierend sein. Anstatt den gemeinsamen Fortschritt und das Weiterkommen anzuzeigen und dafür zu sorgen, dass man sich des inzwischen Erreichten erfreut, machen sie mutlos und müde. Die Wegewarte hingegen zögern auch dann nicht, stoisch den einmal eingeschlagenen Weg weiterzugehen und gebetsmühlenhaft die falschen Parolen zu verkünden. Heilung, Erholung und Entspannung wird den Wanderern versprochen. Aber keiner scheint mehr daran zu glauben. Vertrauen in die Wanderführerschaft ist zwar gut und richtig, aber Vertrauensseligkeit ist gefährlich, vor allem wenn die Führerschaft selbst nicht weiß, wohin der Weg führen soll. Wir wähnen uns auf einem guten Weg, und bei genauer Analyse und Kenntnis müssen wir berechtigte Zweifel anmelden. Ja, wir müssen uns fragen, ob der eingeschlagene Weg nicht geradewegs in die Irre führt, weil die Absehbarkeit des Irrtums nur eine Frage der Zeit ist.

In einer Zeit von einem guten Weg zu sprechen, wo alles um uns herum ins Chaos zu stürzen droht, ist vermessen. Denn es sind die Mächtigen dieser Welt selbst, die diese vermeintlich heile Welt durch ihre Führerschaft *ad absurdum* führen. Unser Weg führt durch eine Zeit, in der sich Russland über alle Gesetze und Verträge hinwegsetzt. Imperialistische Überlegungen sind die Wegekreuze, während die Ressourcen des Landes in nur wenigen privaten Händen einzelner Oligarchen verblieben sind und das Volk klagt. Niemand begehrt auf. Im Gegenteil. Die EU verkündet, dass allen diplomatischen Optionen die Türen weit geöffnet sind bis hin zum Durchzug, und alle zittern, dass nicht noch Schlimmeres passiert. Der neue russische Zar regiert mit unvorstellbarer Macht und lässt es alle spüren. Er hat aus seiner Sicht die Gunst der Stunde genutzt und den Vorgänger für seine Freibeuterei eingespannt. Die Menschen fürchten ihn, weil alle die, die sich nicht seinem Willen beugen, die Keule seiner Willkürjustiz zu spüren bekommen. Menschenrechte werden außer Acht gelassen oder verletzt, wenn es um die Durchsetzung eigener Machtansprüche geht. Das Volk demonstriert, geht auf die Straße, sucht sich einen eigenen Weg und fürchtet mehr denn je, den falschen Weg eingeschlagen zu haben. Das einfache russische Volk hat keinen Grund zur Freude. Nur dort wird noch gefeiert, wo die wenigen Günstlinge und Begünstigten glauben, gemeinsam mit der Machtelite auf einem guten Weg zu sein. Sie führen einen überschwänglichen Lebensstil und lassen die Mitbürger darben.

Wir wandern durch eine Zeit, in welcher der demokratisch gewählte mächtigste Mann der Welt den Weltfrieden beschwört, ohne ihn selbst zu fördern. Jeder US-Präsident scheint in die Annalen der Weltgeschichte mit dem Fanal eingehen zu wollen, zu irgendeinem Konflikt in der Welt geblasen zu haben. Das mag aus der Geschichte der unerbittlichen Kämpfe zwischen den amerikanischen Nord- und Südstaaten seine Begründung finden, dem Weltfrieden aber ist diese eher antidiplomatische Cowboy-Haltung nicht immer dienlich. Wahlversprechungen, die nicht eingehalten oder eingelöst wurden, bestätigen auch in den USA den inzwischen gewohnten Eindruck, dass vor der Wahl mit einer anderen Zunge gesprochen wird als nach der Wahl. Bis heute wurde das berüchtigte Gefangenenlager Guantanamo, wo Strafgefangene ohne Prozess jahrzehntelang eingesperrt, gedemütigt und gefoltert werden, nicht geschlossen. Dieses Versprechen ist nur eine Spitze des politischen Eisbergs, dessen viele eine gefahrlose Schifffahrt in eine menschenwürdige Zukunft dieses Landes und der Menschheit verhindern. Der auch von deutscher Seite nur halbherzig weiterverfolgte gigantische Datendiebstahl der amerikanischen NSA zeichnet dieses nicht zuletzt menschenverachtende Bild der Amerikaner auf. Die Lächerlichkeit der Argumentation der Ertappten gipfelt in dem hilflosen Versuch, dass die Daten-Ausspionierung der Handys der Regierenden Europas mit dazu diente, sie rechtzeitig vor Gefahren gefährlicher Terroristen in der Welt zu warnen. Der Nutzen der Spionage sei für alle Abgehörten unermesslich. Unter Freunden müsse jeder jedem beistehen. Warum wird den Wanderern auf ihren angeblich so sicheren Wegen immer wieder Sand in die Augen gestreut? Es sind doch stets genug Wirbelstürme vorhanden, die ohnehin dafür sorgen, dass die Augen vernebelt und mitunter blind werden, um nicht zu erkennen, dass der eingeschlagene Weg in die falsche Richtung weist. Kundige Weggefährten vermeiden notwendige Korrekturen und erschweren vorsätzlich eine klare Sicht und den erforderlichen Durchblick. Menschen werden verfolgt, Unschuldige eingesperrt, Wahrheiten vertuscht oder so gebogen, dass politisch alles machbar erscheint. Nein, Amerika ist sicherlich nicht auf einem guten Weg, auch wenn Europa zuweilen neidvoll den Blick in das Land der begrenzten Möglichkeiten wirft. Kraftmeierei alleine war noch nie ein guter Begleiter und führte zumeist in die Irre oder in ein teures Abenteuer.

Der Chef der aktuellen englischen Regierung musste kürzlich sein Vorpreschen gegen Syrien als falschen Weg erkennen und zum Rückzug blasen. Seine unüberlegten, voreiligen und wenig substanziierten Handlungen hätten beinahe jede diplomatische Lösung zur Bereinigung des Syrienkonfliktes verhindert. Im Verbund mit den Vereinigten Staaten spionierte das Land zudem die eigenen europäischen Freunde aus. Es lieferte in Kumpanei mit den USA ausspionierte Daten von unendlicher Fülle zur gemeinsamen Auswertung und Ausnutzung. Von Solidarität mit den sogenannten europäischen Freunden auf dem Festland war wenig zu spüren und niemand hielt es für angebracht, England für sein Fehlverhalten abzumahnen. Wenn sich Wege in Europa kreuzen, gibt es gegenläufige Zielrichtungen und es besteht leicht die Gefahr, dass übernationale Ziele aus dem Fokus verschwinden. Es mag sein, dass ausschließlich nationale Interessen die eigentlichen Beweggründe für die gemeinsame Wegbeschreitung und die sogenannten befreundeten Staaten nur Steigbügelhalter für die eigene Zielrealisierung sind. Aber die Welt muss sich fragen, wie lange sie bereit ist, solche Täuschungen zu akzeptieren. Jedes Land und jede Gesellschaft sollten wissen, in welche Richtung sie entführt, geführt oder verführt werden. Entführungen und Verführungen haben sich als historische Übel immer wieder in Szene gesetzt und die Menschen ziellos werden lassen. Am Ende war es in Großbritannien sogar ein politisches Kalkül, das die Regierung veranlasste, eine neue Gesellschaftsordnung einzuführen, indem sie widerrechtlich alle Festplatten im „Evening Standard" vernichten ließ, damit die regierungsseitigen Machenschaften nicht länger zum Gespött der Weltöffentlichkeit wurden. Sie entsandte Computerhacker in die Redaktion einer unabhängigen Zeitung, um das Presserecht und die Pressefreiheit in ihrem eigenen Land zu beugen und in ihrem Sinne zu beeinflussen. Meinungsfreiheit gilt also nur dort, wo sie den Machthabern nützt. Das Land der Demokratie auf Abwegen und keiner murrt.

Diese Beispiele der Irrungen und Wirrungen ließen sich für jedes Land beliebig fortsetzen. Und keiner unternimmt etwas dagegen.

Selbst wegen unterschiedlicher krimineller Vergehen rechtskräftig verurteilte Ministerpräsidenten bekennen immer noch vor aller Öffentlichkeit, stets den rechten Weg gegangen zu sein. Sie beleidigen ihren Staat und das eigene Volk, nicht zwischen Recht und Unrecht trennen zu können. Nicht einmal die Forza Italia als große politische Kraft in Italien hatte unter ihrem lustvollen Wanderfürsten die Kraft, sich von dem unhaltbaren Partei- und Regierungschef zu distanzieren. Bis zum Schluss glaubten die Anhänger unverdrossen, mit ihm als Reiseführer auf dem richtigen Weg zu sein, ihm widerspruchslos und uneingeschränkt vertrauen zu können und zu folgen. Das ganze Land gab sich der Lächerlichkeit preis, weil nur eine Umkehr zum Ausgangspunkt verlässlicher demokratischer Ordnungsregeln die krisengeschüttelte Nation wieder in den Reigen ernstzunehmender Demokratien gebracht hätte. Europa wartet bis heute darauf, hoffentlich nicht vergeblich.

Auf einem guten Weg zu sein, in der die Sparbeschlüsse für ein ganzes Land wie Griechenland eine totale Hinwendung zu stringenter Haushaltsführung, höherer Steuermoral und produktiver Leistungsarbeit bedeuten, macht den Weg in seine Zukunft nicht leichter. Ein Land, das nach Belieben Schulden machen konnte und das eigene Maß nicht einhielt, musste scheitern und ging damit den falschen Weg in eine hoffnungsvolle Zukunft. Die verantwortlichen Weggenossen ließen jahrzehntelang die notwendige Stringenz schleifen, verstiegen sich zu maßlosen Ansprüchen und Ausgaben und führten alle beteiligten Wandergruppen in eine scheinbar irreparable Kollabierung. Die staatliche Insolvenz war vorherzusehen und ließ auch nicht lange auf sich warten. Die herbeigeeilten Insolvenzverwalter indessen rühmten sich, den griechischen Staat wieder auf den rechten Pfad zu bringen und ihm notabene Wegerleichterung von außen zu verschaffen. Mitverantwortlich für dieses Desaster waren nicht nur die Griechen selber, sondern auch die Eurokraten in Brüssel, die es versäumt haben, die notwendigen Eintrittsbedingungen für jeden Neuzugang in die Euro-Zone kritisch zu prüfen und notfalls abzulehnen. Sie ließen den Schlendrian geschehen um den politischen Preis der Ansammlung weiterer Mitgliedsstaaten in den

Euro-Raum, koste es die Union, was es wolle. Die Kosten des Scheiterns und des Versagens vieler selbstberufener und erwählter Mitgliedsstaaten werden scheibchenweise dem Steuerzahler präsentiert. Die gesamte Höhe der Hilfsprogramme wird aus politischen Gründen verschwiegen oder verharmlost, um nur keinen Grund für anti-europäische Entrüstungen zu liefern. Zur Kasse werden ohnehin nur diejenigen gebeten, die selbst nicht zu diesem Dilemma beigetragen haben. Der Belastungsbogen der Euro-Kassenhaltung ist zum Bersten gespannt. Niemand weiß, wann er gebricht. Und niemand kann sagen, wo seine Grenze ist. Er schießt Pfeile auf Schuldner wie auf Gläubiger gleichermaßen ab, nur mit dem Unterschied, dass die Schuldner als Empfänger der finanziellen Segnungen ihre Spender noch zusätzlich verteufeln und ihre Gläubiger bluten lassen.

Niemand sieht Licht am Ende des dunklen Tunnels, und viele auf der Habenseite sehen nicht mehr ein, für den jahrzehntelangen Schlendrian auf der Sollseite der Schuldnerländer den zeitlichen Rest ihrer eigenen Schaffens- und Lebenskraft nur für einen Dank einzusetzen, der bis heute ausgeblieben ist. Alle Beteiligten erwarten vor allen Dingen kein Ende der Unterstützungsleistungen und auch keine Besserung der maroden Strukturen in den Empfängerländern. Die Eurohilfen haben den Lebensstandard nirgendwo verbessert und in Deutschland eher den Unmut beflügelt, ein Fass ohne Boden aufgemacht zu haben. Zuweilen wird im Land der Eindruck erweckt, dass unsere Hilfe geradezu aufgedrängt wird und niemand so recht weiß, was mit den Milliardensummen geschehen soll und wohin sie fließen. Hohn und Spott waren die Ernte und alte Verhaltensmuster über die typischen Deutschen wurden wieder offenbart. Wer den finanziellen Schaden hat, brauchte sich jedenfalls international nicht um den Spott zu sorgen.

Dies ist keine Anklage. Aber die Geschichte wiederholt sich auch hier. Wer sich aus der Historie dieses Jahrhunderts selbst als Permanentbüßer outet, darf sich nicht wundern, dass er als (Wiederholungs-)Täter gern missbraucht und daher als solcher erpressbar wird. Ändern tut sich indes nichts. Geld allein macht zwar die Empfänger glücklich, aber ohne Sanktionscharakter verschmiert es nur die Wunden der unheilbar Erkrankten. Wenn die Patienten nicht selbst willens sind, sich helfen zu lassen, um ihr eigenes Siechtum auf Dauer zu überwinden, sind auch der medizinischen Kunst Grenzen gesetzt, die von den selbsternannten Wunderheilern auch nicht überschritten werden können. Mit dem Wunsch nach gemeinsamer europäischer Integration hat das alles wenig zu tun. Die Subsidien können niemals zurückgezahlt werden und werden auch nicht dazu beitragen, die strukturellen Verkrustungen und Versäumnisse, die tief in der Genetik dieser Schuldnernationen wurzeln, allein durch Öffnen der Geldschatullen zahlungskräftiger Nationen zu beheben. Es bedarf eines völligen Umdenkens. Ja, es bedarf einer strengen übereinstimmenden gemeinsamen Handlungsstrategie europaweiten Haushaltsgebarens, wenn wirklich eine funktionierende Stabilitätsgemeinschaft entstehen soll, die darauf Wert legt, dass alle Mitglieder dieser Gemeinschaft ihren produktiven Beitrag leisten. Ein Überleben Europas gelingt nicht durch permanente Alimente an andere Nationen, die sich ihres Rentnerstatus auf Kosten Europas sicher sind. Hier sind wir noch lange nicht auf einem guten Weg. Auch ständige Wiederholungen machen deshalb die Lüge nicht zur Wahrheit. Wer daran glaubt, wird am Ende auch nicht selig, und wer permanent zahlt, bleibt am Ende der Dumme.

Wir bewegen uns auch in Syrien auf keinem guten Weg, wenn tausende von Senfgas-Toten unseren Lebensweg säumen und wir durch Export chemischer Giftstoffe auch noch an dem dortigen Holocaust verdienen. Die Mächtigen streiten sich, rasseln mit dem Säbel und ihre Vasallen gehen in Deckung. Tyrannen werden hofiert statt angeklagt, weil viele Länder sich profitable Geschäfte mit Gegnern und Aufständischen erhoffen. Schließlich geht es um die weitere Produktion von noch gefährlicheren chemischen und auch konventionellen Waffen, die finanziellen Segen in die Unternehmen der Exportländer strömen lassen. Ein ganzes Land, eine ganze Region stehen vor dem Abgrund, und wir äußern unsere Befindlichkeiten, gehen weiter unseren Geschäften nach und lassen uns nicht aufhalten. Vor unseren Augen läuft eine menschliche Katastrophe ab und wir streiten uns in Bund und Ländern, wie viel uns Menschlichkeit kosten darf. Flüchtlingsströme kommen von überall her. Sie stoßen auf Bedingungen, auf die unser Land nicht vorbereitet ist. Was Papst Franziskus als Schande bezeichnet, weckt bei uns allenfalls das Gefühl einer gewissen Mitschuld; aber Menschenköpfe sind offenbar nur dann etwas wert, wenn sie auch Geld einbringen, und eben nicht, wenn sie Geld kosten. Position zu beziehen, heißt sich der Frage zu stellen: Wo stehen wir in dieser Welt und welche Verantwortung sind wir bereit zu tragen? Wenn man allerdings nicht weiß, was man will, und über den einzuschlagenden Weg streitet, dann kann der gleiche Weg unendlich lang werden, ohne dass etwas Konkretes geschieht.

Der gute Weg, den wir in dieser Welt vermeintlich gehen, führt uns auch vorbei an einer seit Jahren bewusst gesteuerten aggressiven Siedlungspolitik Israels, die durch seine imperiale Strategie jede Friedensbemühung im Nahen Osten im Keime erstickt. Wir liefern auch dorthin Waffen in Überfülle und glauben damit ein gutes Werk zu tun, einen Friedensbeitrag zu leisten. Eingedenk der Shoah sind wir für den Rest unserer nationalen Identität dazu verurteilt, alle an uns herangetragenen Bitten und Forderungen stets als moralisch berechtigten Anspruch zu werten und zu erfüllen. Bei Ablehnung wäre unser Verhalten ein Rückfall in unselige Zeiten menschenunwürdiger Verachtung. *Yad Vashem* steckt in uns allen und mahnt uns, immer nur die eine Seite der Medaille zu betrachten. Im Würgegriff dieser Denk- und Geisteshaltung gibt es keinen Spielraum, kein neues diplomatisches Öffnen nach allen Seiten und keinen Freibrief für Alternativen. Der Weg selbst wird dann zum Ziel, und auf diesem Weg gelangen wir nur zu einem Provisorium, das wir dann Status quo nennen. Unrecht bleibt Unrecht. Dies gilt für uns genauso wie für Israel, umso mehr, wenn es von Regierungen begangen wird, die sich weltweit darin gefallen, Mitleid, Trauer und Existenzbedrohungen ausschließlich für sich selbst zu reklamieren, ohne das eigene *respice finem* in Betracht zu ziehen ...

Alle Wege in Europa bedürfen der Ausbesserung, der Schadensbeseitigung und der Erneuerung. Die einen erheben hierfür Maut und die anderen lehnen sie ab. Wer die Wege benutzt, so heißt es, der soll dafür zahlen. Uns gelingt es in Europa nicht einmal, die kleinen Nationalismen zu überwinden. Um wie viel schwerer wiegt es, eine gemeinsame europäische Linie zu finden, die die großen Nationalismen beherrscht. Europa ist weit davon entfernt, ein Raum zu sein, bei dem die eingeschlagenen Wege ungehindert begangen werden können. Einbußen, Ressentiments oder Benachteiligungen erschweren das Fortkommen und zementieren die Barrieren.

Europa besteht nicht nur aus einem Straßennetz, bei dem sich nationale Grenzposten die Durchfahrt bezahlen lassen. Europa hat seit Bestehen der Nationalstaaten nur wenig hinzugelernt und die politische Union ist noch Lichtjahre von ihrer Realisierung entfernt. Erfahrungswert und Nutzen tendieren gegen null. Gemeinsames Kapital dient nur der Befriedung nationaler Interessen. Die Treffen der Regierungschefs ergehen sich in Absichtserklärungen und sind weit davon entfernt, auf dem erhofften guten Weg einen Schritt weiterzukommen. Da werden hochproduktive Nationen mit einer dominanten Wirtschaftskraft in Europa am Nasenring kleiner Partner vorgeführt und diese bestimmen, wo es in Zukunft langgeht. Der Weg durch Europa ist ein sehr schwieriger Weg und wird niemals zum Ziel führen. Seine Benutzer leben von der festen Überzeugung, dass der Weg selbst das Ziel ist. Das Ziel selbst aber bleibt unerreichbar. Denn wenn es immer nur ums Geld geht, dann wissen alle Weggenossen, an wen sie sich zu wenden haben. Schließlich ist die Pilgerschaft durch Europa immer nur so schnell, wie es der Langsamste vorgibt. Und dieser muss erst noch lernen, wohin die Reise gehen soll.

Wenden wir den Blick über Europa hinaus und suchen dort nach dem richtigen Weg. Neue Wirtschaftsmächte werfen ihre Schatten auf Europa voraus und schicken sich an, die wirtschaftlichen Verhältnisse in der Welt zu verändern. China, Russland, Indien und Brasilien beginnen, uns das Fürchten zu lehren. Ihr Wirtschaftswachstum ist zweistellig und es übertrumpft damit die Wachstumsdynamik der meisten Länder im alten Europa.

Die soziale Sicherung unproduktiver Vollzeitarbeitsplätze lässt unser Wirtschaftspotential immer schwächer werden. Die notwendige Dynamik bleibt aus und investive Spielräume werden immer enger. Wir kümmern uns mehr um unsere wirtschaftlichen Prothesen als um unsere läuferischen Qualitäten. Altersversorgung, Sozialversicherungen, Rentenerhöhung, Garantien aller Art bestimmen unseren Alltag und sorgen für die prozessuale Entschleunigung unseres Lebens. Das situative Lebensgefühl gibt den Takt für Politik und Wirtschaft an. Eine Gestaltung der Märkte von morgen, notwendige Analysen und Synthesen finden kaum noch statt und die Bestandsfortschreibung einmal erworbener Privilegien hat Vorrang. Die reifen und die überreifen Volkswirtschaften der alten Wirtschaftsnationen in Europa haben es versäumt, Anschluss zu halten an das, was in Asien und Südamerika geschieht. Wir konzentrieren uns auf Märkte, deren koloniale und hegemoniale Ausbeutung unser wirtschaftliches Überleben sichert, nur weil die Lohnleistungen meist im asiatischen Raum für die dort Beschäftigten auf einem Niveau liegen, das die Gewinne im Inland noch sprudeln lässt. Ethische Vorgaben bleiben auf der Strecke und die Menschenwürde wird an den Nähmaschinen, in den Steinbrüchen oder in den Bergwerken der Welt mit Füßen getreten. Eines Tages dreht sich der Spieß um und wir müssen aufpassen, nicht selbst zum Spielball ehemals ausgebeuteter Entwicklungsländer zu werden. Viele glauben auch heute noch, unser Know-how habe einen so hohen Vorsprung, dass er ausreicht, ein sozial-kritisches Szenario erst gar nicht entstehen zu lassen. Niemand kann in die Zukunft schauen. Aber es wird auch niemand bestreiten können, dass jede Scheckausstellung auf unsere Zukunft und unser komfortables Leben nicht ewig gedeckt sein wird und sich der Auszahlung des Gegenwertes erfreut. Vielleicht werden wir eines Tages selbst auf hilfreiche Samariterdienste angewiesen sein, wenn uns die Füße versagen. Vielleicht werden wir dann auch dankbar sein, wenn andere uns mit Menschenwürde und Gerechtigkeit begegnen und uns nicht fallen lassen, auch wenn wir hierzu jahrhundertelang Anlass gegeben haben. Gravierende Versäumnisse in Bildung und Ausbildung, in Forschung und Technik erschweren den Weg in Richtung immerwährenden Wohlstands und Fortschritts. Die Sieger von morgen sind die Leistungsträger von heute und die Bildungshungrigen von gestern. Viele Länder wie China, Indien und auch Israel haben eine enorme Aufholjagd begonnen, um Anschluss an die Weltentwicklung zu halten. Sie haben einen Jugendanteil unter 24 Jahren mit über 60 Prozent an der Gesamtbevölkerung. Ihre Ressourcen gehen in die Bildung ihrer Jugend und den technischen Fortschritt. Vergleiche mit den Bildungsetats unserer Länderhaushalte lassen Böses ahnen. Sie be- und verhindern mehr, als dass sie beflügeln. Ihr Stellenwert entspricht nicht dem notwendigen investiven Niveau einer führenden Industrienation und negiert zudem unseren dramatischen demographischen Absturz.

In Deutschland hat man andere Probleme. Kinderlosigkeit wird goutiert und das Ehegattensplitting bei der Einkommensbesteuerung für gleichgeschlechtliche Paare als Hommage an den liberalen Zeitgeist von allen

Parlamentariern gefeiert. Prioritäten werden falsch gesetzt. Familie gilt als etwas Antiquiertes. Menschliche Wertvorstellungen werden auf Bahnsteigen mit Füßen getreten oder von den falschen Propheten zur falschen Zeit und an falschen Orten verkündet. Es ist sicherlich auch in anderen Ländern nicht alles Gold, was glänzt. Aber die Zeitströmungen werden anders gedeutet und sie beschleunigen deren Aufholungsprozesse. Wer morgen auch im gewohnten Wohlstand leben möchte – und dies ist der Auftrag unserer Generation an unsere Kinder – muss eindeutige Signale für eine gelingende Zukunft setzen und rechtzeitig die richtigen Weichen stellen. Flüchtlingsströme aus Afrika zeigen auf, wo sie ihr Heil erhoffen und dafür ihr Leben riskieren. Wir hingegen scheuen uns nicht, vor laufender Kamera die Abschottung unserer Grenzen mit der Übereinstimmung gültigen EU-Rechts zu begründen. Unsere Sorge gilt nicht fremden Menschen, sondern vielmehr der Angst, durch angekaufte Steuer-CDs unser wahres Gesicht zeigen zu müssen und im Falle der Entdeckung möglichst straffrei und ohne Reputationsverlust weiterleben zu können.

Auf einem wirklich guten Weg zu sein, setzen Weitsicht und Menschlichkeit voraus. Diese fehlen auf der gesamten Wegstrecke. Auf allen Gebieten menschlichen Zusammenseins suchen wir vergeblich nach ihnen. Erderwärmung, Klimawandel, CO^2-Ausstoß, Abschottung der Märkte, Ausbeutung der Entwicklungsländer sind nur einige der permanenten Gefahren, die hinter jeder Kurve lauern. Und wir wissen nie, wie es weitergeht und was auf uns zukommt. Es gibt Unfälle, die irreparable Schäden verursachen, und solche, die uns für einen Heilungsprozess um Jahre zurückwerfen. Der deutsche Weg ist eine gefahrvolle Gratwanderung. Das eine zu tun und das andere nicht zu lassen, mag diplomatisch kurzfristig von Vorteil sein. Aber es hilft nicht, klare Position zu beziehen und allen Mitwanderern deutlich zu machen, wohin die Reise gehen soll. Die meisten derjenigen, die sich zu selbsternannten Kennern des vermeintlich guten Weges nach vorne gestürmt haben, sind eher Blender. Verlässliche und verantwortungsbewusste Wanderführer mit einer Bereitschaft zur Umkehr falsch eingeschlagener Wege gibt es nicht mehr. Sie haben sich zurückgezogen, weil ihre Ratschläge von denen missachtet wurden, die es immer besser wussten. Die Vielfalt der auf der Wanderschaft sich befindenden Völkergemeinschaften gibt Raum für alle: Faule und Fleißige, Lahme und

Schnelle, Genießer und Verbohrte, Fachkundige und Unbedarfte. Allen ist gemeinsam, dass sie mit ihren bescheidenen Potentialen auf dem Weg durch ihre Zeit sind. Wie sie diese ausfüllen und was sie aus ihr machen, bleibt jedem Einzelnen selbst überlassen.

Wir alle sind gefordert, nach Maßgabe unserer Talente in Bewegung zu bleiben. Der Auftrag an uns selbst heißt, wachsam zu sein. Wenn uns also jemand im Fernsehen oder sonst wo erzählt, auf einem guten Weg zu sein, sollten wir Distanz wahren und Fragen stellen. Fragen nach der Wahrheit der Verkündigung und ihrer Auswirkung auf das Leben. Dann wird es uns möglich sein, zwischen Versprechungen und Wirklichkeit, zwischen berechtigter Hoffnung und angstmachendem Glauben zu differenzieren. Und dann erst finden wir sicheres Geleit durch die Unbilden unserer Zeit.

Das große Fressen

In einem Gespräch mit einem jungen Physiker, der sich ein Zubrot als Immobilienmakler in Berlin verdient, beklagte dieser die Maklerpraktiken, die sich gegenwärtig in der Bundeshauptstadt abspielen, mit den Worten: Gier frisst Hirn.

Das Maklerunwesen sei in Berlin nicht mehr mit normal-menschlichen Maßstäben nachvollziehbar. Interessante Wohnobjekte würden – auch ohne Auftrag – gleich von mehreren Maklern beworben. Wer zuerst kommt, malt zuerst, ganz gleich, ob er einen Exklusivauftrag hat oder nicht. Die gierigen Geier stehen Schlange und wissen oft gar nicht, um welches Wohnobjekt es sich überhaupt handelt, wem es gehört, wer darin wohnt und welche notwendigen Details für den potentiellen Käufer noch interessant sein können. Sie tappen im Dunkeln und erhoffen sich eine Kaufanbahnung, die für den Eigentümer von Interesse sein könnte. Wer den Käufer zuerst zum Notar abschleppt, der hat das Windhundrennen gewonnen.

Auf Anfrage wurde mitgeteilt, dass das üblich in Berlin sei und der Berufsstand des Immobilienmaklers, der ohnehin eher am unteren Rand der Wertschätzung aller Berufsstände rangiert, dadurch zwar leide, aber der Zweck heilige auch in Berlin die Mittel. Hinzu kommt für den Käufer die Doppelbelastung, da er die zweifache Provision, also auch die des Verkäufers zu tragen hat, was bei einer seriösen Kaufabwicklung eher unüblich ist. Zudem nimmt der Vermittler auch gerne sonstige Zuwendungen entgegen, wenn es sich um eine Immobilie handelt, die sich einer besonderen Nachfrage erfreut. Die finanziellen Zuwendungen genießen aufgrund der nach oben hin offenen Zuwendungsskala keine Beschränkung. Niemand muss sich rechtfertigen in diesem Geschäft, den Boden moralischer Berufsauffassung längst verlassen zu haben. So schnell, wie die Haie beim Ortstermin aus dem Bassin auftauchen, so schnell verschwinden sie wieder, wenn sie Gefahr wittern oder fürchten müssen, von anderen Mitgliedern ihres Berufsstandes auf ihr Berufsethos angesprochen zu werden. Da das unkontrollierte und zum Teil in Wildwest-Manier agierende Vermittlungswesen für dolose Handlungen nicht strafrechtlich belangt wird oder bei Vergehen nur mit geringen Strafen zu rechnen ist – wie bei allen anderen Finanzvermittlern auch – bewegt sich die Branche oftmals am Rande der Legalität. Dies schließt nicht aus, dass seriöse Makler unter dieser Rufschädigung aktiver Mitbewerber leiden und kaum etwas gegen derartige kriminelle Machenschaften unternehmen können. Das ist nicht nur in Berlin ein Phänomen, sondern auch in München, auf Mallorca und anderswo. Das Hirn hat Ruh, wenn die Gelduhr rattert.

Der junge Makler beklagte diesen Umstand und bekannte, sich in diesem beruflichen Umfeld auf Dauer nicht wohlfühlen zu können. Er wolle sein Leben nicht einer Jagd opfern, bei der es nur darauf ankommt, so viel Wild zu erlegen, wie die Waffe hergibt. Aus dieser Erkenntnis heraus sucht er nach neuen Herausforderungen, in denen die ungezügelte Gier umschlägt in eine eher kontrollierbare und gebremste Lebensführung, die dem eigenen Hirn und Verstand wieder jenen Raum zuweist, der für ein sinnvolleres Dasein die Voraussetzungen schafft. Dies glaubt der junge Makler dadurch zurückzugewinnen, dass er sich für eine Art „grüne" Unternehmensberatung entscheiden will. Diese versteht er nicht in parteipolitischem Sinne, sondern darin, dem menschlichen Faktor und damit dem gezügelten Tempo nach schnellem Geld den Vorrang zu geben. Wer das Geld zum Inhalt seines Lebens und damit seines Umsatzzieles macht und nicht den Menschen in der Befriedung seiner Probleme fokussiert, der hat die falschen Weichen gestellt, so der junge Wohnungsvermittler. Nur umgekehrt wird wirtschaftlicher Erfolg eingefahren, wenn die Lösung des Kundenproblems zum Inhalt der eigenen Aufgabenstellung wird. Dann braucht der Vermittler sich um Umsatz und Verkaufserfolg keine Sorgen zu machen. Diese Einsicht ist für einen Berufsanfänger umso erstaunlicher, als genau das Gegenteil meist die bestimmende Triebkraft aller beruflichen Aktivitäten ist und in der Vergangenheit war. Das aus dieser Erkenntnis abgeleitete und weitverbreitete Fehlmanagement im Bereich des Personals, der Produktion und des Vertriebs beschert der Wirtschaft bekanntermaßen schmerzliche Reibungsverluste und damit hohe Einbußen im Unternehmensgewinn.

Durch eigene Beratung anderen zu helfen und daraus die Berechtigung abzuleiten, eigene Gewinne, Provisionen oder finanzielle Zuwendungen zu generieren, ist sicherlich ein probater Weg, „gierig" zu werden. Natürlich ist das ein steiniger Aufstieg und nicht immer mit raschem Erfolg verbunden. In der bisherigen Profession des jungen Maklers waren alle Beteiligten von dem großen Fressen beseelt: Der Verkäufer wollte marktwidrige Preise durchdrücken und möglichst viel abschöpfen, der Makler profitierte von dessen Sucht nach maximaler Preisausbeute und war damit Teil der Gier, während der Käufer danach gierte, möglichst ein bezahlbares Schnäppchen zu bekommen, so dass alle in ihrer Gier Befriedigung fanden. Märkte entwickeln sich nur in dem Tempo, wie es die Beteiligten zulassen. Ein gieriger Markt entwickelt sich deshalb gierig, weil die Marktteilnehmer es so wollen und kein Maß kennen. Die Finanzmärkte können eine noch viel schlimmere Hymne auf diese Exzesse zum Thema großes Fressen intonieren und viele andere Märkte weltweit beginnen, sich in dieselbe Richtung zu entwickeln.

Vielleicht ist die Rückbesinnung des jungen Maklers nichts anderes als ein Fingerzeig in unserer Zeit, der Gier Einhalt zu gebieten und das sich epidemisch verbreitende Fehlverhalten und Fehlmanagement wieder in jene Grenzen zu bannen, die ein lebensbejahendes Miteinander ermöglichen. Wenn die Jugend schon spürt, dass das große Fressen nicht alles ist, dann sollten die Alten sich darüber Gedanken machen, was sie in ihrem Leben falsch gemacht haben. Geben wir der Umkehr eine Chance und stellen das Fressen ein, wenn wir satt geworden sind.
Aber das große Fressen geht weiter, unaufhaltsam, und beflügelt unseren Zeitgeist. Sucht frisst Seele oder Prunksucht frisst Seelsorger. Die Kirche und insbesondere die katholische Kirche in Deutschland ist eifrig bemüht, jeden Bonus zu verspielen, den die Gläubigen noch bereit sind, ihr zuzugestehen. Hoffnungsvolles und segensreiches Wirken ist etwas anderes. Handwerker und Arbeiter im Weinberg Gottes müssten eigentlich verzweifeln, wenn sie am Ende erleben müssen, wie rasch ihre Arbeit nutz- und fruchtlos wird, weil einige Vorarbeiter sich nicht beherrschen können. Sie leben ein Leben vor, das von ihrem eigenen Arbeitgeber verabscheut wird, und viele fragen sich, wie weit sich die Kirche von dem entfernt hat, was man von ihren Meistern, Vorarbeitern und Arbeitern erwartet, nämlich Demut und Bescheidenheit – oder anders formuliert: dienen und teilen.

Wir alle fühlen uns inzwischen als Missbrauchsopfer der Kirche, ohne dass persönlich Hand an uns gelegt wurde. Die hörbare Welle des Aufschreis vieler bis heute traumatisierter Opfer sexueller Übergriffe von Geistlichen aller Provenienz ist kaum verebbt, und schon setzt sich der Missbrauch in anderer Form fort. Spender, Kirchensteuerzahler, Erblasser, die in gutem Glauben der fürsorgenden und armen Kirche ihr Erspartes, spürbare Anteile ihrer monatlichen Einkommensteuerbelastung und zuweilen große Teile ihres Vermögens überlassen, müssen sich nach den Ereignissen um das Bistum Limburg die Frage stellen: Was macht die Kirche mit ihrem Milliardenvermögen? Wem ist sie hierüber Rechenschaft schuldig und wer greift in ihre Kassen? Das Ablassgeld hat in seiner Funktion als Freikauf von irdischer Sündhaftigkeit nichts eingebüßt. Heute wird es nur in anderer Form eingezogen.

Die kleinen Pfarrer kämpfen vor Ort ums Überleben und betteln sich Spenden herbei, um die dringendsten Renovierungen und sonstigen Aufgaben finanzieren zu können. Die Oberpriester hingegen setzen *par ordre du mufti* die von ihnen für richtig gehaltenen Prioritäten und lassen die brüderlichen Bittsteller leer ausgehen. Das ist der eigentliche Skandal. Die Gläubigen und Kirchenmitglieder finanzieren einen personalen Anspruch, dessen Maß und Berechtigung sie faktisch nicht beeinflussen können. Die Geldströme fließen in Kanäle, von deren Sammelbecken letztlich nur die Oberhirten profitieren. Es ist fast ein mittelalterliches Prunkverhalten. Trotz der monatlichen Spitzenbesoldung eines Bischofs in der Höhe des Gehaltes eines Staatssekretärs werden seinem persönlichen Umfeld dienende Annehmlichkeiten nicht von ihm selbst, sondern von allen Mitbrüdern und -schwestern im Herrn bezahlt, und der geistige Atem eines möglichen Unrechtsbewusstseins strömt nicht aus seinen Lungen. Wie weit dürfen sich Kirchenführer und Dienerschaft von ihrer Lebensführung entfernen, um noch den Hauch einer christlichen Verbundenheit spüren zu lassen? Die Sucht nach Selbstgerechtigkeit und Selbstgefälligkeit, nach Selbstzelebration und Selbstherrlichkeit sind genau die von Christus und seinem gegenwärtigen Stellvertreter befürchteten epidemischen Krankheiten, die unsere Kirche heimgesucht haben und von der sie genesen muss. Das Bistum von Limburg ist kein Einzelfall. Das kirchenfürstliche Prunkverhalten gibt es auch andernorts. Wer hier den Stab über Berufskollegen bricht, sollte sich selbst fragen, ob in seinem Beritt alles in Ordnung ist. Wenn Ornatsträger in der Kirche ihre Fahrten in teuren Luxuslimousinen mit Fahrer und Beifahrer als die angemessene Antwort auf den Esel verstehen, der die heilige Familie nach Bethlehem trug, dann können wir ermessen, mit welchen Problemen sich die Kirche in der heutigen Zeit beschäftigt. Es geht ihr nicht um die Seelsorge ihrer Gläubigen. Davon ist sie Lichtjahre entfernt. Es geht ihr um die Sorge um das eigene Wohl, die eigene Karriere und die persönliche Selbstinszenierung sowie um eine Exegese, die nur das eigene Lebensglück goutiert. In diesem Zustand lässt es sich vortrefflich auch ohne Frauen auskommen. Diese verblassen nur als Werkzeug bequemer Lebensumstände, ob in Ordenstracht oder in Zivilkleidung.

Ein First-Class-Flug mit Begleitung zu den Slums von Indien symbolisiert das Beschriebene. Nicht nur der Komfort in den hochpreisigen Reiseklassen, sondern auch das laute Denken, dass eben nur ein ausgeruhter Fluggast sich wirklich mit dem Elend der Welt auseinandersetzen könne, unterstreicht die Ferne vom eigentlichen Auftrag der Kirche und unseres Christentums.

Die römische Kirche muss sich neu definieren, wenn sie den erlittenen Glaubwürdigkeitsverlust durch dieses Verhalten wieder wettmachen will. Der neue Papst weiß um diese Defizite und sein Pontifikat wird sich daran messen lassen müssen, wie ernst er es mit der Umkehr der Gemeinde Jesu Christi meint. Die Bauleute haben viele Steine verworfen. Sie lebten in dem Glauben, dass sie keine Ecksteine benötigten. Vielleicht lernen sie wieder, dass jeder Stein, der verworfen wurde, zum Eckstein für die Kirche werden kann, wenn sie dessen Bedeutung richtig einschätzen.
Der Missbrauch im und am Hause Gottes nimmt kein Ende. Er erscheint mal im Missbrauch der Sakramente, mal im persönlichen Suchtverhalten. Je prunkvoller die öffentlichen Auftritte sind, umso notwendiger erscheint die Rückkehr zur Bescheidenheit und Buße. Die Mitra-Clique muss sich fragen lassen, was ihr wirklich noch heilig ist. Wenn der Weg schon in die falsche Richtung führt und das Leben selbst in Fülle genossen wird, sollte wenigstens die Wahrheit zu ihrem Recht kommen. *Sum via veritas et vita.* Ich bin der Weg, die Wahrheit und das Leben. Das war die Botschaft Christi an uns alle. Wer an mich glaubt, wird leben in Ewigkeit. Was ist aus dieser Botschaft geworden? Nicht einmal die Wahrheit hat ihren Platz behaupten können. Man könnte meinen, die heutige Botschaft müsste

lauten: *Sumus animus nostris temporis.* Wir sind der Geist unserer Zeit, und damit selbst das Maß aller Dinge. Wer an uns nicht glaubt, ist zur ewigen Verdammnis verurteilt und nicht mehr für Gott zu retten. Christus hat sich von den Armen und Sündern einladen lassen und dort Herberge gesucht. Er hat sie dort gefunden und mit ihnen das Mahl geteilt. Je prächtiger die palastartigen Herbergen, ob in Rom, Limburg oder München, je schmückender das Ornat und je prunksüchtiger der Lebensstil ist, umso weniger ist Gott dort heimisch und fühlt sich dort zu Hause. Wenn selbst sehr wohlhabende Mitbürger, die sich jeden Wunsch erfüllen könnten, sich gegenüber Familie, Mitarbeitern und Öffentlichkeit Zurückhaltung auferlegen, obwohl sie durch ihr Vermögen, durch ihren Fleiß und Erfolg einen großzügigeren Lebensstil pflegen könnten, wundert es umso mehr, wenn es gerade Kirchenfürsten sind, die sich Letzteren zu eigen machen.

Das große Fressen hat bisher nicht zur sonderlichen Übellaunigkeit oder Übelkeit geführt. Es wäre gut, wenn sich die Essensteilnehmer am Tisch des Herrn in Zukunft wieder auf Diät setzten. Dies täte der Kirche gut und wäre zudem der persönlichen Gesundheit vieler an Übergewicht leidender Mitarbeiter zuträglich. Angesichts der sprudelnden Einnahmequellen, die gerade bei wachsender Wirtschaft nicht unerheblich mitwachsen, fällt allerdings eine selbst auferlegte Essensbeschränkung verständlicherweise schwer.

Aber auch umgekehrt passiert es, dass die Kirche selbst zum Missbrauchsopfer wird. Enthüllungsjournalisten stillen ihre Sensationslust, indem sie das Maß jeder sorgfältigen Recherche überschreiten. Sie lauern und lungern an jeder Schnittstelle zwischen Information und Sensation, um allen anderen Nachrichtenhaien eine Nasenlänge voraus zu sein. Selbst der Vatikan ist vor Angriffen dieser Art nicht gefeit. Sensationsgier frisst alles, auch die Menschenwürde, die Privatsphäre und den Restanstand eines noch verbliebenen Berufsethos.

Das große Fressen erfasst auch andere Lebensbereiche, wie die Ehen und die Familien. Was vor Gott gebunden ist, wird von den Partnern rasch gelöst. Nichts hat Bestand und schon gar nicht vor dem, der am wenigsten Bedeutung hat im Leben der Zeitreisenden. Beruf, Urlaub, Hobbys und

Vergnügungen aller Art bieten Verlockungen, die jede dauerhafte Bindung torpedieren. Der Egoismus frisst ethische und christliche Werte auf und entlässt die Moral in die Einsamkeit. Was einmal in der gemeinsamen Liebe gipfelte, sollte sich in der Vergebung gegenüber dem Partner vollenden. Treue fällt indes schwer und jeder fühlt sich in seiner Unwiderstehlichkeit bestätigt. Der Treulose spürt seinen Irrtum nicht. Sein Schicksal ist nun mit einem anderen Partner fest verbunden und soll in ein neues Lebensglück münden. Trennung aber ist wie ein Konkurs. Die Partner stehen vor den Trümmern ihrer Gemeinsamkeiten und ihre Erinnerungen werden der Insolvenzmasse der Vergesslichkeit zugeführt. Als Verwalter bieten sich Profiteure an, die sich rasch in Position bringen. Ihre Wirkungskräfte sind meist kurzlebig und auf den eigenen Vorteil bedacht. Der Neuanfang ist mühselig und endet oft schon, bevor er begonnen hat. Der unbeirrbare Glaube an ein neues Lebensglück heiligt indes jedes Mittel. Auf gemeinsame Kinder wird oftmals verzichtet oder ebenso wenig Rücksicht genommen wie auf den Seelenzustand des zurückgebliebenen Partners. Das Schuldbewusstsein tendiert gegen null, weil die kostbare Lebenszeit nicht vertan werden darf. Es warten neue Eindrücke und Glücksmomente, die nicht belastet werden dürfen, weil nur der Zweck die Mittel heiligt. Schließlich geht es immer um das eigene Lebensglück. Es ist nicht alleine die Gier nach neuer erfrischender Sexualität, die einer anderen Partnerschaft neuen Raum gibt. Es ist auch die Gier nach Verwirklichung des egozentrierten Lebenswahns, alles erleben und haben zu wollen, und wenn es geht, am Besten im Hier und Heute. Viele Schlager besingen diesen Durst nach einer Droge, die dem Spaß und dem Vergnügen alles opfert. Am Ende aber stehen inhaltliche Leere und seelische Einsamkeit. Mit erfüllter Liebe hat das alles nichts zu tun, bestenfalls mit Sympathie auf Zeit. Sie läuft mitunter schnell Gefahr, ihre Tragfähigkeit zu verlieren, wenn es um neue Abenteuer geht. Die Bindungskraft ist eine sehr vergängliche Zeitgenossin. Sie ist nur dort von Dauer, wo auch selbstlose Liebe, Verständnis und Hingabe zu Hause sind. Die Zuneigungen wechseln einander ab, so wie es die Mode vorgibt, und enden im seelischen Schlussverkauf eigener moralischer Wertvorstellungen. Was gestern schick war, wird heute ausgemustert, und die neue Mode von morgen ausprobiert. Rücksichtnahmen gehen über Bord, solange der Spaß regiert. Das Individuum selbst wird zum Maß aller Dinge und lotet die Belastbarkeit seiner Umgebung aus.

Alles wird infrage gestellt, wenn es um die Verfolgung eigener Wünsche und Interessen geht. Egomanie frisst Seele. Die penetrierende Sucht nach dem Ich ohne das Du und nicht die Suche nach dem Du, auch das Ich zu finden, führt letztlich zu einer Geisterfahrt, die nur in den Schrecknissen des Lebens enden kann. Sie endet nicht selten in Verzweiflung und Chaos. Der Grund liegt auf der Hand. Solange die Wahrheit nicht zur Basis einer neuen Verbindung wird, solange gibt es auch kein Fundament für ein dauerhaftes neues Glück. Dann verblasst der neue Stern am Himmel rosaroter Erwartungen schneller, als der neue Tag begonnen hat. Der Alltag kann nur gelingen, wenn die Realität sich auf die Stabilität des neuen und gemeinsamen Fundaments gründet, nämlich die Wahrheit, die Offenheit und Ehrlichkeit. Gründet diese indes nur auf hohle Worte, oberflächliche Zärtlichkeiten und die erotische Gunst des Augenblicks, so verliert sie an Boden und Tragkraft. Der eigene Egoismus sorgt dann dafür, dass der Andere ausgegrenzt wird. Er entzieht im Gefüge sich liebender Partner die gegenseitige Bindungskraft. Dies gilt für jede Partnerschaft, sowohl für die, die keinen Bestand mehr hat, als auch für die, von der sich die Partner neuen Bestand erhoffen. Letztlich kennt die Sucht nach Spiel, Spaß und Spannung nur Verlierer, auch wenn sich die Bespaßten kurzzeitig als Gewinner wähnen. Wenn die Erkenntnis reift, dass es weniger um Selbstsucht als um Selbstlosigkeit, weniger um Oberflächlichkeit als um Tiefgründigkeit und weniger um rasches Vergnügen als um Verantwortung und Geborgenheit geht, dann gehören Liebende zueinander, auch in einer neuen Verbindung.

Der Ungeist, der uns beherrscht, ist der zerstörerische Zeitgeist, der alles infrage stellt, der alles machbar erscheinen lässt und dem wir uns hilflos unterwerfen.

Was einmal in einer Ehe und in einer Familie Wert hatte und prägend war für Kinder, Jugendliche und Erwachsene, wird durch Partnertausch oder -wechsel bedeutungslos und das Ergebnis oft dem Staat zur Müllentsorgung angedient. Der Staat als Leviathan in seiner scheinbar unbegrenzten Machtfülle trägt schuld an diesem ethischen Erdrutsch, weil er seine Bürger selbst ermuntert, die Unbegrenztheit seiner Ansprüche auszuloten, und ihnen dabei behilflich ist, Kasse zu machen und offene Rechnungen nicht zu bezahlen.

Aber das Fressen und das Gefressen werden gehen schicksalhaft weiter. Unser ganzes gesellschaftliches Leben und unser wirtschaftliches Dasein werden von diesem Zeitgeist beherrscht. Es ist keine konjunkturelle, keine zeitbefristete Erscheinung, sondern eine dem Wesen des Menschen strukturell immanente Typik, die mit der Menschheitsgeschichte angefangen und sich bis zur gegenwärtigen Exzessivität weiterentwickelt hat. Die Geschichte ist voll vom tödlichen Fressen und bis heute haben wir nicht gelernt, aufzuhören, wenn wir satt geworden sind. Tausende von Jahren sind vergangen, ohne dass die Menschen begriffen haben, dem täglichen Fressen ein Ende zu setzen, wenn die Mägen gefüllt sind. Und je aufgeklärter wir uns wähnen, umso subtiler wird das Fressen. Jeder von uns spürt es am eigenen Leib. Inflation frisst Reallohnzuwächse, Steuern fressen Wachstum. Kosten fressen Investition und Vollbeschäftigung. Alleine der Schwund von realer Kaufkraft in den Lohntüten und Gehaltsabrechnungen durch Inflation ist Raubbau an den produktiven Arbeitsleistungen der Werktätigen und Beschäftigten.

Der Streit der Tarifpartner dient in erster Linie dem Zweck, der Öffentlichkeit gegenüber deutlich zu machen, dass die Verhandlungsparteien redlich bemüht sind, das Beste für ihre Mitglieder herauszuholen. Schließlich werden sie von ihren hohen Verbandsbeiträgen fürstlich besoldet. In Wirklichkeit geht es aber um viel mehr. Es geht um die Etikettierung eines Ergebnisses, mit dem die Vertretenen vermeintlich gut leben können, auch wenn sie am Ende der neuen Vertragslaufzeit weniger erreicht haben, als ihnen einkommensmäßig zustünde. Solange aber keine spürbaren realen Einkommenszuwächse ausgehandelt werden, solange handelt es sich um Scheingefechte und Schauveranstaltungen. Die Folge dieser selbstdarstellenden Verhandlungsorgien ist oft genug, dass der Lebensstandard der betroffenen Mitglieder nicht steigt, sondern sinkt, weil ihnen am Ende in der Kasse weniger verbleibt als vorher.

In einem Bitburger-Restaurant war es deutlich nachzulesen. Die angepriesene Speise hatte auf der Speisekarte noch die DM-Auszeichnung von 5,80 DM. Der Wirt hatte sich nach zwölf Jahren Euro-Desaster nicht einmal die Mühe gemacht, dem Gast neue Karten zu präsentieren. Er hatte einfach die Währungseinheit DM durchgestrichen und sie durch die neue Einheit Euro ersetzt. Den Betrag strich er ebenfalls nur durch, und aus den 5,80 DM wurde nun der Betrag von 7,40 Euro. In Zahlen ausgedrückt, ist es dem Wirt gelungen, den Preis für sein Angebot in der abgelaufenen Zeit um mehr als 250 Prozent zu steigern. Umgelegt auf die Dauer des seligen Euros ist dies eine jährliche Preissteigerungsrate von über 20 Prozent. Die Realeinkommen vieler Kunden hingegen sind im gleichen Zeitraum nahezu konstant geblieben und nicht in gleichem Maße mitgewachsen. Will heißen, die Einkommen der abhängig Beschäftigten sind faktisch um die Erhöhung der Preise geschrumpft, während sich die Realeinkommenssituation selbständiger Unternehmer und Politiker spürbar verbessert hat. Sie haben ihre Preisüberwälzungsspielräume gegenüber ihren Kunden genutzt bzw. ihre Selbstversorgungsmöglichkeiten parlamentarisch ausgeschöpft und von der neuen Währung profitiert.

Die Inflation frisst am Ende die Vermögenssubstanz. Sie ist schlussendlich Raubbau an den realen Leistungsergebnissen der Berufstätigen und mindert ihre Lebensqualität und ihren Wohlstand, und damit die Wohlfahrt der gesamten Bevölkerung. Verstärkt wird diese unsoziale Grundstruktur durch die sogenannte kalte Progression, die nichts anderes ist als der Verstärker zur Verhinderung einer verdienten und erarbeiteten Kaufkraftverbesserung. Durch die nominalen Einkommenssteigerungen partizipiert der Staat an den durch sie bedingten höheren Steuerzahlungen. In seine Kassen fließt das Geld, das den Bürgern durch die vermeintlich höheren Einkommen zusätzlich abverlangt wird. Sie sind also doppelt benachteiligt.

Das Ende dieser ungerechten Entwicklung ist für uns alle ablesbar. Die Menschen sind nicht mehr in der Lage, die sozialen Kosten zu stemmen, die für ein sorgenfreies Dasein in diesem Lande zu bezahlen sind. Pflege-, Kranken- und Rentenversicherung fressen einen halbwegs menschenwürdigen Ruhestand auf. Für ergänzende Eigenvorsorge bleibt kein Geld, weil die Ministerialen so erfinderisch sind, dass dem „Ottonormalverbraucher" alles auf kaltem oder heißem Weg entzogen wird. Damit aber schießt sich der Staat ins eigene Knie. Er muss für die jahrzehntelangen Versäumnisse am Ende selbst die Zeche bezahlen, die er bestellt und konsumiert hat. Die meisten von uns werden durch diese verfehlte Sozialpolitik *nolens volens* zu Bittstellern staatlicher Subsidien. Die öffentliche Hand kann sich den berechtigten Forderungen nicht mehr entziehen, wenn sie nicht den sozialen Frieden gefährden und aufs Spiel setzen will. Wenn die „Tafeln" in den Städten inzwischen zu Volkskantinen mutieren, dann wird auch dem letzten Politiker einleuchten, dass in dieser Republik etwas nicht in Ordnung ist. Nur schade, dass die politisch Verantwortlichen dann nicht mehr in der Schusslinie stehen.

Alle Parteien reden von Solidarität und sozialer Gerechtigkeit. Sie hoffen, mit diesen Plattitüden bei ihrer Klientel zu punkten, und diese merkt wiederum nicht, dass sie hintergangen wurde. Denn bei jeder kleinsten Infragestellung ihrer Versprechungen und Parolen finden die Ämterbesessenen genügend Ausreden, sich von jedem Verdacht unredlicher Machenschaften reinzuwaschen. Politische Macht hat in den vergangenen Jahrzehnten und Jahrhunderten jedes Maß und vieles an Menschlichkeit verloren. Das ist auch unter den gegenwärtigen Auspizien nicht viel anders.

Es wäre ein wichtiger Schritt in Richtung der verlorenen Glaubwürdigkeit der gegenwärtigen Machthaber, wenn sie sich bei ihren Entscheidungen stets die Frage stellten: Ist das, was wir verantworten müssen, ein richtiger Schritt zur Verbesserung der Lebenssituation unserer Mitmenschen, zu mehr Solidarität mit ihnen, und ein Beitrag zu weniger Korruption und mehr Gerechtigkeit für alle? Der Katalog einer ethisch unterlegten Amtsführung unserer zahlreichen Parlamente und Regierungen ließe sich noch um weitere Fragen erweitern, um ihnen als Leitfaden für verantwortbares Handeln zu dienen. Aber die oben gestellte Frage ist kaum beantwortbar und setzt ein radikales Umdenken voraus.

Das große Fressen ist bekanntlich nur möglich, wenn auch die entsprechende Ernte eingefahren werden kann. Ohne Ernte und ohne Gedeihen ist ein Fressen nicht vorstellbar. Wir feiern im Oktober das Erntedankfest. Dieser Tag soll die Freude und den Dank einer reichhaltigen Ernte zum Ausdruck bringen, die unseren Tisch stets deckt. Der Strom unseres Dankes mündet an den vielen Erntehelfern vorbei bei dem, der uns die Arbeit ermöglicht und seinen jährlich wiederkehrenden Ertrag schenkt. Dass ausgerechnet wir in unseren Breitenkreisen besonderen Grund zur Dankbarkeit haben, müsste uns gegenüber allen anderen Bewohnern dieser Erde, die nicht unsere Segnungen haben und davon profitieren, beschämen. Leider ist das Gegenteil der Fall. So passt in diese Gedanken eine Predigt hinein, die ein junger Priester in der Gillenfelder Dorfkirche am 6.10.2013, dem Tag des Erntedankfestes, hielt und die ich dem Leser im Kontext dieses Kapitels nicht vorenthalten möchte:

Vielleicht lohnt sich heute mal ein Blick auf die Lesung. Auf diesen Habakuk, einem Propheten, der vor 2600 Jahren in Israel predigte. Israel – ein kleines Land, das zur damaligen Zeit zwischen den Fronten steht, zwischen zwei Großmächten aufgerieben wird: Den Babyloniern und den Ägyptern. Die Babylonier erobern das Land einige Jahre später, zerstören den Tempel und verschleppen einen Großteil der israelischen Elite in ihr Herrschaftsgebiet.

Habakuk schaut sich seine Landsleute genau an, betreibt quasi soziologische Studien und stellt fest: Die Israelis glauben nicht mehr an Jahwe, sind müde geworden. Und als Strafe schickt Jahwe dieses große Volk, die Babylonier. Und alles Klagen und Jammern nutzt nichts: Die Babylonier als Werkzeug Gottes, wie grausam. Wie wäre es denn heute, wenn so ein Habakuk hier bei uns auftreten würde, seine soziologischen/gesellschaftlichen Studien wieder vornehmen würde? Was käme denn da raus? Was würde er sehen?

Er würde eine Gesellschaft sehen, die das Waren- und Tauschprinzip zum Grundprinzip allen Denkens gemacht hat – das ökonomische Denken, Wirtschaft durchdringt jeden und alles.
Er würde eine Gesellschaft sehen, die in rasender Beschleunigung lebt, die ständigen Wechsel von Moden und damit Verbrauch unterliegt.

Das würde Habakuk heute bei uns sehen. Und wenn er ein wenig tiefer schauen würde, kämen auch die Konsequenzen dieser unserer Gesellschaft und ihrer Lebensweise zu Tage. Nämlich, dass der Mensch in seinem Mensch-Sein immer mehr geschwächt wird. Der ständige Fortschritt, der ständige Prozess der Entwicklung, führt dazu, dass ethische und moralische Grundsätze einfach über Bord geworfen werden, wenn es denn dem Fortschritt dient – moralische Bedenken in unserem Handeln treten dann schnell zur Seite oder spielen gar keine Rolle mehr. Wir schauen uns das Leid in der Welt wie Voyeure an und waschen unsere Hände dabei in Unschuld. Denn: das Leid fremder Menschen geht UNS nichts an.
Und die Durchökonomisierung unserer Lebenswelt hat längst auch unsere Herzen erreicht: Alles erscheint austauschbar, der langjährige Geschäftspartner, der Angestellte, der sich seit vielen Jahren im Betrieb abmüht, der Freundeskreis, auch zwischenmenschliche Beziehungen – Treue um keinen Preis.

Die rasende Beschleunigung unserer Zeit hat zur Folge, dass uns so etwas wie Sinn verloren geht. Wir entdecken in Dingen, in Menschen kaum noch Sinn, weil wir ihnen in unserer Hektik meist nur nachschauen. Sinnhafte Anschauung braucht aber Zeit, braucht Geduld und Aufmerksamkeit – die Welt ist aber unübersichtlich geworden.

Das würde Habakuk sehen, wenn er tiefer schaut, das würden wir auch erkennen, wenn wir auch mal tiefer schauen und nicht in unserer Fraglosigkeit verharren würden. Habakuk würde fragen: Wo ist der Mensch geblieben? Nutzt der Mensch seine Intelligenz nur noch wie ein Computer – ist er sture Rechenoperation? Ist er nicht mehr fähig zur Empfindlichkeit für den Anderen, für den Fremden? Hat er jedwede Moral über Bord geworfen? Ist er nur noch eine sanft funktionierende Maschine, die erstarrt ist in der Rhapsodie ihrer Unschuld? Ist das der Neue Mensch? Oder doch viel mehr der Mensch nach dem Tod des Menschen?

Und was ist mit Gott? Nietzsche, der Philosoph, der den Tod Gottes verkündete, ist auch der Philosoph, der aus dem Tod Gottes eine schwerwiegende Folge zieht: Denn mit dem Tod Gottes ist auch der Mensch gestorben, der Mensch wie er uns geschichtlich vertraut und anvertraut war.

Wir stehen in einer Welt, die anonym geworden ist, die nichts sucht und nichts will als Fortschritt. Die über diesen Fortschritt eines vergisst: Dass unsere Welt eine Geschichte hat, eine Geschichte, die tragisch ist, in der viele Menschen leiden – und bis heute leiden. Was gestern war, ist vergessen – wir müssen ja nach vorne schauen.

Aber da ist Gott – in der Geschichte. Denn unser Gott ist ein Gott der Geschichte, der keinen Menschen vergisst, der jemals auf Erden lebte, der kein Leid übersieht. Er hat einen unstillbaren Hunger nach Durst und Gerechtigkeit. Das sehen wir aus der biblischen Tradition – er tritt auf gegen himmelschreiende Ungerechtigkeit, gegen Armut und gegen Verelendung. Und er sagt uns ja in der Lesung: „Der Gerechte aber bleibt wegen seiner Treue am Leben." Suchen wir doch wieder das Bündnis mit diesem Gott, stillen wir doch endlich wieder unseren Hunger und Durst nach Gerechtigkeit in dieser Welt. Schauen wir nicht mehr teilnahmslos und leidvergessen in die Tagesschau – erinnern wir uns auch noch am nächsten Tag an die Geschichten von Leid, Trauer und Gewalt, auch dann noch, wenn keiner mehr darüber redet.

130

Konkret! Da war ein Papst vor einigen Wochen auf der kleinen Mittelmeer-
insel Lampedusa, warf einen Kranz ins Meer und sprach mit Flüchtlingen,
mit Flüchtlingen aus Afrika.
Jede Woche geraten Menschen vor der Küste Lampedusas in Seenot.
Menschen aus Afrika, vielleicht auch dem Nahen Osten und Afghanistan.
Wir wollen diese Menschen nicht haben. Schotten uns ab. Mit modernster
Technologie überwachen wir unsere Grenzen, Schiffe werden dafür ein-
gesetzt. Wir sind aber nicht in der Lage, die Seenotrettung im Mittelmeer
mit modernster Technologie auszustatten – um Menschenleben zu retten.
Nein, Fischer übernehmen das, wenn wieder ein Schiff mit Flüchtlingen
in Not gerät. Und die Grenzwächter schauen zu. Seenotrettung/Menschen-
rettung wird hier, im Gegensatz zur Grenzsicherung, zum Zufallsprodukt.
Wie pervers.
Dann sollen die Menschen doch zu Hause bleiben. So denkt der moderne
Mensch, der in Unempfindlichkeit für das Leid anderer Menschen geübt
ist. Der nur den hektischen Fortschritt im Auge hat und zu zwischen-
menschlicher Regung nicht mehr fähig ist. So denken auch viele Politiker.
Der Papst war vor einigen Wochen auf Lampedusa und hat auf dieses Leid
hingewiesen. Aber das geht uns ja nichts an. Geschichtsvergessen wie wir
sind, wir Europäer: Vergessen sind die Jahrhunderte der Kolonialisierung,
der Unterdrückung und Ausbeutung. Vergessen ist der Sklavenhandel,
vergessen ist das Führen von Stellvertreter-Kriegen im Kalten Krieg,
vergessen ist die Ausbeutung von Rohstoffen bis heute in diesen Ländern
Afrikas, vergessen ist die unrühmliche Rolle des Westens in so manchem
Konflikt – der uns ja nichts angeht. Vergessen sind die Nahrungsmittel-
spekulationen von unseren Brokern, die die Preise für Nahrungsmittel in
die Höhe schrauben und ein Überleben oft unbezahlbar machen.
Die Flüchtlingswellen aus Afrika kommen nach Europa, weil hier, zumindest
wirtschaftlich, heile Welt ist. Unser Heil, unser Wohlstand, ist aber auch,
und das vergessen wir gerne, auf dieses Leid der Menschen in Afrika und
vieler anderer Menschen und unterentwickelter Länder aufgebaut. Eine
Leidensgeschichte ist das – eben nicht nur eine Erfolgsgeschichte.

Deutete Habakuk das Leid, das über Israel kam, als Strafe Gottes? Wir
brauchen das heutige Leid ja so nicht mehr zu deuten: Gott ist eh tot – und
genau daraus entspringt das Leid. Denn mit dem Tod Gottes ist auch der

Mensch gestorben – die Menschlichkeit. Wir brauchen heute keinen Gott mehr für das Leid, wie es noch bei Habakuk angedeutet ist. Nein, den brauchen wir wirklich nicht. Das kriegen wir schon alleine hin.

Ja, ohne Gott lebt sich´s unbeschwerter. Statt kirchlicher Feiern und religiöser Besinnung bekommen wir über die Fernsehanstalten täglich telegene und weniger telegene Kochmützen präsentiert, die uns das große Fressen noch schmackhafter machen. Handwerkskunst in den Küchenstudios ist gefragt und die anwesenden Applaudanten kennen ihr Handwerk: bei jeder Salzprise und bei jedem Pfefferspray wird geklatscht. Deutschland im Kochfieber, morgens, mittags und abends. Die Medien ebnen den Weg: Erst das Lammkarree, dann Lampedusa.

Unternehmenskrise als Vertrauenskrise

Die Wirtschaft boomt, die Börse berstet und alle brummen mit. Uns geht es gut. Allerorten weist man auf die eigenen Verdienste hin. Der DAX als Fieberthermometer der wirtschaftlichen Unruhe zeigt unaufhaltsam in den Himmel und ein Ende ist nicht in Sicht. Die Spekulanten feiern Urstände und jeden Tag wird ein neues Fass aufgemacht. Die 9.000-Punkte-Marke ist längst überschritten und alle Geldtermiten eifern der 10.000-Punkte-Marke entgegen. Das erforderliche gesunde und nachhaltige Wachstum wird noch nicht infrage gestellt. Alle Casino-Kapitalisten setzen auf Volldampf als breche der jüngste Tag an und der Zusammenbruch der Finanzmärkte liege nicht erst fünf Jahre, sondern bereits 50 Jahre zurück.

Wir vergessen schnell, wenn unser Magen voll ist und unsere Taschen die ersehnte Beute nicht mehr fassen können. Für das Wirtschaftsjahr 2014 wird wieder eine Prosperität erwartet, die unsere Phantasien beflügelt und keinen Raum für Schuldentilgung, Rentensicherheit, Konsumbeschränkung und Korruptionsabbau freigibt. Die Gefahr scheint gebannt. Der Staat steht erneut Gewehr bei Fuß, wenn es wieder einmal krachen sollte. Ein bequemes Erdendasein, ohne Sorge auf Schuldzuweisung, Missmanagement und persönliches Versagen liegt vor uns. Je größer die Räder sind, die wir drehen, desto stabiler wirkt die Garantie staatlicher Fürsorge, wenn es schiefgeht.

Mitunter hakt es hier und da. Bestimmte Branchen melden zwar Existenzschwierigkeiten einiger Unternehmen an, die aber im Trubel wirtschaftlicher Euphorie wenig Widerhall finden. Die betroffenen Menschen und Familien stören uns nicht. Sollen sie doch sehen, wie sie klarkommen. Ein bisschen Schwund gehört zum Geschäft. Bei der Mehrheit der Unternehmen steht das Signal auf ungehinderte Weiterfahrt.

Einige jedoch steuern auf Unternehmenskrisen zu, die sie selbst – ohne zwingende Einwirkung des Marktes – verursacht haben. Denn sie haben das Terrain solider Geschäftsgebarung im Zuge wirtschafts-karnevalistischer Umtriebe jäh verlassen, um sich selbst einmal als Prinz zu fühlen und sich feiern zu lassen. Die Antwort lässt nicht lange auf sich warten. Führungskräfte beginnen, sich rechtzeitig in Position zu bringen, und Mitarbeiter gehen auf die Straße, um nach öffentlicher Rettung Ausschau zu halten. Unsolides Führen führt zur Führungskrise und dann zur Unternehmenskrise, genauso wie etwa das unverschuldete Wegbrechen ganzer Absatz- oder Beschaffungsmärkte. Am Ende läuft beides auf Dasselbe hinaus.

Unternehmenskrisen, von denen wir gegenwärtig weit entfernt zu sein scheinen, entstehen durch Vertrauensverlust. Sie werden also ursächlich durch Vertrauenskrisen herbeigeführt. Wen sie treffen, den trifft die Krise mit voller Wucht, auch wenn das wirtschaftliche Umfeld tanzt und um das goldene Kalb hüpft. Die meisten von uns leben noch in Saus und Braus und vermuten keine Compliance-Einbrüche.

Mangelndes Vertrauen in die Führungsfähigkeit der Manager und ihre Markterfassung indes bildet die Ursache für den Beginn eines möglichen wirtschaftlichen Abstiegs. Die menschlichen Versäumnisse und Fehldispositionen sind dabei sehr vielschichtig. Einmal ist es fehlendes Engagement und damit Verantwortungslosigkeit gegenüber allen anvertrauten Beschäftigten, zum anderen ist es fehlende Zuverlässigkeit in der Wahrnehmung notwendiger Führungsaufgaben und dementsprechender laxer Umgang mit der Wahrheit und der entscheidenden Informierung der zuständigen Stellen. Vertragsbedingungen werden nicht eingehalten, Pönalen billigend in Kauf genommen und der menschliche Faktor völlig vernachlässigt. Falsche Seilschaften, nicht immer zum Wohle des Unternehmens, werden eingefädelt und ausgebaut ohne Rücksicht auf drohende negative Konsequenzen für Unternehmen und Beschäftigte. Häufig sind die Gründe für ein Sinken unternehmerischen Vertrauens ein Mix aus vielen Defiziten. Herbeigerufene externe Berater sind nur in den seltensten Fällen in der Lage, für konkrete Abhilfe zu sorgen. Sie sind nur teuer und wenig effizient. Aber sie erfüllen den führungsseitigen Zweck, etwas unternommen zu haben. Fehlendes Vertrauen jedenfalls wird durch Consultants nicht zurück gewonnen.

Vertrauenskrisen bedingen Unternehmenskrisen. Und umgekehrt führen Unternehmenskrisen unweigerlich zu Vertrauenskrisen. Die Diagnosen beider Krankheiten haben also gleiche Wurzeln und beide zielen auf die Zukunft ab. Die Zukunft des Unternehmens ist also der Referenzpunkt, nicht die Gegenwart des Patienten. Krisen und Krankheiten, die in der Gegenwart offenkundig werden und aktuell ausbrechen, haben bereits ihren Höhepunkt erreicht, vielleicht sogar schon überschritten. In der nunmehr einsetzenden Ursachenforschung gilt es, Lösungsansätze für die Zukunft zu finden. Kurzatmige Aufgeregtheiten sind dabei völlig fehl am Platze. Sie verunsichern nur die Märkte und Marktteilnehmer und verhindern eine Problemlösung, die dem Unternehmen nachhaltig zugutekommen sollte.

Jede Unternehmensebene erhält einen Vertrauensvorschuss. Dieser wird entweder verspielt oder er wird vergrößert. Wenn der Vorschuss aufgebraucht ist und das erwartete Ergebnis ausbleibt, beginnt die eigentliche Krise. Sie tritt erst schleichend ein und setzt sich dann metastasenhaft fort.

Je nach Geschicklichkeit wird die Katastrophe so lange verheimlicht, bis sie entweder durch eigenes Zutun bzw. durch die Medien oder durch die Staatsanwaltschaft der Öffentlichkeit nicht länger vorenthalten werden kann. Nach managementseitiger Sprachregelung sind Unternehmenskrisen immer exogenen Ursprungs, d. h. von außen verursacht und damit fremdgesteuert. Vertrauenskrisen hingegen sind endogen verursacht und damit selbst initiiert. Das ist der wesentliche Grund für die fehlende Einsichtsfähigkeit der Führungsverantwortlichen, die Krise selbst verschuldet zu haben, und er gestaltet die Behebung der Krise so schwierig, die notwendigen und richtigen Schritte einzuleiten, um den bedrohlichen Auswüchsen der Krise nachhaltig und entschieden entgegenzutreten.
Selten werden eigene Unzulänglichkeiten und Fehler eingestanden. Es sind immer andere Umstände schuld, wie die (steuer-)politischen Veränderungen, die aufmerksamen Medien, die böse Konkurrenz oder die kritische Öffentlichkeit, die es erst zu einer Vertrauenskrise haben kommen lassen.

Die Geschäftsleitung setzt originäres Vertrauen in die Fähigkeit der eigenen Mitarbeiter. Der Betrieb bildet sie aus, schult sie und bezahlt sie für ihre erbrachten Leistungen, mit denen das Unternehmen im Markt bestehen soll. Aber auch die Mitarbeiter setzen umgekehrt Vertrauen in die fachlichen Fähigkeiten und charakterlichen Zuverlässigkeiten ihrer Vorgesetzten, indem sie erwarten dürfen, dass die erbrachte Arbeit optimal im Markt platziert und angemessen honoriert wird sowie für Stabilität ihrer

Arbeitsplätze gesorgt ist. Wenn die Erwartungshaltung beider Seiten nicht erfüllt wird, wird Vertrauenskapital verschleudert. Der Arbeitgeber lenkt durch fehlendes Vertrauen in seine Mannschaft produktive Leistungen entweder in die falsche Richtung oder schöpft das Leistungspotential nicht bedarfsgerecht aus, mit der Folge eines dramatischen Umsatzrückgangs und entsprechender Gewinneinbußen. Umgekehrt verlieren die Arbeitnehmer den Glauben an den Vorstand und den Verstand ihrer Chefs und wandern geschlossen in die innere Emigration. Ihr weiterer Arbeitseinsatz erscheint ihnen sinnlos. Sie werden krank, leisten Doppelarbeit und achten nicht auf Blindleistung, Verschwendung oder notwendige Sparsamkeit.

Mit fehlendem Vertrauen beginnt die Krise. Nun entstehende Kosten sind nicht mehr kalkulierbar. Das schwindende Vertrauen setzt sich sintflutartig fort und erfasst schließlich Kunden und Lieferanten. Irritationen über Vertragstreue und Vertragsinhalte fangen an, das gesamte produktive und finanzielle Gefüge des Unternehmens in Mitleidenschaft zu ziehen, Gerüchte werden gestreut und der Abwärtsstrudel ist nicht mehr zu bremsen.

Es existieren inzwischen zahlreiche Studien, die belegen, welche Zusatzbelastungen auf das Unternehmen zukommen, wenn die Chemie von oben nach unten und von unten nach oben sowie untereinander nicht mehr stimmt. Angst, bösartige Unterstellungen und schließlich existentielle Bedrohungen machen sich breit, Arbeitsprozesse werden angestrengt, gewerkschaftliche Unterstützung angefordert, und am Ende weist jeder die Schuld am entstandenen Desaster dem Anderen zu. Das Lied endet entweder mit dem gemeinsamen Untergang oder nicht selten mit extrem kostspieligen Imagekampagnen zur Rettung entstandener Reputationsschäden für das Unternehmen. Verbale Kraftmeierei und einsichtige Nachhaltigkeitsparolen sollen helfen, im Innern wie auch nach außen das eigene Marktstanding zu verbessern und für ein Geschäftsklima zu sorgen, das möglichst rasch den alten Zustand wiederherstellt. Dabei geht es in dieser Art „Werbung für das eigene Unternehmen" nicht um den Verkauf neuer oder alter Produkte, sondern ausschließlich um die Beendigung öffentlicher geschäftsschädigender Diskussionen und um die Beseitigung der entstandenen Reputationsverluste. Diese Werbefeldzüge dauern sehr lange und kosten überdies viel Geld, ohne die Gewissheit, ob die Eigenwerbung tatsächlich den erhofften Erfolg erzielen konnte. Verlorene Glaubwürdigkeit lässt sich eben nicht allein durch Geld in kürzester Zeit wiederherstellen.

Dieses Szenario wundert eigentlich nicht. Die meisten Manager haben es nicht gelernt, mit Menschen verantwortungsbewusst umzugehen. Mitarbeiter werden oft genug wie Leibeigene behandelt und ihre Abhängigkeit schonungslos ausgenutzt. Wünsche, Anerkennung und Lob fallen indes spärlich aus oder sind den meisten Managern sogar fremd. Sie sehen sich ausschließlich selbst im Zentrum des medialen und öffentlichen Interesses, zu dem sie ihre Agonie von Blindheit und Selbstherrlichkeit verleitet. Zu ihrer Ehrenrettung könnte man allenfalls noch verteidigend ins Feld führen, dass sie keine wissenschaftlich unterlegte Personalausbildung genossen haben und auch keine berufspraktische Führungserfahrung sammeln konnten. Beides wirkt sich am Ende defizitär und damit kontraproduktiv aus. Bis heute wird eine wirtschaftsethische und unternehmensethische Grundlagenvermittlung an Universitäten und Fachhochschulen immer noch als Ersatzreligion abgetan. Sie wird in die verstaubten Schubladen rückständiger moralischer Ansichten geschoben, die nicht in eine ausschließlich auf Erfolg fokussierte Welt hineingehören. Der menschliche Faktor aber wird immer mehr zur bestimmenden Größe und damit zum elementaren Erfolgsfaktor für jedes Unternehmen. Wer diesen Zusammenhang als Führungskraft verkennt, negiert oder gar missachtet, legt den Grundstein für drohende Unternehmenskrisen.

Das Vertrauen in ein Unternehmen, in die Mitarbeiter und in die Führungsebene ist die Gelenkschmiere, die das Zusammenspiel der Körperteile eines ganzen Unternehmens schmerzfrei macht. Bei Störungen hingegen strahlen die Empfindlichkeiten und Schmerzen auf alle Funktionsteile im Körper und damit auf das gesamte Unternehmen aus. Der Versuch einer Selbstheilung ist in der Regel wenig hilfreich oder sogar ganz aussichtslos. Auf der anderen Seite garantiert auch fremdbezogene Hilfe nicht immer den Erfolg, den das Unternehmen von ihr erhofft. Es bedarf daher eines klugen Abwägens, welche Maßnahmen getroffen werden müssen, damit der Korpus „Unternehmen" geheilt werden kann.

Gerade notleidende Banken reagieren höchst allergisch auf selbst verschuldete Unternehmenskrisen. Im Ernstfall stellen sie Kredite fällig und besiegeln damit das Schicksal vieler Kunden. Sie warten erst gar nicht ab, ob sich ihr Darlehensnehmer noch einmal berappelt oder nicht. Die eigenen Krisen und Existenzbedrohungen werden durch ihre gewaltige Lobby sofort zum Politikum und damit zur Chefsache. Schließlich müssen

Störungen im staatlichen Finanzwesen um jeden Preis vermieden werden, koste es, was es wolle. Der Ruf nach existenzsichernder Staatsgarantie der Geld- und Kreditinstitute erschallt in den Räumen des Regierungslagers und die rettenden Gelder der Steuerzahler werden mobilisiert.

Dieser Mechanismus macht den Unterschied der Bankenkrisen zu den „normalen" Unternehmenskrisen aus. Krisen in das Vertrauen und die Unfähigkeit eines korrupten Bankmanagements gehören noch zu den am ehesten tolerierten Eigenarten wirtschaftlicher Funktionsstörungen. Pleiten finden nicht statt und ernsthafte personelle oder institutionelle Konsequenzen sind eher die Ausnahme. Es sei denn, dass die strafrechtlichen Vergehen des Managements so offenkundig sind, dass die Öffentlichkeit diese nicht einfach negieren kann und die Staatsanwaltschaft bemüht werden muss. Der Unterschied in der Bewältigung solcher Krisen ist frappierend. Während die Beschäftigten meist mit leeren Händen als Soldaten den Arbeitsagenturen zugeführt werden, stopfen sich die Krisenverursacher mit zum Teil staatsgarantierten Millionenpensionen die Taschen voll. In Rechtsstreitigkeiten haben sie stets obsiegt, weil ihre Arbeitsverträge auch etwaiges Versagen fürstlich goutierten. So ist es nun einmal. Vertrauen kommt von trauen, sich trauen, und beinhaltet auch die Treue zum eigenen Unternehmen. Wenn diese überall auf dem Rückmarsch ist und keine Bedeutung mehr im Wirtschafts- und Zivilleben hat, dann darf es nicht verwundern, dass die Treulosigkeit und das Misstrauen die Keime drohender Krisen sind. Am Ende bestätigt sich einmal mehr eine Asymmetrie zwischen dem, was wir denken und sagen, und dem, was wir tatsächlich machen. Diese asymmetrischen Handlungsabläufe finden wir inzwischen in allen Lebensbereichen. Da machen auch Banken keine Ausnahme. Schließlich haben sie genügend negative Vorbilder im täglichen Ablauf unseres Lebens.

Krisenmanagement ist Vertrauensmanagement. Welche bittere Erkenntnis z. B. die Deutsche Bank mit dieser Erfahrungsweisheit machen musste, zeigt sich an dem Strafmaß ihrer weltweiten Verfehlungen. Sie hängen bis heute wie Mühlsteine an ihrem Hals. Das Vorzeigeunternehmen schleppt aufgrund ihres extremen Vertrauensverlustes durch dubiose Absprachen, Kartellbildungen und Einflussnahmen milliardenschwere Altlasten mit sich herum. Diese rühren aus geschäftsschädigenden Vertrauensverlusten im In-

und Ausland her, die zu unabsehbaren prozessualen Auseinandersetzungen geführt haben und noch führen werden, deren Ausgang bis heute nicht abzusehen ist. Die Vertrauensschäden sind unterschiedlicher Natur und in ihrer Dimension kaum nachvollziehbar. Die Bank ist in ihren Grundfesten erschüttert, weil immer neue Dotationen für Prozess- und andere Rückstellungen erfolgen müssen, um wenigstens einen Teil des drohenden Unheils finanziell abzufedern. Die Führungsriegen dieses Geldhauses hatten in den vergangenen Jahren mit ihrem Vertrauensmanagement wenig Fortune. Die Liste doloser Handlungen ist lang, eigentlich zu lang, um im Urteil der Öffentlichkeit Gnade zu erwarten. Die Geldfürsten vieler Banken übertrafen sich gegenseitig in der Imageschädigung und dem Reputationsverlust ihrer Arbeitgeber in der ganzen Welt. Und es wird noch viele Jahre dauern, die Rufschäden zu beseitigen und das Ansehen zurückzugewinnen, das in nur wenigen Monaten und Jahren verspielt wurde. Der Branchenprimus musste für seine Fehlspekulationen, riskanten Investmentgeschäfte und gesetzeswidrigen Absprachen im In- und Ausland milliardenschwere Rückstellungen bilden, um für entsprechende Verurteilungen und Strafen gewappnet zu sein. Sein Standing im Markt litt durch ständig sich wiederholende Vorwürfe und es wird lange dauern, bis altes Vertrauen durch solides Geschäftsgebaren wieder zurückgewonnen wird. Dieser Prozess kostet viel Geld und er trifft alle die, die glaubten, die Märkte bestünden nur aus Börsen und nicht aus Menschen.

High Potentials machen einen großen Bogen um solche Banken, weil ihnen das Odium der Abzocke anhaftet. Zudem haben viele junge aufstrebende Nachwuchskräfte Berührungsängste mit einem Arbeitgeber, der zunehmend in den Verdacht gerät, keine seriösen Geschäfte zu betreiben und die Grenzziehung zu missbräuchlicher Arbeitsweise nicht deutlich genug definiert. Im Gegenteil: der Vorwurf, sich schonungslos an Spekulationen von Gütern und Geldern aller Provenienzen in der ganzen Welt zu bereichern, die dem Gemeinwohl zuwiderlaufen, steht weiterhin im Raum und belastet das Tagesgeschäft dieser Banken. Wer sich diesem Ruf nicht entziehen will und sich hiervon nicht eindeutig distanziert, darf sich am Ende nicht wundern, wenn das Logo dieser Banken auch auf das Leben der angestellten Banktermiten überschwappt. Sie stehen dann außerhalb jeder Menschlichkeit und anstelle von Bewunderung über Größe und Umsatz findet sich nur noch Verachtung.

Die Dimensionierung der milliardenschweren Rückstellungen nicht nur bei der Deutschen Bank deutet auf das zuvor Beschriebene hin. Sie dienen als notwendige Vorsichtsmaßnahmen für Unvorsichtigkeiten in der Vergangenheit und für Rettung des Standings in der nahen Zukunft. Jüngste Strafzahlungen von über 750 Millionen USD geben nur einen Vorgeschmack auf die in Rede stehenden Volumina, die es zu stemmen gilt. Prozessrückstellungen und andere Verbindlichkeiten unterliegen stets einer realistischen Bewertung, weil sie letztlich den zu versteuernden Gewinn mindern. Rückstellungsbildungen sind wegen der unterschiedlichen Sichtweisen ihrer Protagonisten oftmals auch Bewertungsreserve und damit eine beliebte Manipulationsgröße. Sie frisieren die Bilanzpositionen in einer Weise, dass sie einer analytischen Bewertung durch Aktionäre, Börse und Öffentlichkeit kaum standhalten. Das „Herumfitschen" mit Bilanzposten und -positionen ist eine besondere Kunst. Nicht selten werden Bilanzen dadurch verschönert und stimmen nicht mit den tatsächlichen Verhältnissen der Banken und der geprüften Wirtschaftsunternehmen überein. Sie lassen nur vage Auskünfte zu, die selbst Insidern oftmals verborgen bleiben. Der sagenumwobene Schweizer Vorgänger des gegenwärtigen deutsch-indischen Spitzenduos der Deutschen Bank wähnte sich als Sieger über die deutsche Justiz mit dem berühmten Victory-Zeichen, noch bevor das Urteil im Korruptionsprozess gegen diverse Mannesmann-Manager verkündet wurde. Gleichzeitig erfreute er sich einer besonderen Gunst durch die hohe Politik und glaubte, nach seinem Ausscheiden aus dem Bankhaus eine wohlbestellte Bank für seine Nachfolger hinterlassen zu haben. Es hat nicht einmal ein Jahr gedauert, bis die Doppelspitze in der neuen Führung der Bank sich bemüht sah, die Euphorie der Vergangenheit zu bremsen und auf den noch sehr steinigen Weg der Bank zu verweisen, den sie in Zukunft zu gehen hat. Im 3. Quartal 2013 wurde nur ein Gewinn von rund 41 Millionen Euro ausgewiesen, was dem einer gut geführten Provinzsparkasse entspricht. Die Bank ist weit davon entfernt, mit einem Gewinn prahlen zu können, der einmal rund 25 Prozent Eigenkapitalrendite ausmachte. Solides Bankhandwerk will in der Tat erst gelernt sein, wenn es nicht nur auf kriminellen Machenschaften fußen soll. Es zeigt sein wirkliches Können dann, wenn der Absturz droht und die Grundfesten der Bank, nämlich das Vertrauen der Kunden, erschüttert werden. Fehlendes Vertrauen führt unweigerlich zur Krise, auch wenn angeblich unerfüllbare

Gesetzesauflagen als Gründe für das eigene Versagen herhalten mussten und damit die Krise verursacht haben sollen. Vertrauensmanagement duldet keine Verschleierung und schon gar nicht eine Verharmlosung internationaler Krisenbewältigung.

Die jüngste Kritik des OLG München im Urteil über den Konkurs des Kirch-Medienprimus im Jahr 2002 gegen die Verantwortlichen der Deutschen Bank hinsichtlich deren Praktiken mag in diesem Zusammenhang noch einmal ins Gedächtnis gebracht werden: „Bewusste Falschaussagen, abgesprochene Unwahrheiten und versuchte Nötigung waren der Stoff, aus dem die Pleite des Medienimperiums herbeigeführt wurde." (s. TV vom 30.10.2013, S. 7)
Die Liste dieser Vorwürfe ließe sich vermutlich beliebig fortsetzen. Hier reiht sich auch das „Fitschen" manipulierter Zinssätze beim Euro-LIBOR nahtlos ein. Meistens erfährt die Öffentlichkeit nur etwas über die Spitze des Eisbergs. In Wirklichkeit dürften noch viel mehr dolose Vorgänge vorhanden sein, die der Öffentlichkeit bisher noch nicht bekannt sind.

Ein gutes Unternehmen verdient eine gute Unternehmensführung. Vom Kopf her strahlt eine ethische Grundhaltung auf alle Verzweigungen des Unternehmens aus. Dort findet die Lenkung statt, wenn Füße und Arme der Steuerung folgen sollen. Gelobte Besserung der gesamten Branche ist indessen nicht in Sicht. Neu definierte Kontrollmechanismen reichen nicht aus, vorhersehbare Krisen gar nicht erst entstehen zu lassen. Die Kontrollorgane sind machtlos. Sie haben keinen Zugriff auf ruinöse Entwicklungen im Ausland. Die Aufarbeitung der Finanzkrise in den USA lässt bis heute auf sich warten und die Sorgen der Banken wachsen in dem Maße, wie ihre Schrotthypotheken in Übersee nur noch in die dortige Müllverbrennung wandern.
In einem Punkt jedoch hat das Führungsduo der Bank etwas hinzugelernt und den richtigen Weg beschritten. Es hat eine neue unternehmenskulturelle Tür für das eigene Institut aufgestoßen. Es hat erkannt, dass nachhaltige Gewinne nur durch vertrauensbildende Maßnahmen möglich werden. Denn ohne kundenseitiges und partnerschaftliches Vertrauen sind keine fairen Geschäfte möglich und schon gar nicht solche, von denen sich die Bank dauerhaft Vorteile versprochen hatte.

Auch bei anderen DAX-Unternehmen wird den Vorständen immer deutlicher, welchen Stellenwert steigendes oder schwindendes Vertrauen in die eigene Unternehmensführung hat. Vertrauen muss ein elementarer Bestandteil im Gefüge der Produktionsmittel, der Faktorkombination und der Zusammenarbeit aller Beschäftigten sein. Jedem Unternehmen wird sein Fundament entzogen, wenn die Verzinsung des eingesetzten Humankapitals gegen null strebt oder gar negativ wird. Das Herumjonglieren mit Gewinnausweisen und Rückstellungsbildungen ist irgendwann ausgereizt und die bittere Wahrheit wird aufgedeckt und offenbar. Vom Himmel sind dann keine Wunder zu erwarten, sondern nur von einer neuen Vertrauensbildung auf dem Boden der vorhandenen Möglichkeiten. Auch die staatliche Hilfe, die eher dazu neigt, dem „Immer weiter so" dienlich zu sein, als sich einer strukturellen und grundsätzlichen Umkehr zu öffnen, kann kein probates Mittel sein, erodierendes Vertrauen zu stoppen oder selbst wieder aufzubauen. Die staatliche Rettung der Banken und großer Konzerne hat am Ende wenig bewirkt. Andere Anspruchsnehmer traten auf den Plan, um auch deren unrentable Vollzeitarbeitsplätze zu konservieren.

Von den Ideen und dem Vollzug ordoliberalen Gedankenguts sind wir freilich weit entfernt. Es geht heute nur noch um Geltendmachung der Ansprüche an den Staat und nicht mehr um die Besinnung auf die Korrektur verfehlter Managementpolitik und die eigenen Fähigkeiten, nämlich selbst begangene Fehler wieder auszubügeln.

Der die Prinzipien der freien Marktwirtschaft im Wesentlichen stützende Ordoliberalismus der sogenannten Freiburger Schule ließ den Staat nur Rahmenbedingungen setzen, in denen sich die Akteure im Wirtschaftsleben zu bewegen haben. Die Protagonisten dieser Schule, wie Böhm-Bawerk, Alfred Müller-Armack und Walter Eucken, sahen in der Wirtschaft ein Betätigungsfeld, in dem der Staat nicht retten muss, sondern gestaltet. Heute rettet er nur noch und gestaltet nicht mehr. Eucken formulierte die gestaltenden Prinzipien, durch deren Einhaltung eine funktionierende Wettbewerbsordnung sichergestellt werden sollte, bei der dem Staat nur ein Bobachtungsstatus zukam.

Hierzu zählen namentlich:

- Herstellung und Sicherung eines funktionsfähigen Systems freier Preise und Märkte bei möglichst vollkommener Konkurrenz, d. h. möglichst vielen Nachfragern und Anbietern
- Sicherung des Geldwertes
- Herstellung und Sicherung offener Märkte
- Gewährleistung des Privateigentums
- Vertragsfreiheit für das Zustandekommen vollkommener Konkurrenz
- Bereitschaft zur persönlichen Haftungsübernahme
- Konstanz der Wirtschaftspolitik

Diese Prinzipien galten viele Jahre als das Credo deutscher Wirtschaftsordnung, Wirtschaftsführung und Wirtschaftspolitik. Was daraus geworden ist, kann jeder selbst ermessen, wenn er allein das Prinzip der Haftungsübernahme oder der Konstanz der Wirtschaftspolitik näher unter die Lupe nimmt. Niemand ist bis in die Gegenwart bereit gewesen, für eigenes Versagen die Schuld und damit die Verantwortung zu übernehmen. Im Gegenteil: die Verantwortlichen lassen sich ihre mangelnde Bereitschaft zur persönlichen Haftung für das von ihnen hinterlassene Desaster zusätzlich noch fürstlich belohnen.

Die Konstanz der Wirtschaftspolitik ist u. a. ein Hinweis auf die Nachhaltigkeit und die verlässliche Fortdauer sozialer, ethischer und rechtlicher Aspekte, die als Grundlagen jeder vernünftigen wirtschaftlichen Aktivität unabdingbar sind.

Der theoretische Unterbau dieser ordnungspolitischen Überlegungen ist inzwischen mit einem neoliberalen Oberbau verschmolzen, der keine verlässlichen Prinzipien mehr kennt. Preisabsprachen, Umgehen von Verbotskartellen, Marktbeherrschung, Steuerhinterziehung, Liberalität als Freiheitscredo werden zur Lebensagenda und sind so in der Tagesordnung unseres Alltags eingebunden, dass der Staat nur noch durch massive Einflussnahmen notwendige Korrekturen vornehmen muss, um das von den Wirtschaftsakteuren hinterlassene Chaos zu bereinigen. Eucken irrte in dem Glauben, dass allein eine funktionierende Wettbewerbsordnung in der Lage sei, für die notwendigen sozialen, arbeitsmarktpolitischen und alle damit zusammenhängenden Problemlösungen abschließend zu sorgen. Der Staat solle nur adjustiv eingreifen. Mitnichten. Die von Ludwig Erhard weiter entwickelte soziale Wirtschaftsordnung in eine sozial verpflichtete Marktwirtschaft muss unterdessen in zunehmendem Maße regulierend, kontrollierend und steuernd in die Wirtschaftsabläufe eingreifen und aktiv werden, um wirtschaftliche und gesellschaftliche Fehlentwicklungen und Verirrungen zu vermeiden, damit die Reichen nicht noch reicher und die Armen nicht noch ärmer werden. Der Staat muss sich konsequent seiner sozialen Verantwortung stellen, dieser gerecht werden und Abweichungen zu Lasten des sozialen Friedens verhindern. In zahllosen Sozialgesetzen, die eine ethische Ausrichtung aufweisen, hat er dafür den Weg bereitet. Die arbeitende Bevölkerung und die Beschäftigungslosen sollten vor Unsicherheit, Ausbeutung und Unterversorgung geschützt werden und ein lebenswertes Dasein führen können.

Die Wirtschaftsethik gewann mehr und mehr an Bedeutung, ohne dass den meisten Akteuren dieser Prozess bis heute bewusst geworden ist. Es gibt immer noch zahlreiche in maßgebender Frontstellung ansässige Wirtschaftsbosse, die Botschaften verkünden, in denen man vergeblich nach ihrer sozialen Verantwortung sucht. Sie bleiben lieber ihrem feudalen Lebensstil treu und fragen nicht nach der Verantwortbarkeit ihres Tuns und Lassens. Abfindungen, Subsidien aller Art in Millionenhöhe sind weiterhin an der Tagesordnung. Niemand empfindet Skrupel, diese Praxis beizubehalten und sie noch für ehrenwert zu halten.

Funktionierende Ordnungspolitik sieht anders aus. Sie lädt nicht einem Teil der Bevölkerung das Gros der staatlichen Hauptlast auf, sondern verteilt sie, je nach Grad der zumutbaren individuellen Belastungsfähigkeit, auf alle Schultern des Gemeinwesens. Denn niemand weiß, ob er nicht eines Tages doch der Solidarität der Sozialgemeinschaft unterfällt. Gerade für diese Form der sozialen Gerechtigkeit hat der Staat zu sorgen und massive Störungen zu verhindern oder erst gar nicht aufkommen zu lassen. Solange wir diesen Weg nicht wollen, solange wird es immer Neunmalkluge geben, die sich zu Lasten anderer bereichern.

Krisen sind dazu da, sie zu meistern und aus ihrer Entstehung zu lernen. Krisen erfassen nicht nur Betriebe und Unternehmen, sondern auch Kirchen, Medien und Parteien. So unterliegt z. B. eine Partei, die aus nahezu allen

Parlamenten herausgeflogen ist, ebenso einer erdrutschartigen Vertrauenskrise wie Unternehmen, denen die Mitarbeiter und Kunden davonlaufen. Es wird auch in Zukunft immer wieder sogenannte Krisengewinnler geben, die aus dem Untergang der Anderen für sich noch Vorteile schöpfen. Aber institutionalisierte Erfolgsgarantien, die zudem noch staatlich abgesichert sind, sollten aus Gerechtigkeitsgründen keine Zukunft mehr haben.

Auch heute noch fußen unsere wirtschaftspolitischen, wissenschaftlichen und kulturellen Werte auf den Grundlagen ordoliberalen Gedankenguts. Aber seine Wertinhalte haben sich neu definiert und eine andere Wirkungskraft entfaltet. Die klassischen Ordnungsprinzipien müssen ergänzt und zeitgemäß angepasst werden. So sollte im Zentrum moderner Wirtschaftsgrundsätze und Ordnungsprinzipien das Vertrauen stehen, das die Basis jeder wirtschaftlichen und vertraglichen Übereinkunft darstellen sollte.

Ergänzend zu den oben aufgeführten allgemeinen Prinzipien müssten hinzukommen:

- Herstellung und Sicherung einer Vertrauenskultur in die eigene Unternehmensführung, die eigene Branche und die allgemeine Wirtschaftspolitik
- Konsequente Durchsetzung persönlicher vollumfänglicher Haftung als Äquivalent für die Zahlungen exorbitanter Vergütungen
- Schutz personenbezogener Daten
- Nachweis ihrer rechtlich einwandfreien Handhabung mit allen hierzu notwendigen gesetzlichen Vorschriften

Dieser ordoliberale Ergänzungskatalog ist nicht endgültig oder gar abschließend. Er sollte angepasst werden, wenn missbräuchliche Praktiken hierzu Anlass geben.

Am Ende reift hoffentlich für Verantwortungsträger in unserem Land die Erkenntnis, dass Vertrauenskrisen keine gottgewollten Ereignisse sind. Ihnen zu widerstehen, hieße zugleich, sich seiner eigenen Verantwortung wieder bewusst zu sein.

Die Aldisierung unserer Lebenskultur

Die Zukunft unseres Daseins sollte einfach und nicht kompliziert sein. Sie muss billig und bezahlbar sein und sie sollte sozial und sicher und damit für alle kalkulierbar sein.

Auf diesen Nenner lässt sich unsere Wanderung durch unser Leben treffend beschreiben. Sie sollte möglichst störungsfrei sein, keine Hindernisse zulassen und jeder Meilenstein bequem erkennbar und schnell zu erreichen sein. Ethische Werte, moralische Ansprüche komplizieren nur unser Fortkommen und hindern uns im Tempo omnipräsent alle Ziele zeitnah und, wenn es geht, gleichzeitig anzustreben. Unser Trip auf dem Pfad unseres Lebens, höher, schneller, weiter, lässt sich nicht mehr aufhalten und unsere Lebenskultur „aldisiert" (Aldi) sich in dem Eigenanspruch, für niemanden und nichts verantwortlich zu sein.

„Sale" ist zum Schlagwort unserer Kaufkultur geworden. Was nicht „gesaled" angepriesen wird, wird auch nicht gekauft. So wird selbst neue Ware in den Auslagen der Kaufhäuser ständig rabattiert, weil sie sonst nicht an den Mann oder an die Frau gebracht werden kann. WSV und SSV im traditionellen Sinn haben ausgedient und sind nur noch für jene Kundschaft relevant, die glauben, jedem Schnäppchen hinterherjagen zu müssen. Begleitet wird der handelsseitige Kaufhype von Finanzierungsangeboten, die die günstigen Preisofferten noch preiswerter erscheinen lassen. Die Folge ist, dass die private Schuldenbremse nicht mehr greift. Junge Haushalte sind millionenfach überschuldet und finden am Ende keinen Ausweg mehr aus der Schuldenfalle. Die Wirksamkeit ernsthafter Konsolidierungen durch Sparsamkeit und Enthaltsamkeit greift nicht mehr und die Insolvenzquote privater Haushalte zeigt einen dramatischen Anstieg.

Solange die Arbeitsplätze sicher sind, fließt Geld. Die Bedienung der Schulden und der vielen Kreditraten machen keine Sorgen. Einfache Kreditaufnahme bei sicherem Einkommen und billiger Ware ist das Bermudadreieck, in dem sich der Lebenswandel der Masse vollzieht. Störungen sind nicht eingeplant. Sie bilden aber den Sprengstoff, der alle Beteiligten zur äußersten Vorsicht und Zurückhaltung veranlassen sollte. Ist der Bogen einmal überspannt, verlieren auch die Umsatzfetischisten ihr Geld und laufen ihren Forderungen hinterher. Am Ende haben auch sie nicht viel gewonnen und ihrem Arbeitgeber nur Ärger eingebracht. Dem raschen Provisionsgeschacher und den veritablen Umsatzanstiegen folgen schließlich Ausfall und Abschreibungen ihrer Forderungsansprüche an ihre verehrten Kunden, und sie verlieren zudem wertvolle Zeit vor den angerufenen Insolvenzgerichten. Zur Erhöhung der Marktbreite ihrer Verkaufsprodukte haben insbesondere die bekannten Lebensmitteldiscounter, allen voran Aldi, längst ihr ursprüngliches Warensortiment verlassen. Komplementärprodukte, die das bisherige Sortiment ergänzten, um ihre Kunden über die notwendige Grundversorgung hinaus zu binden, reichen ihnen heute nicht mehr aus. Sie weichen auf völlig andere Felder aus, wie Bekleidung, Sportartikel, Hightech-Produkte, Kommunikationshilfen, Werkzeuge, Reisen und Fahrzeugzubehör. Diese Produkte, von Büroartikeln angefangen über Freizeitangebote bis hin zur Informationstechnologie, sind heute die zeitgemäßeren Komplementärangebote, die eine Vollversorgung neben der Befriedung der Grundbedürfnisse sicherstellen. Eigentlich braucht man keine Spezialgeschäfte mehr, um die gewöhnliche Latenz seiner Kaufwünsche erfüllen zu können. Was im Verkaufsprogramm noch fehlt, sind Fahrzeuge, Immobilien, Alten- und Krankenpflege und Bestattungsservice. So gewinnt der Slogan „Von der Wiege bis zur Bahre" eine völlig neue Dimension.

Die Aldisierung unseres Lebens beinhaltet in besonderer Weise eine Art Vollkaskobefriedigung, die uns die Lebenssorgen abnimmt oder zumindest reduzieren lässt. Sie bedeutet aber zugleich eine Verarmung individueller Gütervielfalt unserer sonst so gleichförmig gepolten Ansprüche. In den Sog der Werbung und der jahreszeitlich gefilterten Warenoffensiven lassen sich mehr und mehr Kunden hineinziehen, die nicht von vornherein zur angestammten Klientel der Nahrungsmitteldiscounter zählen. Es tritt eine Vermischung der Käuferschichten ein. Diejenigen, die zunächst gezielt an besonderen Kaufangeboten, wie Notebooks, Telefonequipment oder andere Sonderangebote, interessiert waren, kaufen dort auch immer mehr Grundnahrungsmittel ein, die dann einem gewissen Mitnahmeeffekt unterliegen. Und umgekehrt werden diejenigen, die sich am Monatsanfang waschkörbeweise mit ihrem Monatsbedarf eindecken, an die Sonderprodukte herangeführt und mit diesen konfrontiert. Wünsche werden geweckt und schließlich realisiert. Die Wirklichkeit der typischen Kaufgewohnheiten wird aber in der Mitte liegen. Die Impulskäufe machen es möglich. Ohne unbedingt mit festen Kaufabsichten den Discounter aufzusuchen, werden am Ende doch Waren gekauft, die an anderer Stelle nicht ohne weiteres in die engere Kaufwahl genommen worden wären.

Das Bereitstellen und das Sehen der Produkte weckt Kaufinteresse. Wenn der Kunde ein teures Hightech-Produkt wie einen Fernseher oder Computer gekauft hat, nimmt er meist aus rationellen Überlegungen auch die Waren und Güter mit, die er vielleicht sonst in anderen Geschäften gekauft hätte. Es geht also in erster Linie um die Bindungskraft, die der Kunde zu seinem Discounter verspürt und die ihn immer wieder erneut ermuntert, wochenweise neu angebotene Produkte zu studieren und in sein Kaufkalkül mit einzubeziehen. Informations- und Kaufentscheidungen der Kunden werden so „manipuliert", dass der Kunde „in Bewegung" bleibt und danach sein Konsumverhalten ständig mobilisiert. Neue Begehrlichkeiten werden geweckt und das „Habenwollen" als soziales Statusdenken in einer Weise geschürt, dass bei bestimmten Angeboten der morgendliche Run auf die angepriesenen Waren nicht gescheut wird.

Die Discounter unterscheiden sich kaum in ihrer Wettbewerbspolitik. Sie unterscheiden sich nur in Nuancen und huldigen allesamt dem Credo: einfach, billig und sicher. Inzwischen werden bei vielen Ramschartikeln bedauerlicherweise die Rückrufaktionen immer häufiger und die Schwachstellen der Produkte so generiert, dass sie meist nach Ablauf der Garantiefrist der Entsorgung zugeführt werden müssen. Die integrierte Obsoleszenz ist nicht neu und aus den meisten Wirtschaftsbereichen bekannt. Aber ihre Ablauffrequenz wird dichter, so dass immer schneller nach einem Nachfolgeprodukt gesucht werden muss. In gewisser Weise handelt es sich auch um eine Form der „Produktpiraterie" und sie berührt unsere Lebenskultur nicht immer nur gewinnbringend. Die Wegwerfgesellschaft hat sich daran gewöhnt. Langlebige Produkte werden schon aus Gründen des antiquierten Designs als rasch überholt und nicht mehr als zeitgemäß empfunden und Güter, die nicht mehr gefallen und nicht mehr „in" sind, werden abgestoßen und bei ebay verkauft. Diese Konsumgewohnheiten führen zu einem Mainstream gleicher Wünsche und Gewohnheiten. Und ihre Grenzen werden immer weiter ausgedehnt. Das tatsächliche „Sich leisten können" tritt dabei in den Hintergrund. Denn eine Lösung findet sich immer.

Die gleichmachende Skalierung der vorgegebenen Kaufoptionen dient nur der Gewinnperformance der Produktanbieter. Selten kommt diese Entwicklung dem Kunden selbst zugute. Er wird so umgarnt, dass ihm kaum eine Ausweichmöglichkeit geboten wird. Der Preis entscheidet und die Beratung tendiert gegen null. Der Kunde befindet sich damit im Gleichklang uniformer Lebenseinstellungen, Lebenserwartungen und Lebenserfüllungen mit allen anderen Käufern. Und diese Normgebung wird so gestaltet und ausgerichtet, dass sie den Machern dieser Entwicklung ermöglicht, Kaufmacht auszuüben. So gesehen, wendet sich die Aldisierung gegen Konsumfreiheit. Sie schränkt Kaufoptionen ein und die Lebenskultur sinkt unmerklich, aber stetig ab. Massenkonformität und Perspektivlosigkeit sind die Folge und sie kreieren ein soziales und wirtschaftliches Umfeld, dem wir uns nicht entziehen können und aus Bequemlichkeit auch nicht widersetzen wollen. Dieser Trend erfasst alle gesellschaftlichen Schichten und ist daher interessanterweise vollkommen einkommensunabhängig.

Selbst die wöchentlichen Essensgewohnheiten werden für unzählige Haushalte vorbestimmt und durch entsprechende Billigangebote der Massendiscounter gefiltert und kanalisiert. Wenn diese Grundversorger z. B. einen Petit Chablis oder einen Gavi bewerben, findet der Gast am nächsten Tag auf der Speise- und Getränkekarte der bürgerlichen und auch der sogenannten Sternegastronomie die gleichen Weine nur zum vier- oder fünffachen Preis wieder. Wenn die Pilze sprießen und beim Discounter zu Dumpingpreisen die Regale füllen, kann der Gast die Uhr danach stellen, wann die Restaurants ihre Speisekarten seitenweise mit gerade dieser Pilzart ausstaffieren. Abwechslung tritt dann ein, wenn bestimmte Produkte ausländischer Nachbarländer feilgeboten werden, weil nicht jeder „Italiener" griechische Produkte mag und nicht jeder „Grieche" mit Knödeln aus Österreich hausieren geht und die eigene Küche nur in den Ausnahmefällen von einer abweichenden Produktpalette profitiert. Die eingeübte individuelle Beschränkung lässt Speiseexperimente nur in Grenzen zu. Die Rückkehr zu den gewohnten Regalen bleibt daher stets im Fadenkreuz der fest eingefahrenen Einkaufsgewohnheiten.

Was macht diese Strategie so erfolgreich? Ist es alleine der günstige Preis, der unschlagbar erscheint? Oder ist es auch der Anschein guter Qualität, der jede Kritik verstummen lässt? Vermengungen von Pferde- und Rindfleisch oder altersbezogene Umetikettierungen empören zwar die Kundschaft für kurze Zeit, führen aber dauerhaft zu keiner Kaufveränderung. Alternativen gibt es ja nicht. Der mittelständische Einzelhandel indes spürt den raschen Wechsel der Superangebote der Billigdiscounter in seinen eigenen Umsatzentwicklungen. Sobald eine Zange, ein Hammer oder eine Säge zu einem unschlagbaren Preis offeriert werden, so berichtet der Fachhandel, besteht kaum noch eine Chance, das eigene Angebot kurzfristig an den Kunden zu bringen. Es dauert in der Regel sechs Monate, bis der Fokus der Kundschaft wieder das Einzelhandelsangebot erreicht. Bis dahin könnte der Einzelhandel gleichartige Artikel quasi aus seinen Regalen entfernen. Dies stimmt den Handel auch dann nicht glücklicher, wenn er mit dem Odium ungleich besserer Qualität wirbt. Die Ausstrahlung der Billigartikel hat somit umsatzeinbrechende Wirkung auf den konkurrierenden Fachhandel. Seine Umsätze sinken, weil ein Großteil nachfragewirksamer Kaufkraft durch die Discounter absorbiert wird. Zum Teil mit der Folge, dass eine jahrzehntelange Selbständigkeit gut eingeführter Fachhandelsgeschäfte aufgegeben werden muss.

Die Verkaufskunst der Voll- und Volkssortimenter liegt oft darin, bestimmte Waren zu bestimmten „Themenbereichen", d. h. Warenstraßen anzubieten, die rundum aktuell nachgefragt werden. Ein Vorhalten unverkäuflicher Alternativprodukte findet erst gar nicht statt und bindet daher auch kein unverzinsliches Kapital. Chancen haben immer die „Renner" der Branche, die verkauft werden, selbst wenn man die beworbenen Produkte nicht benötigt. Hinzu kommen je nach Jahreszeit Sommermöbel, Grillequipment, Badeutensilien im Sommer oder im Winter Schneeschieber, Streusalz und Gefrierschutzmittel. Das, was in der jeweils aktuellen oder bevorstehenden Jahreszeit vom Durchschnitt der Bevölkerung am dringendsten nachgefragt wird, findet millionenfach Zugang in die Verkaufshallen der Discounter. Mit anderen Worten: irgendetwas davon braucht jeder.

Der langjährige Eindruck, dass nur Sozialhilfeempfänger, Rentner und geringe Einkommensbezieher das Gros der Kundschaft der Discounter ausmachen, stimmt schon lange nicht mehr. Gastronomische Betriebe nahezu aller Couleur bevorzugen in ihrem Speiseplan inzwischen ebenso Produkte von Discountern wie Einkommensbezieher aller Provenienzen zur Deckung ihres täglichen Bedarfs. Zudem locken die wenig einladenden Selbstbedienungsregale mit ergänzenden Shops für eine individuelle Bedienung von Backwaren, Käsetheken und Fleischprodukten für zusätzlich interessierte Kundschaft. Denn es existieren kaum noch Fachgeschäfte, die eine größere, bessere und reichhaltigere Vielfalt ihrer Spezialwaren anbieten als die Frischwarenanbieter verschiedener Discounter. Alles unter einem Dach zu haben, vor allem, wenn es regnet, ist ein ungeheurer Vorteil, den sich Aldi, Lidl, Rewe und Co zunutze machen. Die Verarmung der Innenstädte – auch in optischer Erscheinung – hinsichtlich der klassischen Fachgeschäfte und auch der sogenannten Tante-Emma-Läden, Metzgereien, Konditoreien, Feinkostgeschäfte mit ihrer persönlichen Beratung ist die Folge.

Hauptgeschäftsstraßen, Flaniermeilen in sogenannten 1-a-Lagen werden von Filialketten billigster Textiliten und Schuhausrüster heimgesucht, weil nur noch diese in der Lage sind, die hohen Mieten in den teuren Innenstadtlagen zu bezahlen. So gewinnen oder verlieren die großen und kleineren Städte immer mehr ihr charakteristisches Gesicht. Sie gleichen sich immer weiter an und ähneln sich dadurch in ihrem optischen Erscheinungsbild. Die gleichen Billigläden und Telefonanbieter bevölkern die Innenstädte und keiner nimmt Anstoß. Dies macht auch die „Austauschbarkeit" der Städte aus, weil der umworbene Gast in jeder Stadt nahezu das gleiche Angebot vorfindet, das er auch in jeder anderen Stadt kaufen kann. Persönliche Beratung, Empathie und Charme sind die Ausnahme. Es fehlt an Wärme, Herzlichkeit und Aufmerksamkeit. Es gibt keine Problemlösungen für Kunden, sondern nur stures Umsatzdenken. Der Kunde wird immer mehr zur Mittätigkeit angehalten und immer häufiger werden fremde Dienstleistungsanteile auf ihn selbst übertragen. Diese „Mitunternehmerschaft" des Kunden dient nicht nur der Kosteneinsparung, sondern schränkt auch den Haftungsspielraum des Handels gegenüber dem Kunden ein, weil die Beweispflicht für Schäden an Produkten immer komplizierter geworden ist. Die Servicewüsten haben schon lange alle Bereiche unserer täglichen Lebenskultur erfasst und sie gehören inzwischen zum gewohnten Alltag. So sind nur noch wenige Anbieter in der Palette milliardenschwerer Umsatzträger verblieben, bei denen der Kunde noch das Gefühl hat, einigermaßen persönlich gut beraten zu werden.

Diese zurückhaltende und zum Teil sogar abwehrende Grundhaltung vieler Verkäufer gegenüber ihren „Ernährern" – und dies sind die Käufer – wird in vielen Fachgeschäften und Discountsortimentern derart kultiviert, dass ein sich vorsichtig bemerkbar machender Kunde fast wie ein Störenfried behandelt wird. Denn dann müssen die persönlichen Tratschereien unter der Belegschaft verstummen, getreu dem Motto: schreiten wir zum Äußersten, stellen wir uns den Fragen und den Wünschen unserer Kundschaft. Individuelle Beratung wird zum Luxusgut. Sie wird häufig genug nur solchen Kunden angetragen, von denen geschäftsseitig erwartet wird, dass sich auch die Beratung „lohnt". Alle anderen Kunden fallen durchs Beratungsnetz. Kauferlebnisse, wie früher, werden zur Ausnahme und die empfangene Unfreundlichkeit zum Bumerang in den Verkaufsgesprächen und den vergeblichen Abschlüssen. Dieser Kundenfrust erreicht inzwischen eine allgemeine Lebenshaltung, die jeden zwischenmenschlichen Charme vermissen lässt und jeden freundlichen Gedankenaustausch tötet. Diese „Tristesse" im zwischenmenschlichen Umgang setzt sich auch in anderen Lebensbereichen fort. So wird gerichtsseitig – wegen entsprechenden Rechtsschutzes – oftmals bis zur Schmerzgrenze gestritten und manchmal nur für wenige Euros, so lange, bis Justitia sich übergeben muss.

In der täglichen Kleiderfrage gilt inzwischen das als modisch, was man üblicherweise zur Beerdigung trägt, nämlich schwarz. Das farblose und ideenlose Kleideroutfit der Möchtegern-Business-Welt trägt Trauer, weil sie auch nichts zu lachen hat. Wer etwas auf sich hält, trägt schwarz, alternativ dunkelgrau mit weißem Hemd oder Bluse. Die bunten und lebensfrohen Farben der Kleidung der Bewohner anderer Kontinente hingegen erfreuen das an die Tristesse gewöhnte Auge und erleichtern dort die zwischenmenschliche Kommunikation. Die meisten Menschen in anderen Teilen der Welt verstehen nicht, warum in Deutschland farbenfrohe Kleider nur für die wenigen Tage des Urlaubs reserviert bleiben, nämlich dann, wenn man unbeschwert Freude empfinden will. So kanalisiert sich unser Modestrom in eine farblose Monotonie und Uniformität. Es ist daher schade, dass gerade junge Menschen ihre besten Jahre in einer Farblosigkeit verbringen, die sonst nur Menschen im vorgerückten Alter gewohntermaßen vorbehalten war. Die Schönheit der Jugend verbirgt sich hinter trister Einfallslosigkeit. Dieser modische Umgang ist letztlich auch eine Hommage an die Aldisierung unserer Lebenskultur, weil sie Individualität verhindert und persönliche Differenzierungen für viele Bevölkerungsgruppen außer Acht lässt. Die Termiten des Geldes: businessmen and -women, tragen schwarz und möglichst vom allgemeinen Durchschnitt wenig abweichende Accessoires. Mit ihren Trolleys und Laptop-Taschen wirken sie austauschbar. Sie sehen alle gleich aus und vermeiden differenzierende Spielräume für eine eigenständige Persönlichkeitsdarstellung. Männer und Frauen nähern sich kleidungsmäßig weitgehend an und schlüpfen in das gleiche Outfit. Selbst in der Freizeit setzt sich die Uniformität fort. Alle tragen Jeans und dazu ein wenig schmückendes farbloses Hemd oder langweilige Pullover. Selbst in anderen europäischen Nachbarstaaten ist die kleidungsseitige Ideenlosigkeit nicht so ausgeprägt wie in unserem Land. Man kann diese Steifheit vielleicht mit einer Art Verängstigung erklären, die die Menschen unserer Zeit befallen hat und immer mehr befällt. Dies äußert sich nicht zuletzt darin, dass niemand mehr zeigen darf, dass er sich freut oder dass es ihm gut geht. Eine freudige Lebenshaltung gilt als suspekt. Sie sollte möglichst nicht nach außen gezeigt und getragen werden. Nur wer klagt und jammert, hat die richtige Lebenseinstellung gewonnen und damit bessere persönliche und berufliche Zukunftsperspektiven. Jammern ist bekanntlich der Morgengruß der Kaufleute, Freude hingegen ihr Abgesang. Unsere Lebensaldisierung steht daher auch in gewisser Weise für unsere menschliche Freudlosigkeit.

Unternehmen und Arbeitgeber fordern Performance und Erfolg. Beide setzen dem Lächeln und der guten Laune vermeintlich rasch ein Ende. Der Staat und die Politik verbauen jeder positiven Lebensbejahung und glücklicher Lebensperspektive eine wirkliche Chance. Sie nehmen aufgrund der hohen steuerlichen Belastungen, der sozialen Zwänge und der gesetzlichen Regulierungswut gerade jungen Leuten die Luft zum Atmen und die Chance, ihr Leben als lebenswert zu betrachten. Die gegenwärtigen

Verantwortungsträger mit ihrer Diätengier entscheiden sich bewusst und vorsätzlich zu Lasten kommender Generationen und leben auf ihre Kosten. Sie verkennen ihre Pflichten, übersehen die notwendigen Reformen und negieren ihre Verantwortung gegenüber unseren Kindern und Kindeskindern. Insofern passt diese freudlose Zukunftsvision zu der erwähnten eintönigen Kleidung. Ihre Farblosigkeit ist die adäquate Antwort auf die zu erwartende Zukunft.

Zu einer bunten Farbpalette gehören indes Mut und die innere Verweigerung zum allseits geschürten Jammern. Buntheit steht für Offenheit und Farblosigkeit für Verschlossenheit. Wir kennen das Habit der Kleiderordnung von den Kirchenangehörigen. Aber was in der Kirche üblich ist, muss ja noch lange nicht maßgebend sein für die zivile Gesellschaft. Diese „Anpassungsmode" uniformiert uns auch geistig. Sie verhindert jeden persönlichen Stil und reduziert das äußere Erscheinungsbild auf die Erfüllung einer fremdbestimmten Erwartungshaltung.

Auch die Blechkleider unser aller so geliebten Kraftfahrzeuge unterliegen inzwischen einer gewissen Uniformierung. Nicht mehr der Mut zur Außergewöhnlichkeit beflügelt die Autobauer. Die Autos unserer Zeit sehen irgendwie alle gleich aus. Auch hier fehlt die Individualität vergangener Jahre und Jahrzehnte. Extravaganz wird dem Durchschnittsgeschmack und damit einem breiten Interesse potentieller Käufer geopfert. Mittelklasse unterscheidet sich äußerlich kaum noch von der Oberklasse. Die Komprimierung des Modestreams auf viele Klassen, aber wenige Typendifferenzierungen zeigt den Trend nach einer weiteren Aldisierung selbst in der Fahrzeugbranche auf.

Mercedes oder BMW geben als Trendsetter das Aussehen vor. Alle Automarken dieser Welt beginnen sofort, ihre eigenen Produkte in ähnlichem Style zu bauen und sie kostengünstiger zu kopieren. Wer heute vor den meisten Autos der Mittelklasse steht oder hinter ihnen herfährt, vermag als Laie kaum noch Unterschiede zu erkennen. Selbst die berühmten Qualitätsunterschiede sind zusammengeschrumpft, so dass viele Autobauer – allerdings mit gewissen Einschränkungen – in Garantie, Service, Finanzierungen und Sonderausstattungen analoge Verkaufspakete schnüren. Visionäre Fahrzeuge, wie der legendäre DS 21 von Citroen oder der XJS von Jaguar, gibt es nicht mehr. Alle finden sich heute im gleichen Typus und Design.

Auch die Phantasielosigkeit in der Farbgebung spiegelt die mangelhafte Experimentierfreude in dieser Branche wider. Alles ist dunkel, selbst das begehrte helle Silber wirkt irgendwie düster. Freundliche helle Farben sind die Ausnahme. Den Chic vergangener Jahre sucht man vergeblich und findet ihn allenfalls noch bei nostalgischen Show-Veranstaltungen von Oldtimern der 1950er und 60er Jahre. Das einzige Wagnis, dem sich die Autohersteller noch stellen, ist der Mut zu Cabrios, Coupés oder Zweisitzern. Autos von der Stange, uniform und millionenfach produziert, lassen die Hersteller strahlen und ihre Aktienkurse steigen. Der Wechsel in den jeweiligen Trendfarben soll Ideenreichtum signalisieren und zugleich die Hoffnung schüren, dass mit jedem Farbwechsel neue Käuferschichten mobilisiert werden, die die Kassen klingeln lassen.

Die Beispiele günstiger und uniformer Lebensstile und Lebensgewohnheiten ließen sich beliebig fortsetzen. Auch für den Wohnungsbau trifft dieser Umstand zu. Häuser und Wohnungen sind kaum noch bezahlbar. Und das, was billig und bezahlbar ist, ist kaum für Wohnzwecke zumutbar. Der Mittelstand hat keine Chance mehr, stadtnahen und adäquaten Wohnraum zu erwerben. Die immer teurer werdenden eigenen vier Wände bleiben im Interessenfeld nur weniger potentieller Käufer oder Mieter, die noch in der Lage sind, dem extremen Preisauftrieb zu folgen. Die Mehrheit bleibt außen vor und verwohnt den verbleibenden Altwohnungsbestand an der Peripherie. Ein perspektivischer Wohnungsbau hat in Deutschland nicht stattgefunden. Das vorhandene Wohnungsangebot ist aufgrund veränderter Lebensbedingungen auf eine Übernachfrage gestoßen, die nicht vorhergesehen war und deshalb nicht rechtzeitig befriedet wurde. Die Trennungen vieler Ehen und das Eingehen unverbindlicher Partnerschaften haben die Nachfrage nahezu verdoppelt. In den Städten wird bezahlbarer Wohnraum zur Mangelware und die wenigen Eigentümer in den Städten unseres Landes lassen sich unsanierten Altbau im Bereich der Stadtmitte zudem fürstlich bezahlen. Junge Familien müssen an den Stadtrand oder in ländliche Bereiche flüchten. Die propagierte Familienfreundlichkeit in den Zentren unserer Städte ist längst verloren gegangen. Diese werden besetzt von gut verdienenden Singles oder *Dinks* (double income, no kids), die wenig dazu beitragen, dass die Städte zu einem Hort für alle wohnungssuchenden Menschen und Familien werden. Es entstehen Wohngemeinschaften, die dem Wohnungsmangel zwar ein wenig abhelfen, die aber auf Dauer dem Recht auf eine eigene Persönlichkeitsentwicklung entgegenstehen.

Schuld an dieser Misere ist die wenig vorausschauende Politik vergangener Regierungen im Bund und in den Ländern und die fehlenden Einsichtsmechanismen in den Kommunen. Begleitet und zum Teil begünstigt wurde diese Entwicklung durch eine verfehlte Arbeitsmarkt-, Renten- und Sozialpolitik, die alles andere als sozial ist. Sie dient nur dem Zweck, Arbeitskräfte zu mobilisieren, damit die Industrie den notwendigen Nachschub bekommt. Ausgediente und dem Rentenmarkt zugeführte ehemalige Arbeitskräfte verdienen es nicht mehr, in den Fokus der Begünstigten zu rücken. Schließlich ist von ihnen kein Investitionsschub zu erwarten. Sie sind allenfalls Duldungs- und bestenfalls Wählerpotential. Die Grundsicherung als soziale Errungenschaft soll dabei nicht kleingeredet werden. Aber selbst langjährige Arbeitnehmer, die stets in einem regulären Arbeitsverhältnis gelebt haben, können zuweilen nicht einmal die Höhe der Grundrente erreichen und sind daher auf weitere öffentliche Unterstützung angewiesen. Der große Durchschnitt der Bevölkerung bewegt sich in einem Rentenkorridor, der nur ein sparsames und damit eingeschränktes Leben erlaubt. Auch in diesem Segment findet ein gleichmachender uniformer Prozess statt, der spürbare Einkommensdifferenzierungen einfach nicht mehr zulässt. Aldisierung stellvertretend als gleichmachender Prozess unserer gesellschaftlichen Entwicklung in allen Lebenslagen?

Natürlich stehen die konvenierenden Rentenstrukturen der Normalbürger im Gegensatz zu jenen der politischen Selbstbediener und der Unternehmensmanager, die es beide verstanden haben, ihre eigene Altersversorgung so zu gestalten, dass sie stets auf der Sonnenseite des Lebens verweilen können. Eine Erkenntnis, die viele Jahrzehnte erfolgreich praktiziert wird. Und dennoch überrascht es immer wieder, mit welcher Ausdauer, Hartnäckigkeit und Maßlosigkeit die eigenen Vorteile auch gegenüber der Öffentlichkeit vertreten und realisiert werden, wie die zuletzt sich gönnerhaft zugeschanzte 10%ige Diätenerhöhung für die Bundestagsabgeordneten ausweist. Sie passt exakt in das Bild der angeprangerten maßlosen Ansprüche der Volksvertreter, die stets nur den Leuten „da draußen" die dringend notwendige Sparsamkeit in ihren Lohnansprüchen auferlegen. Die „Gewerkschaft" der Abgeordneten muss keine Rücksicht nehmen und sie braucht auch nicht das Interesse des anderen Tarifpartners in sein Anspruchskalkül einzubeziehen. Sie sind Gewerkschaft und Arbeitgeber zugleich. Daher sind sie selbst das Korrektiv ihrer eigenen Maßlosigkeit.

In besonderer Weise erfasst die Aldisierung auch unsere Reisekultur. Der Wandel traditionsgebundener Reiseerlebnisse zu einem Massentourismus primitiver, billiger und unqualifizierter All-inclusive-Aufenthalte in Spanien, der Türkei, Ägypten, Thailand, um nur einige Länder zu nennen, ist seit Jahren in vollem Gang. Er füllt die Reiseprospekte mit den häufigsten Reisezielen. Individualität ist auch in diesem Lebenssegment nicht gefragt und tabu. Es geht um Umsatz und nicht um das Bemühen, den Reisegast mit seiner Buchung in vollem Umfang individuell zufrieden zu stellen. Die Welt dient als Reiseziel und jedermann sollte die Chance haben, sie zu unschlagbaren Preisen kennenzulernen. Nur so ist zu erklären, dass trotz hoher Arbeitslosigkeit und unsicheren Arbeitsplätzen die Reisefreude vieler Mitbürger nach Mallorca, Teneriffa & Co. ungebrochen ist. Nicht selten werden die gleichen Ziele im Jahr mehrfach angeflogen. Die anspruchslose Klientel bedient sich der eingefahrenen Routen und interessiert sich nicht mehr für die Eigenarten, die Geschichte und die Volkstümlichkeiten der gastgebenden Länder. Urlaub und Spaß, Trunkenheit und Sex sind die Freizeitherausforderungen gegenüber Farblosigkeit, Tristesse und Freudlosigkeit zu Hause. Die Menschen verlangen geradezu nach Abwechslung, um das eigene Leben überhaupt ertragen zu können.

Reiseveranstalter haben diese soziologischen Probleme erkannt und in ihren Reiseangeboten als Lösung zur Behebung physischer und psychischer Belastungen eingebaut. Es geht dabei aber nicht um den Menschen. Es geht nur um menschliche Problemlösungen, die im Einklang mit den selbstgesetzten Unternehmenszielen am leichtesten erreicht werden können. Danach ist es völlig unerheblich, was und wie der einzelne Reisende seinen Urlaub genießt und welche Unannehmlichkeiten, Störungen oder Abweichungen er von den prospektierten Optionen erlebt hat. Buchung ist Buchung, und nur das zählt. Die Massenveranstalter suchen natürlich die Massen und unterbreiten ihnen massenhaft billige Offerten, die ohne individuelle Reisebedürfnisse die Prospekte füllen. Preisgrenzen werden so weit ausgelotet, dass sich jedermann eine Reise zu den meisten Reisezielen erlauben kann, allerdings mit der Folge, dass die Reisequalität erheblich leidet.

Reiseagenturen im Ausland müssen zu Dumpingpreisen ihre Dienstleistung feilbieten. Das führt zu mangelndem Service bis hin zur Servicelosigkeit. Manche Reisebusse, mit denen dann vor Ort mehrere tausend Kilometer im Reiseland zurückgelegt werden, gehören eigentlich in das Arsenal unbrauchbar gewordener Reisemittel. Abgesehen davon, dass diese nicht immer dem mitteleuropäischen Qualitäts- und Sicherheitsstandard entsprechen. So regnete es auf einer Rundreise in Marokko durch das Dach des Reisebusses hindurch mit der Folge, dass die Reisenden mit Regenschirmen im Bus veharrten und völlig durchnässt schließlich ihr Tagesziel erreichten. Der Veranstalter hoffte vermutlich darauf, dass es dort niemals in der Reisezeit regnen würde. In einem Bus einer anderen Gesellschaft in Namibia, der den Komfort eines mindestens 50 Jahre alten Gefährts vermittelte, kam der wohlbeleibte Fahrer kaum aus seinem Sitz, um zum einzigen Ausgang seines Busses zu gelangen. Berechtigte Beschwerden über unzumutbaren „Luxus" wurden nicht ernst genommen und prallten beim Veranstalter ab, weil stets die gleiche Antwort gilt: bei dieser Preisgestaltung darf nicht mehr erwartet werden als das, was tatsächlich im Leistungskatalog enthalten ist.

Einige Veranstalter bieten aufgrund der immer älter werdenden Reisegruppen oder hochbetagter Mitreisender ärztliche Begleitung an, die die Pauschalreisen naturgemäß verteuern. Für höhere und bessere Reisestandards, wie Frühstück und wenigstens eine Tagesmahlzeit, Übernachtungen in höherwertigen Hotels und sonstige Standards, bleibt indes kein finanzieller Spielraum mehr. Die Reise würde sonst zu teuer und die Nachfrage entsprechend niedriger werden. Für jede Altersstufe bis zum Pflegealter reicht inzwischen die Veranstalterphantasie. Entsprechend geeignete Reisen werden ins Veranstaltungsprogramm aufgenommen. Das führt zu der grotesken Feststellung einiger Reiseteilnehmer, die sich nur mit Gehhilfen, Rollatoren oder Rollstühlen auf ihren Fernreisen fortbewegen können, dass es doch kaum eine schönere Vorstellung vom Sterben geben könne, als sich auf diese Weise von der Welt zu verabschieden. Allerdings erschließt sich der Sinn ärztlicher Hilfe weniger in der Sterbebegleitung einzelner 90- bis 100-jähriger Mitreisender, sondern eher in der psychologischen Wirkung ärztlicher Anwesenheit. Meist sind die Reiseapotheken der Reiselustigen besser ausgestattet als die der mitfahrenden medizinischen Rentner. Hin und wieder hat man den Eindruck, es sei besser, Fachkräfte des Pflege- und Bestattungsdienstes und sonstige Lebensberater mitzunehmen, weil der Bedarf für diese Berufsgruppen immer größer zu werden scheint.

Für die Veranstalter gilt, dass eine Reisegruppe immer nur so mobil ist, wie es der körperlich schwächste Gast zulässt. Das führt zuweilen dazu, dass nur die Hälfte des offerierten Reiseprogramms durchgeführt werden kann, weil die persönlichen Rücksichtnahmen auf geschwächte Reisegäste die Durchführung des Normalprogramms nicht gestatten. Es liegt sicherlich in der besonderen Verantwortung des Reiseveranstalters – auch mit Rücksicht auf die Mehrheit und die Bedürfnisse aller übrigen Reisenden – sich selbst überschätzende Gäste darauf aufmerksam zu machen, dass die hohen körperlichen Anforderungen bestimmter Reisen nicht mehr altersgerecht sind. Es ist deshalb angeraten, eher auf den Verzicht bestimmter Reisen zu drängen, da jenseits eines bestimmten Alters die Durchführung der Reise für alle Beteiligten zu einer unzumutbaren Belastung wird. Damit für jede Abenteuerreise und für jede Geldbörse die angebotenen Pauschalreisen verlockend bleiben, scheut der Veranstalter auch nicht vor grotesken Tricks. So werden z. B. Wüstenfahrten nur als Garni-Reisen angeboten, mit wahlweiser Essensvariante. Die Folge ist, dass mindestens eine Mahlzeit am Tag zusätzlich gebucht werden muss, die nicht im Reisepreis enthalten ist. Alternativen gibt es nicht. Wer nicht von Beginn an zusätzlich eine Mahlzeit gebucht und für sich reserviert hat, muss mit dem am Morgen eingenommenen Frühstück unter Umständen bis zum nächsten Tag auskommen. Die Ausklammerung einer Mittags- und/oder alternativ einer Abendmahlzeit führt natürlich dazu, dass sich die Reisepauschale um einige 100 Euro verbilligt. Die Nichtbuchung der zusätzlichen Mahlzeiten führt dann zu äußerst unliebsamen Überraschungen und entsprechender Verärgerung vor Ort. Weitere Ersparnispotentiale seitens des Reiseanbieters schlummern in dem Verzicht auf einen sachkundigen und jederzeit ansprechbaren örtlichen Reiseführer, der kompetent zu Fragen des besuchten Landes Stellung nimmt, die stets auftretenden Fragen und persönlichen Wünsche der Reisenden respektiert und zufriedenstellend beantworten und erfüllen kann. Busfahrer, Kofferträger und Reiseführer können nicht als eine Person auftreten. Dies gefährdet nicht nur die Sicherheit aller Fahrgäste auf der Reiseroute, sondern überfordert auch den Fahrer mit zusätzlichen Dienstleistungen, die er dann oftmals nicht zufriedenstellend erbringen kann.

Um gleichlautende Pauschalreiseangebote von Mitbewerbern vergleichen zu können, sind auch die zusätzlichen Kosten für Sonderangebote durch örtliche Reiseagenturen zu berücksichtigen. Da diese Zusatzkosten außerhalb der Pauschalierung des Reiseveranstalters angesiedelt sind, erhöhen sich durch sie die sogenannten „Opportunitätskosten", also jene, die bei mitbewerbenden Reiseveranstaltern bereits eingeplant sind. Die Abweichungen sind zuweilen nicht unerheblich und bei echtem Preisvergleich hätte sich der Reisende möglicherweise für einen anderen Veranstalter entschieden. Diese „Reiseobsoleszenzen" sind allerdings für den Reisewilligen nicht immer ohne weiteres erkennbar. Sie werden zuweilen erst nach Antritt der Reise offenkundig und führen dann nicht selten zu negativen Überraschungen und zur Verärgerung der Reisekundschaft. Durch den zunehmenden Kampf um Buchungsquoten in der Reisebranche wird die Ausgestaltung der Angebote immer undurchsichtiger und für den Gast komplizierter. Gleichzeitig suggeriert der Veranstalter, dass Buchung, Abwicklung und Verlauf der Reise einfacher, billiger und sicherer werden. Dadurch „verflachen" die Reiseinhalte und sie werden austauschbar gegenüber den Mitbewerbern. Es geht eigentlich nur noch darum, den Mainstream am Markt zu bedienen, der sich routiniert abwickeln lässt. Individuelle Abweichungen und zusätzliche Wünsche sprengen das Preiskalkül. Aldisierung ist also auch im Reisemarkt angesagt: günstig, konform und anspruchslos.

Dem Bildungssektor geht es nicht anders: Auch hier ist der Trend, weg von der Individualisierung hin zur bildungsseitigen Verwässerung unserer Lehrströme, seit Jahren deutlich sichtbar geworden.
Es beginnt mit den Inklusionen in Grund-, Haupt-, und Realschulen, ob mit und ohne Plus, und setzt sich mit den Verkürzungen der Schuldauer bis zum Abitur fort. Die Qualität der Abschlüsse verliert an Bedeutung und die Hochschulen goutieren diese qualitative Verengung durch Schmalspurstudiengänge, die mit dem Bachelor enden. Den meisten Studierwilligen reicht dieser Abschluss und ihre Studierfähigkeit findet mit ihm sein Ende. Akademische Ansprüche früherer Provenienz werden zur Ausnahme. Der Master-Abschluss als wissenschaftlich prothetische Ergänzung zum Bachelor-Studiengang verlängert die Ausbildung meist ohne erkennbare finanzielle Vorteile. Promotionsangebote für Fachhochschul- und Uni-Absolventen runden das universitäre Studienangebot ab und ermöglichen

am Ende auch Seiteneinsteigern, an einer FH mit Gesellenabschluss den Weg zu einem Doktorvater zu finden.

Die gegenwärtige Bildungsstruktur zielt im Bereich der Wirtschaft nicht auf hochwertige akademische Abschlüsse ab. FHs und Unis dienen in erster Linie als Zulieferanten für personelle Ansprüche der Industrie und des Gewerbes und streamen nach deren Vorgaben den akademischen Massennachwuchs. Für wissenschaftlich anspruchsvolle Herausforderungen ist die „Bolognisierung" anerkanntermaßen eine europaweite Fehlentwicklung. Sie deroutiert exzellente wissenschaftliche Forschungsarbeit und fördert sie nicht. Der wissenschaftliche Anspruch an die bildungsentwöhnte Jugend wird zugunsten der reinen ökonomischen Bedarfsentwicklung in den Studiengängen angepasst, d. h. hochschulseitig vernachlässigt. Die Konsequenzen sind, dass händeringend schon heute bundesweit nach guten wissenschaftlich ausgebildeten Fachkräften gesucht wird, weil sie nicht mehr vorhanden sind. Einfach, schnell und sicher sind die Attribute, die die Kulturhoheit der Länder in ihrer Bildungspolitik beflügeln. Alle drei Faktoren, so scheint es, haben in den Wissenschaften unterschiedlichen Eingang gefunden, wenngleich in einigen wenigen Ausbildungsgängen die Strenge wissenschaftlicher Ausbildung nach wie vor gepflegt und eingeübt wird. Selbst bei der Besetzung bedeutungsvoller Professorenstellen kommt es immer weniger auf die bisher geleistete Exzellenz hervorragender Forschungs- und Entwicklungsarbeit der Bewerber an. Viele Berufungen sind inzwischen so standardisiert, dass notwendige Bewerbungskriterien immer mehr einer abnehmenden Stringenz qualitativer Voraussetzungen unterliegen, die lediglich der Erfüllung eines ausreichenden Lehrbetriebs dienlich sind und nicht der Wahrung einer elitären Ausbildungsstätte mit dem Maßstab anspruchsvoller wissenschaftlicher Arbeit und Ausbildung.

Sicherlich ist nicht alles zu beanstanden, was sich unter den Talaren bewegt. Aber auch hier gibt es eine Art Aldisierung wissenschaftlicher Qualitäten in Bildung, Ausbildung, Berufung und wissenschaftlicher Forschung. Eine Industrienation, wie die Bundesrepublik Deutschland, die nicht Wert auf hohe Bildungsstandards legt, wird am Ende nur so lange auf den Weltmärkten erfolgreich agieren, wie sie die Qualität ihrer Leistungsträger fördert.

Schon alleine die Tatsachen, dass 20 Prozent der Jugendlichen heute noch ohne Schulabschluss und Lehre sind und in einigen Studiengängen 40 Prozent Abbrecher trotz erheblicher Studienerleichterungen das Ziel ihrer Ausbildung nicht erreichen, müssten die sogenannten Bildungsexperten im Lande alarmieren. Nicht die Bildungsanpassung „nach unten" ist die adäquate Antwort auf die Herausforderungen der Zukunft, sondern die Erkenntnis, dass die praktische und theoretische Umsetzung des erlernten Wissens berufliche Erfolge im Leben garantiert und dass Schulen, Ausbildungsgänge und Studien keine Schwächung vertragen dürfen. Sie sind keine Spielwiesen für unqualifizierte Bildungspolitiker. Sie sind die tragfähigen Säulen für ein funktionierendes Gemeinwesen, auf dessen Schultern die Zukunft gemeistert werden muss. Schneller, einfacher und sicherer hilft nur dem, dem am Ende ohnehin nicht mehr geholfen werden kann.

Die Werte- und Lebensgleichschaltung schreitet unaufhaltsam weiter. Der Büchermarkt gehört hier ebenso dazu, wie unsere Unterhaltungsbranche und die Berichterstattungen in Zeitungen, im Rundfunk und im Fernsehen. Halbwahrheiten, Ungenauigkeiten, journalistische Mängel und Uneinsichtigkeiten gehören zum Tagesgeschäft einer Branche, die sich dem Rausch der Ereignisse verschrieben hat. Sie setzt auf Billigunterhaltung und nur auf den Applaus der Massen und des geistigen Mainstreams. Anspruchsvolle Sendungen oder Berichterstattungen werden immer seltener. Gute (Fernseh-)Filme sind die Ausnahme und geistlose Unterhaltung erhöhen die Einschaltquoten. Die musikalische Begleitmusik garniert auf ihre Weise diese Entwicklung. Nur so ist zu erklären, dass die Volks(tums)musik und jene, die sich dafür hält, einen hohen Zulauf mit vielen Applaudanten genießen. Die meisten Texte übertreffen sich an Banalität und die englisch unterlegten Liedtexte, die keinen Inhalt und keine Aussagen haben und ohnehin nicht verstanden werden, bestimmen das Gros deutschen Liedgutes auf allen Kanälen.

Was macht die Hinwendung zum geistigen Discount unserer Lebensmit- und umwelt so erfolgreich?

Vielleicht ist es nur das Gegengewicht zu der für viele Menschen unerträglichen Arbeitswelt, die nach Ausgleich in der Banalität sucht. Je anspruchsloser das Leben außerhalb des Berufes wird, desto erholsamer und entspannter empfinden wir unser eigenes Dasein. Der Spaßfaktor kommt beruflich zu kurz und wird deshalb auf die Freizeit reduziert, die nach der Arbeit dem Einzelnen zum Ausgleich bleibt. Die Frage nach den kulturellen und ethischen Werten spielt dann keine Rolle mehr. Man nimmt gern das wahr, was den Spaßsuchenden frommt.

Niemand kann und darf diesen Trend zur allseitigen Aldisierung unserer Lebenskultur verurteilen. Sie bestimmt einen Zeitgeist, dem wir uns nicht entziehen oder gar widersetzen können. Allerdings offenbart sie auch eine gesellschaftliche Tendenz, die nicht ungefährlich ist. Der Mensch wird zum Mobilitätsfaktor degradiert und nur noch in die Kategorien Kosten, Umsatz und Erlöse eingestuft. Das christliche Menschenbild versagt, weil es nicht mehr um den Erhalt christlicher Werte und Normen geht, die den Menschen in den Mittelpunkt unserer gesellschaftlichen Existenz stellen. Die Götzen unserer Zeit bekommen ein Gesicht. Sie entfernen ihre Masken und zeigen schonungslos, wohin unsere Gesellschaft abdriftet. Wenn Leistung mit Ausbeutung gleichgesetzt wird und Leidenschaft mit Qualitätsverzicht einhergeht, dann befinden wir uns auf einem falschen Weg, der ins Abseits führt.

Begreifen wir endlich, dass Demokratie als der Wille des Volkes, d.h. der breiten Masse nicht dazu missbraucht werden darf, den eigenen Nutzen vor allem anderen zu stellen. Wir können nicht einfach alles Gute infrage stellen, was früher einmal für uns wertvoll war und Geltung hatte. Demokratie sollte nicht als Tor für legale Halbwahrheiten oder legitimierte Unwahrheiten dienen, sondern für uns alle Ansporn sein, sie als großes Geschenk zu betrachten, ihre Vorzüge zu erkennen, sie zu wahren und stets zum Nutzen aller Menschen einzusetzen – und nicht zum Wohle einiger weniger zu instrumentalisieren. Dann sollte uns die Aldisierung unserer Lebenskultur keine Furcht einflößen, sondern wir könnten sie als Chance begreifen, aus unserem Leben etwas Positives zu gestalten.

In der verbalen Überzeichnung des oben Ausgeführten sollte nicht der Eindruck entstehen, dass nicht alles in unserem Leben nur Aldi ist, was billig, schnell, verfügbar, konform und Luxus für alle zu niedrigen Preisen auf Kosten von Qualität oder Marktdiktat auf Kosten von Fach- und Einzelhandel ist. Die verschiedenen Aspekte verbindend ist indes, dass die fehlende oder auch falsche Ethik, die hinter den politischen wirtschaftlichen und gesellschaftlichen Prozessen stehen und uns zu kritischer Aufmerksamkeit aufrufen. Lassen wir uns also nicht die Butter vom Brot nehmen und unser Leben anderen überlassen. Dieses Leben schöpferisch zu gestalten, ist Ausdruck unserer Freiheit, auch unserer Konsumfreiheit.

Felix und Regula

Aus der freien Enzyklopädie Wikipedia erfahren wir, dass es sich bei Felix und Regula um zwei eher unbekannte Heilige der römisch-katholischen Kirche handelt. Es sind Geschwister, die Mitglieder der Thebäischen Legion – einer römischen Einheit - waren und im Jahre 302/303 n. Chr. bei Aganum im heutigen Kanton Wallis in der Schweiz den Märtyrertod durch Enthauptung fanden. Sie werden als Stadtpatrone von Zürich verehrt, gemeinsam mit dem dritten Stadtpatron Exuperantius, der mit ihnen das gleiche Schicksal teilte.

Der Legende nach starben sie durch die diokletianische Christenverfolgung. Sie wurden – wie viele andere verfolgte Christen in der damaligen Zeit – durch römische Eiferer aufgespürt und anschließend geköpft. Im Großmünster der Stadt Zürich – im Fraumünster und der Wasserkirche – werden sie bis heute verehrt. Ihr Gedenktag ist der 11. September.

Was war vor mehr als 1.700 Jahren passiert?
Nach dem Rat des Kommandanten der römischen Legion Mauritius waren Felix und Regula gemeinsam mit ihrem Diener Exuperantius über die Furka, das Reusstal und den Klausenpass ins Glarnerland gelangt. Dort folgten sie der Linth bis zum Zürichsee und erreichten schließlich das römische Lager Turicum, das heutige Zürich, wo sie blieben und ihrem christlichen Glauben dienten.
Der für seine Grausamkeiten besonders berüchtigte römische Kaiser Maximian nahm die Verfolgung der Christen bis nach Turicum auf und seine Häscher spürten sie während ihrer Gebete zu Gott auf. Da sie nicht gleich erkannt wurden, stellten die Verfolger die Frage, ob sie Gefährten der übrigen flüchtigen Angehörigen der thebäischen Legion seien. Als Christen der Wahrheit verpflichtet, offenbarten sie ihre Identität und bekannten sich dieser Legion zugehörig. Trotz Androhung von Folter und Tod ließen sie sich nicht zum Opfer an die römischen Götter Jupiter und

Merkur zwingen. Auf Befehl des Kommandanten Decius ergriffen die Christenverfolger die Delinquenten und führten sie auf eine kleine Insel in dem Fluss Limmat. Dort wurden sie schließlich enthauptet. Engel sollen anschließend die Leiber der Enthaupteten, die ihre Köpfe in den Armen trugen, genau 40 Ellen (Schritte) den Berg hinauf getragen haben, wo sie begraben wurden.

Schriftliche Hinweise zu dieser Legende finden sich in der Stiftsbibliothek in St. Gallen und stammen aus der zweiten Hälfte des achten und neunten Jahrhunderts. Die Legende von Felix und Regula, den beiden Märtyrergeschwistern, verbreitete sich in den folgenden Jahrhunderten und wurde aus der lateinischen Urschrift bis in die Schweizer Mundartsprache bildhaft und wortreich ergänzt. So wurde überliefert, dass der grausame Tyrann Decius den zum Tod Verurteilten befahl, ihren Nacken zu zeigen, damit ihre Häupter abgeschlagen werden konnten. Als die zur Enthauptung Verurteilten dies gehört hatten, beteten sie und streckten ihre Hände zum Himmel. Sie neigten ihre Nacken und starben so den Märtyrertod für ihren Herrn und Gott.

Auch diese Legende gehört zur Gattung der sogenannten Martyriumsgeschichten. Vieles wurde im Laufe der Jahrhunderte hinzugedichtet, und vieles ist wahr. Kern der legendären Botschaft ist die Standhaftigkeit im Glauben der jungen Christen und die Willensstärke der mit ihrem Leben Bedrohten in den Grenzsituationen ihres Lebens. Das Leiden und Sterben des Gekreuzigten dient hier oftmals als Vorlage der eigenen persönlichen Leidensgeschichten und unterstreicht die Unerschütterlichkeit ihres Glaubens an Jesus Christus und seine heilige Passion.

Der geschichtliche Hintergrund ist authentisch. In der Zeit zwischen 302 und 305 n. Chr. wütete die diokletianische Christenverfolgung und forderte das Leben zahlreicher anderer Glaubensbrüder. Diokletian machte Maximian im Jahre 286 zum mitkaiserlichen Christenverfolger. Letzterer zeichnete sich durch besondere Tyrannei und Brutalität im Umgang mit gefangengenommenen Christen aus.

Das Motiv der Reise der beiden Geschwister von Thebäis in Ägypten bis hin zum Kastell Turicum war der Verzicht auf materiellen Wohlstand, um das eigene Leben vollkommen in den Dienst Gottes zu stellen. Es war eigentlich eine Pilgerreise, die dazu diente, ein neues gottgefälligeres Leben zu führen und das alte Leben mit der Verehrung römischer Gottheiten zu beenden. Am Ziel ihrer Reise, dort, wo der Abfluss des Zürichsees in die Limmat einmündete, wollten die Pilger ihren Frieden finden. Und ausgerechnet dort treffen sie auf ihre Henker.

Zum Gedenken an diese Ereignisse fand im Jahre 2013 wieder eine Pilgerreise statt. Beginnend bei den beiden Quellen Felix und Regula, deren Flusslauf sich vom Tierfehd, nahe dem Quellgebiet der Linth im Tödi-Massiv, durch den Kanton Glarus schlängelt und schließlich in den Zürichsee einmündet, verlief der Pilgerweg über Kloster Uznach, Rapperswil bis nach Zürich. Diese Wallfahrt setzt eine lange Tradition früherer Pilgerreisen fort, die schon in vorreformatorischer Zeit einsetzten und zu den Heiligen Felix und Regula führten. Im Kreuzgang der Grabkirche von Felix und Regula, dem Grossmünster in Zürich, befindet sich eine Zeittafel, die eine erstaunliche Notiz aufweist: im Jahre 1525 wurden Messe und Abendmahl abgeschafft, und ein Jahr zuvor unter Zwingli der Heiligenkult beendet und die Kirchenschätze beschlagnahmt. Dies war der Auslöser dafür, dass die Reliquien der beiden Heiligen nach Andermatt gebracht wurden, wo ihre Häupter seither in der Pfarrkirche aufbewahrt werden.

Pilgern heißt, auf dem Weg sein, um sein eigenes Kastell zu erreichen. Wallfahren mit den unterschiedlichsten Menschen in der Gemeinsamkeit auf das letzte Ziel hin und in der geistigen Nähe zu den Heiligen, ist wohl die Hauptmotivation aller Pilger. Sie alle spüren auf ihrer Pilgerschaft einen Hauch der Botschaft Jesu Christi, zu der die meisten von uns ein offenes Ohr haben.

Die VITAO®-Allianz Schweiz – ein Mehrwert-Netzwerk – unter der Leitung von David McLion hat das Tor zur wiederbelebenden Selbstreflexion über die Stadtheiligen von Zürich weit aufgestoßen und den Pilgerweg „rekultiviert".

Er hatte den Mut, den schlummernden Riesen mit seinem professionellen Engagement für den Kanton Glarus touristisch zu wecken und die Neugier potentieller Pilger, wie auch solcher, die sich am Wandern durch urige Naturlandschaften erfreuen, zu stillen. Gern haben sich Kirche und Kanton seinem Engagement geöffnet und die Chance erkannt, sich und die Heiligen wieder mehr ins Gespräch zu bringen.

Von den Felix-und-Regula-Quellen im südlichen Glarner Land entlang der Linth bis zur Limmat, so verkündet die Marketingbotschaft des Kantons Glarus, soll dem Pilger und Wanderer wieder bewusst gemacht werden, auf welchem Weg er sich in dieser Welt bewegt. Die Jagd nach dem redlichen und unredlichen Geld sollte für einige Tage des Lebens unterbrochen werden, um vielleicht für einen Moment einen neuen Standort für sich selbst und eine neue Vision des eigenen Daseins zu finden.

Die Schweizer Ökumene hat dieses Verlangen aufgegriffen und marketing- und internetgestützt nutzbar gemacht, und zwar in der Erkenntnis, dass die historischen Wurzeln der Pilgerschaft zu den Heiligen Felix und Regula in ihrem Boden ruhen und von ihr ausgehen. Dies sollte jedoch keine Eintagsfliege sein, sondern muss von den christlichen Kirchen selbst gepflegt und gefördert werden, um es nicht ausschließlich dem non-klerikalen Engagement zu überantworten. Es ist immer ein Zeichen gelebter und praktizierter Seelsorge, wenn die Kirchen sich um ihre Schafe vor Ort bemühen, egal aus welchem Stall sie kommen. Die Stärkung des Glaubens an Gott durch ihre anvertrauten Gläubigen wird in besonderer Weise der örtlichen Kirche zugutekommen. Die gläubige Bevölkerung hat die neue Initiative dankbar aufgenommen und sie ist der Pilgerschaft mit Freude gefolgt. Eine solche Pilgerreise hätte auch umgekehrt, von der Stätte der Enthauptung bis zur Quelle des Lebens im Quellgebiet der Linth und von Felix und Regula ihren Sinn, um dem Kernanliegen der Wanderung zu dienen, nämlich sich den Mut, die Tapferkeit und den Aufopferungswillen der Märtyrer in Erinnerung zu rufen.

Als langjähriger Schirmherr der VITAO® Ethic Community bin ich stolz darauf, dass aus den ursprünglichen Ansätzen und Absichtserklärungen nunmehr ein Projekt entstanden ist, dem ich eine lang andauernde Wiederbelebung wünsche. Auf diese Weise wird dem Anliegen der Ethic Community mit dem Label „I am responsible" sichtbar Rechnung getragen, nämlich, dass der Kanton Glarus es ernst meint, unter den Kantonen der Schweiz eine besondere ethische Stellung einzunehmen, und sich verantwortlich zeigt für die Aufgaben und Fragen dieser Welt. Der Weckruf zur Pilgerschaft ist vielleicht der Beginn von vielen Weckrufen, auf die wir uns alle einlassen sollten. So gesehen ist jedes Sich-auf-den-Weg-Machen ein Aufstehen, ein eigenes Auferstehen von unseren tradierten und eingeübten Gewohnheiten und eingefahrenen Bequemlichkeiten. Das Leben der Märtyrer ist deshalb beispielhaft, weil wir oft selbst kopflos sind, ohne Sinn und Verstand unser Leben vergeuden und das „Haupt auf dem Arm" tragen. Das beginnt jedes Mal dort, wo wir wegschauen, wenn wir helfen sollen, und wenn wir Widerstand leisten sollten, während wir applaudieren.

Es gibt viele Wallfahrten und Pilgerschaften in der Welt. Solche, die populistische Aufmerksamkeit erheischen wollen, und solche, die mehr im Verborgenen stattfinden und eher die Intimität und das Mysterium suchen. Jeder zieht aus seinem eigenen Pilgern jenen Nutzen, den er mit der Erreichung seines Betens und Gehens verbindet. Dies gilt beispielsweise sowohl für die Wanderung nach Santiago di Compostela als auch für die bekannte Heilig-Rock-Wallfahrt nach Trier. Die Anlässe sind verschieden, aber die tieferen Ziele identisch. So weist die Heilig-Rock-Wallfahrt in Trier im Jahre 2012 auf ein 500-jähriges Jubiläum hin. Die Zeit vor 500 Jahren, also um 1512, datiert in die Epoche des Frühkapitalismus. Eine Zeit, die besondere Herausforderungen an Kirche und Gläubige stellte. Dies galt damals und gilt auch heute noch, nur mit anderen Vorzeichen.

Was soll eine Wallfahrt in postkapitalistischer Zeit, in der die Korruption blüht, noch bewirken, in der das Chaos zur Lebenskultur erhoben wird und die Menschen sich gegenseitig entfremdet haben? Die Kirche hat in den vergangenen Jahrhunderten immer weiter den Zugang zu ihren Gläubigen verloren und keine Antwort gefunden auf die drängenden Fragen unserer Zeit.
Was bezweckt eine solche Pilgerreise zu den Heiligen Felix und Regula, zum Heiligen Rock oder zu anderen Reliquien der Christenheit noch heute? Münden diese Veranstaltungen nicht in eine Sackgasse? Dienen sie nicht

doch nur der Befriedung einiger Würdenträger oder ewig Gestriger, die ihr Leben nur in der Enge katechetischer Frömmigkeit und stoischer Pflichterfüllung ertragen und für sich selbst keine andere Perspektive erwarten?

Nun, jede Wallfahrt ist zunächst eine Auffrischung vergrabener Erinnerungen. Sie dient in vielfacher Weise der Begegnung mit völlig unterschiedlichen Gleichgesinnten in Gedanken, Worten und in Werken. Es spielt dabei keine Rolle, ob eine Wallfahrt von den Gnomen in Zürich, Frankfurt oder New York unternommen wird oder von Heil suchenden Mitchristen. Immer geht es bei Pilgerfahrten um die für sich selbst lebensentscheidenden Fragen: Wie steht es mit mir, mit meinem Leben und mit meinem Christentum? Was muss ich tun, um erlöst zu werden? Welches Leben von mir findet vor Gott Gnade? Hier hat keiner Prioritätsrechte, weder Kirchenfürst noch Vasall, weder Wirtschaftsführer noch Arbeitsuchender, weder Machthaber noch Machtloser.

Niemand gibt Antwort. Die Kirche tut sich schwer, weil sie ihre eigenen Sünden nicht beichten will, und der Staat, weil er keine Antworten kennt. Mit unserem Glauben stehen wir alleine da. Laden denn nicht gerade Wallfahrten dazu ein, das persönliche Defizit zu schließen? Erinnern wir uns dann nicht der Heiligen und auch der Reliquien, die uns Zeichen sein können, in unserer menschlichen Verzweiflung Trost zu spenden? Die Heiligen, Felix und Regula, Jakobus und Matthias könnten Ansporn sein, so wie vor 2.000 Jahren die Heiligen Drei Könige, sich auf den Weg zu machen, um näher bei Gott zu sein.

So sind die Leitgedanken unserer irdischen Pilgerschaft persönlich sehr different und dennoch irgendwie gleich. Der Trierer Leitspruch „Führe zusammen, was getrennt ist" oder die Gedanken zu Felix und Regula „So wie das Leben fließt, so bleiben auch wir in ständiger Bewegung und Auseinandersetzung mit unserem Glauben" haben letztlich nur ein Ziel: der eigenen Erlösung näher zu kommen. Dies gelingt uns nur, wenn wir den Weg zu uns selbst finden, den Kontakt zu Gott herstellen und schließlich den Zusammenhalt zwischen unseren Kulturen und den Generationen suchen und pflegen. Es geht um die persönliche Entfaltung ebenso wie um die Förderung eines respektvollen und menschengerechten Umgangs.

Das Wandern auf einem inneren Pfad zu uns selbst, zu Gott, zu unseren Mitmenschen und unserer Mitwelt erfordert den ganzen Menschen, nämlich seine Bereitschaft, neu gewonnene Erfahrungen für sein eigenes Leben gewinnbringend umzusetzen.

Die christliche Soziallehre formuliert die Prinzipien unseres christlichen Handelns, wie Personalität, Solidarität, Subsidiarität, Gemeinwohl, Gerechtigkeit und Nachhaltigkeit. Daraus entsteht eine ethisch normierte Argumentationsstruktur, die nicht zuletzt als Grundlage einer sozial- und wirtschaftsethischen Verhaltensweise dient. In der Argumentationskette fehlt bedauerlicherweise der Begriff Solidität. Aber sie ist gerade heute der Dreh- und Angelpunkt eines wirtschaftlichen Verhaltens, welches die Krisen unserer Zeit heraufbeschwört und uns immer wieder die Verletzlichkeit wirtschaftlichen Handelns für das Wohl der Menschen vor Augen führt.

McLion sieht die Ethik als eine Art Pfeilspitze, die hilft, den Kampf des Lebens zu gewinnen. Alles im Leben ist Kampf: Kampf gegen die eigenen Unzulänglichkeiten und Kampf gegen die Machtintrigen der Anderen. Aber auch Kampf für Fortschritt und Innovation und Kampf für das Bessere und den Erhalt ethischer Werte. So gesehen führen wir ein Leben lang Krieg. Krieg gegen uns selbst und gegen Andere. Von Kindesbeinen an lernen wir, uns durchzusetzen. Je wirkungsvoller wir dabei gegen unseren eigenen Kopf gebremst werden, desto raffinierter wird unsere Gegenwehr, und desto ausgefeilter werden unsere selbstgeschmiedeten Waffen zur Durchsetzung unserer persönlichen Lebensidee. Aber es gilt auch, je ohnmächtiger wir sind und in diesem Kampf unterliegen, desto mehr Kräfte und Fähigkeiten bilden sich aus, den Weg der Vergeltung, der Rache und der Zerstörung unserer Mitwelt zu organisieren.
In der Welt der Verlierer, der Neider, der Missgönner und des Hasses will die Ethic Community einen ethischen Weg einschlagen, quasi einen eigenen Pilgerweg zu den vielen Heiligen ebnen, auf deren Fürsprache jeder von uns vertraut. Dieser Weg soll Fehlentwicklungen stoppen oder zumindest hierüber die Diskussion aufnehmen. Aber wie sollte das gelingen, wenn man nicht in taube Ohren flüstern will? Wenn der Bauch leer ist, ist bekanntlich dem Kopf nicht nach Moral. Da wird geplündert, da herrschen andere Sitten, da ist Revolution statt Evolution. Da rotten sich die

Schwachen, die Verlierer, die Vernachlässigten und Betrogenen zusammen und wollen nur eines, nämlich gemeinsam ihrem Zorn freien Lauf lassen. Dies ist im Großen genauso wie im Kleinen, in der Gesellschaft wie in der eigenen Familie, so David McLion.

In der Spirale der Verantwortungslosigkeit, in der Enteignung von menschlicher Würde und moralischem Restanstand der vielen Davids gegen die Goliaths, der Kleinen gegen die Großen dieser Welt, der Ehrlichen gegen die Korrupten, der Anstandsgerechten gegen die Betrüger finden wir uns letztlich wieder. Die Welt ist so, wie sie ist, sie gibt denen am meisten Raum, die herrschen und nicht beherrscht werden wollen, die selbst bestimmen und nicht fremdbestimmt werden wollen, die die Macht suchen und das Sagen haben wollen. Macht es dann überhaupt noch Sinn, die Davids allein mit ethischen Werten, Verhaltensweisen und Normen zu überzeugen? Wenn die Glocken der Kirchen zur Andacht läuten und keiner geht mehr hin, dann verbluten die Menschen innerlich, auch wenn sie sich lieber zeitgleich in der benachbarten Kneipe mit Alkohol betäuben. Die Not ist groß und niemand hilft, sie aus ihrem seelenlosen Schlamassel zu befreien. Sie, die Menschen, stehen vor dem Ausverkauf ihrer Träume von Gerechtigkeit. Ihr Glaube entartet zur Gewissheit, dass es keinen Sinn mehr macht, dem Leben etwas Positives abzuringen. Das irdische Dasein ist von Grund auf schlecht und nur noch für eine Minderheit lebenswert. The winner takes it all.

In dieser Welt der scheinbaren Hoffnungs- und Aussichtslosigkeit mutet es wenig erfolgversprechend an, Gläubige für eine Pilgerschaft zu begeistern oder sogar an ihre Verantwortung zu appellieren. Dies ist der Anspruch unserer Botschaft, dass alle Menschen für sich und andere eine Antwort geben auf die Frage zu ihrer persönlichen Verantwortlichkeit in dieser Welt. Nicht diejenigen, die als Saufbrüder in der Kneipe ihre Zeit totschlagen, sind schuld, sondern diejenigen, die ihnen Lebensperspektiven bieten könnten, sich aber selbst verweigern. Jeder David kann gegen einen übergroßen Goliath gewinnen. Er muss nur wissen, wie er sich selbst einzuschätzen hat, welche Werte ihn antreiben und wie er den empfindlichsten Punkt, seine Achillesferse treffen kann. Ein David, der mit einem „Stein der Weisen" auf den wirkungsvollsten Punkt „des inneren und äußeren Gegners" abzielt, lernt seine Schleuder so einzusetzen, dass er trotz seiner geringen Größe und seiner Schwäche ebenbürtig wird oder sogar überlegen ist.

Die VITAO® Ethik Community im Kanton Glarus weiß um die Notwendigkeit der Wiedergewinnung ethischer Ressourcen in unserem Alltag. Sie unterstützt die Bemühungen, wieder eine Symmetrie zwischen unserem Denken, unserem Sagen und unserem Handeln herzustellen. Alles, so scheint es, ist inzwischen asymmetrisch geworden und findet keine Deckungsgleichheit und Übereinstimmung mehr, weil das Vertrauen in die geschäftlichen und persönlichen Partnerschaften verloren gegangen ist. Aufrichtigkeit, Anstand, Offenheit und Verlässlichkeit bleiben auf der Strecke und werden vergeblich gesucht. Ethik als Pfeilspitze, so David McLion, braucht eine flexible Bogenspannung und ein gutes Augenmaß für das anvisierte Ziel. Und: Ethik ohne innovative Vorwärtsstrategien und die genaue Einschätzung der eigenen Kraft muss ihr Ziel verfehlen.

Felix und Regula bedeuten in deutscher Übersetzung „der Glückliche und die Richtschnur", d. h. der richtige Maßstab des Lebens. In der Zusammenführung beider Namen sollte der gläubige Mensch auf der Suche nach dem Sinn seines Lebens erkennen, dass in den unerschütterlichen Grundsätzen seines Glaubens und seines Lebenslaufes das wahre Glück gefunden werden kann. Das ist unumstößlich und für die Menschheit heute und in der Vergangenheit eine unerschütterliche Lebensweisheit und Geschichtserfahrung. Der Pilgerweg führt uns in die richtige Richtung. Er lässt uns zu dieser Erkenntnis unterwegs sein mit unseren Gedanken, Gesprächen und Begegnungen.

Pilgern ist Seelsorge mit den Füßen. Solange aber die Kirchen, egal welcher ökumenischen Provenienz, nicht begreifen, dass jede Pilgerschaft auch ihrer seelsorgerischen Arbeit dienlich ist und nicht nur allein auf dem Rücken freiwilliger Helfer und Helfershelfer ausgetragen werden kann, solange fehlt es an dem Verständnis, dem gläubigen Menschen auf der Suche nach Gott in jeder Hinsicht helfend und begleitend zur Verfügung stehen zu müssen.

Für Felix und Regula gab es seinerzeit keine organisierte Pilgerreise. Das Ziel ihrer Flucht aus Ägypten war die Hoffnung auf ein friedliches Leben, und dennoch stand am Ende ihr Tod.

Kardinal Kurt Koch beschreibt auf seine Weise das Unterwegssein der Menschen mit den Worten: „Das äußerliche Unterwegssein der Menschen ist Ausdruck eines inneren Unterwegsseins und Sehnsucht nach einem guten Ziel der Lebensreise. Denn die Menschen sind umgetrieben von den Fragen, woher sie kommen und wohin sie gehen und wer sie im Licht ihrer Herkunft und Zukunft sind, und die Menschen entdecken im Ringen um Antworten auf diese Fragen, dass sie nur im Unterwegssein wirklich bei sich selbst sein können. Ökumenisch betrachtet, kommt darin zum Ausdruck, dass alle Pilger – nicht nur Christen – immer mehr zueinanderfinden, je mehr sie sich gemeinsam auf den Weg zu den Heiligen begeben, die in ihrem Leben Vorbild für alle Menschen waren."

Es wäre schön, wenn den kirchlichen Worten auch tatsächlich Taten folgen würden. Die Zeit wäre reif dazu.

Das krankmachende Gesundheitswesen

Das Gesundheitswesen in Deutschland macht eher krank als gesund. Wie soll ein Laie noch verstehen, was sich hinter dem Schutzschild „deutsches Gesundheitswesen" verbirgt? Einen allumfassenden Durchblick wird es nicht geben und kann es nicht geben, weil jeder involvierte Beteiligte seine Ansprüche an dem Verwirrspiel anmeldet und mehr für Intransparenz als für Transparenz sorgt. Die Ethik bleibt dabei aus dem Spiel, weil es – so scheint es – ausschließlich um Geld und nicht um Menschen und Patienten geht.

Die Beitragszahler in Kassen und Versicherungen verstehen die Welt nicht mehr. Der gigantische Milliardenpoker um Prämien, Honorare und Versicherungsanteile gerät zur jährlichen Farce, wenn trotz Milliardenrückstellungen bei den Krankenversicherungen die Gier nach höheren Versicherungs- und Kassenbeiträgen ungebrochen fortbesteht. Die Beiträge des Bundesfinanzministeriums zum Gesundheitsfonds sollen weiterhin ungebremst fließen, damit die Anhäufung eigener Guthaben bei den Versicherungsträgern verschont bleibt. Jeder sammelt so gut er kann und erhofft sich Finanzvorteile auf dem Rücken der Anderen. Eine probate und gewohnte Bürgerhaltung, die auch schon im Sozialbereich dieser Republik seit vielen Jahren erfolgreich praktiziert wird.

Eigentlich will der erkrankte Mitbürger als Patient nur Heilung von seinem Leiden. Wie ihm diese zuteil wird, daran entzündet sich der Streit aller Mitwirkenden. Ärzte, die heilen können, wollen mehr Honorare. Ihre Standesvertretungen wollen sparen, möglichst wenig von dem Kuchen abgeben und dabei die Daumenschrauben so ansetzen, dass nur wenige Spezialisten profitieren. Die kassierenden Krankenkassen und -versicherungen kürzen permanent ärztliche und krankenhausbedingte Heilleistungen, so dass der betroffene Patient nicht nur hohe Krankenkassenbeiträge leisten, sondern einen wachsenden Anteil durch immer höher werdende Selbstbehalte tragen muss. Krankenhäuser und Ärzte stehen unter dem Druck ständiger wirtschaftlicher und damit kostensparender Überlegungen in ihrem beruflichen Umfeld und gleichzeitig unter der psychischen Belastung, ihr Berufsethos zu verletzen. Aus finanziellen Gründen macht es für sie keinen Sinn mehr zu helfen, weil sie die Leistungen von den Kassen und sonstigen Leistungsträgern nicht mehr vergütet bekommen. Es ist der Widersinn, dass Fleiß bestraft wird und notwendige ärztliche Leistungen gecancelt werden, weil das Gesundheitssystem Leistung aus Notwendigkeit und Leidenschaft als Berufsethos nicht honoriert. Die freie Marktwirtschaft wird innerhalb des Gesundheitssystems *ad absurdum* geführt.

Warum ist es in unserem bestehenden Gesundheits- oder Krankheitssystem so schwierig, trotz divergierender Einzelinteressen einen tragfähigen Konsens zu finden, der für alle zur win-win-Situation führt? Krankenhäuser müssen nicht geschlossen werden, Hausärzte bleiben auf dem Land und Spezialisten sind von jedem Ort der Republik ohne Mühe erreichbar. Die medizinische Grundversorgung wird sichergestellt und der demographische Wandel geht nicht einseitig zu Lasten der Landbevölkerung. Die flächendeckende Fehlbelegung unserer jungen Ärzteschaft ist ein Spiegel der Fehlkonstruktion unseres Gesundheitswesens: lieber arbeitslos in der Stadt als zu schlechten Honorarbedingungen auf dem Land. Gratulation an alle Standesvertretungen und Kassen zu diesen vorzeigbaren verbandspolitischen Ergebnissen. Die Ärzte tragen weniger Schuld, weil sie ein Recht darauf haben, für viele Beratungsstunden und Hausbesuche ein adäquates Salär erwarten zu dürfen.

Was läuft schief in Deutschland?

Seit Jahren glauben die im Krankheits- und Gesundheitswesen Verantwortlichen in ihrem ständig zu verbessernden Abrechnungs- und Honorarsystem für Ärzte und Krankenhäuser die richtige Lösung gefunden zu haben. Seit Jahren ist ihnen dieses nicht gelungen. Die dringend notwendigen Systemkorrekturen sind bis heute ausgeblieben, weil sie stets an den verstaubten Egoismen der Uneinsichtigen gescheitert sind.
Alle Beteiligten, ob Kassen, Versicherungen, Pharmaindustrie oder Standeslobbyisten, die Geld zu verteilen haben, unterliegen der Gier, möglichst viel von den Versichertengeldern zu behalten und möglichst wenig den

eigentlichen Leistungsträgern – Ärzten und Krankenhäusern – zu überlassen. Sie verschlingen selbst in den Verstrickungen ihrer Selbstverwaltungen so viel Geld, dass es alleine kaum in Vorstandssalären und Verwaltungspalästen untergebracht werden kann. Es versickert so viel in dunklen Kanälen, dass eine offene, klare, für alle durchschaubare und anerkennenswerte bundesweite Gesundheitsstrategie niemals zustande kommen kann.

Unsere Gesundheitspolitik ist eine Farce. Die ministrablen Amtsinhaber wurden von jeher mit Leuten geschmückt, die allesamt wenig Erfahrung und schon gar keine Durchsetzungskraft besaßen. Vielmehr wurden die Spitzen von Gesundheitsministerien mit solchen Parteisoldaten versehen, die mehr aus räsonablen Erwägungen als aus fachlichen Gründen ins Ministeramt gehoben werden mussten. Deshalb wurden nur wenige Minister tangential den ihnen übertragenen Aufgaben gerecht und so blieb meistens am Ende alles beim Alten. Gesund erhalten haben sich nur die Profiteure, während das Gesundheitswesen krank zurückblieb.

Die Selbstverwaltung der Kassenärzte ist bei genauer Prüfung ein überflüssiger Kropf, der nur deshalb nicht operiert wird, weil die eigene Macht der Vereinigung uneingeschränkt seit Jahrzehnten ausgebaut wurde und niemand an den Grundfesten dieser teuren, hohe Geldsummen verschlingenden Verwaltungseinrichtung gerüttelt hat.

Vorstände dieser Intermediäre werden fürstlich bezahlt und ihre Einrichtungen ähneln herzoglichen Palästen. Die Funktionen der KV können ohne Probleme mit anderen Mitteln wahrgenommen werden, ohne dass ihre finanzielle Absorbtionskraft anderen Zwecken zugutekommt. Da Nichtmediziner wenig oder gar keinen Einblick in die selbstkomplexen Aufgaben dieser Verwaltungseinrichtung haben, fällt es auch allen anderen Überlegungen schwer, konstruktive Alternativen vorzuschlagen, damit das Geld der Zahler effizienter verwaltet wird. Hinzu kommt, dass das ärztliche Abrechnungssystem durch die Reglementierungen der KV derart kompliziert geworden ist, dass selbst Betroffene den Durchblick verlieren und daher am Ende auch die Leidtragenden sind. Jeder niedergelassene Arzt versucht naturgemäß dem Verteilungskuchen seine „Untersuchungsfälle" so zu präsentieren bzw. sie so abzurechnen, dass er überleben bzw. einen angemessenen Einkommensanteil für sich und seine Praxis erzielen kann.

In den „Gesundheitspolitischen Analysen" ist nachzulesen, dass die Kassen-ärztliche Bundesvereinigung (KBV) die nächste Runde der EBM-Reformen eingeläutet hat. Was bedeutet das im Einzelnen?

Das Ziel dieser Reformen ist die Stärkung der wohnortnahen Grundver-sorgung der Bevölkerung mit medizinischen Praxen. Bisher hat dieses Ansinnen das gewünschte Ergebnis verfehlt und es soll nun durch ein neues Labyrinth geänderter Honorarabrechnungen gesichert werden. Damit wird das gegenwärtige Abrechnungssystem für Ärzte nicht leichter, sondern noch komplizierter. Einige Fachrichtungen profitieren von der Reformbestrebung, andere werden benachteiligt. Diese durch die KBV angestrebte „Sozialpolitik" für einkommensschwache Praxen verfehlt indes ihr Ziel einer Einkommensnivellierung. Ihre bisherigen Honorarmodali-täten haben zu erheblichen Ungleichgewichten in den Einkommens- und Gewinnverhältnissen zwischen Fachärzten in der Grundversorgung und anderen Spezialfachärzten geführt. Solche Divergenzen bewirken struk-turelle Veränderungen und den Abzug vieler Fachpraxen aus der Fläche.

Abhilfe erhoffen sich die Verwaltungsfachleute durch ein noch komplexeres neues Abrechnungssystem mit den Ärzten, was die betroffenen Hausärzte vor neue Herausforderungen stellt. Damit wird aber nicht der Ärztemangel behoben, sondern nur, dem eigentlichen Selbstzweck dienend, verwaltet. Die Folge ist, dass bereits in Rheinland-Pfalz und in anderen Bundeslän-dern Arzthelfer ausgebildet werden sollen, die anstelle der approbierten Fachärzte diesen notwendige medizinische Dienste abnehmen und die medizinische Grundversorgung für die Bevölkerung in der wichtigsten und größten Volkswirtschaft Europas sicherstellen sollen. Welches gesund-heitspolitische Armutszeugnis stellen sich die Innovatoren selbst aus, wenn ihnen nichts Besseres einfällt, als den Lehrling selbst im Schnellkurs zum Meister zu machen?
Der traditionelle Landarzt wird zum Auslaufmodell und die Fläche zur medizinischen Diaspora, weil das Honorarsystem anreizlos ist. Junge Mediziner bleiben in der Stadt und halten sich vom ländlichen Raum fern. Inzwischen suchen in Rheinland-Pfalz nahezu die Hälfte (47 Prozent) aller niedergelassenen Ärzte einen Nachfolger. Viele Landärzte wechseln in den nächsten Jahren in den Ruhestand, so dass ihre Praxen aller Voraussicht nach

geschlossen werden. In vielen Ortschaften bundesweit erleben wir einen Rückzug selbständiger Praxen und am Ende unseres Dezenniums werden es noch erheblich mehr werden. Zudem geht auch das Krankenhaussterben immer weiter, weil sich kleinere Spitäler kaum noch halten können. Auch durch diese Entwicklung wird die medizinische Grundversorgung immer mehr infrage gestellt.

Es steht zu befürchten, dass die medizinische Kunstfehlerquote noch erheblich wachsen wird, wenn „Laienmediziner" die Grundversorgung zum Teil übernehmen sollen. Und dies geschieht vor dem Hintergrund, dass gerade ärztliche Kunstfehler in Praxen und Krankenhäusern in erschreckendem Maße zugenommen haben und nunmehr der Teufel mit dem Beelzebub ausgetrieben werden soll. Die KBV wird sich vorhalten lassen müssen, dass das gut Gemeinte noch lange nicht das Gleiche ist wie das gut Gemachte. „Mikrorevolutionen" (A. Schweitzer von der Landesregierung RPL) können in ihrer Gesamtheit so viel Sprengkraft aufweisen, dass letztlich das ganze Gesundheitssystem sich selbst desavouriert, weil immer nur an Symptomen kuriert und nicht die gesamte Gesundheitsstruktur reformiert wird. Landärzte wollen nicht mehr in verödeten Räumen leben und 24 Stunden am Tag verfügbar sein, ohne hierfür ein adäquates Honorar zu erhalten. Des Weiteren wird die Lösung dadurch erschwert, dass inzwischen in der Medizin die Frauenquote 60 Prozent übersteigt. Frauen nehmen später ihre Familienplanung in Angriff und äußern ihre Teilzeitwünsche, was naturgemäß zu neuen beruflichen Herausforderungen führt. Hinzu kommt, dass Patienten im ländlichen Raum weniger mobil sind und lieber vor Ort behandelt werden wollen. Der Versuch, junge Ärzte für Facharztpraxen auf dem Land zu interessieren, nach dem Slogan „Probier doch Hausarzt auf dem Land", verfängt nicht, weil es die Honorarverteiler versäumt haben, ihnen diesen Job schmackhaft zu machen. Der Ansatz zur Verbesserung der Versorgung der Landbevölkerung muss ein anderer sein. Er muss im Denken beginnen, welche Versäumnisse und Fehler bei den Selbstverwaltern begangen wurden, die diese vorhersehbare Entwicklung begünstigt haben. Alle noch so gut gemeinten Förderprogramme müssen und werden scheitern, wenn befürchtet werden muss, dass Machtverlust und Einflussnahmen die gegenwärtige Situation bedrohen könnten.

Welche Rolle spielen nun die Krankenkassen und Krankenversicherer in diesem System?

Im Rhythmus der Freude finden jährliche Beitragsanpassungen statt, um den „veränderten Bedingungen" im Gesundheitsmarkt Rechnung zu tragen. Kassen und Versicherer häufen Milliardenguthaben an und lassen ihre Versicherten nicht an ihren Rücklagenzuwächsen partizipieren. Im Gegenteil. Ihre Habgier kennt keine Grenzen und sie weisen eine Prämieneinfrierung oder Beitragsrückerstattung an ihre Versicherten weit von sich. Sie mutieren inzwischen zu Global Playern, fusionieren mit anderen Krankenkassen bzw. -versicherungen und betrachten ihre Krankensparte lediglich als Teil eines weltumspannenden Composit-Versicherungssystems, bei dem die Krankenversicherung lediglich eine Sparte ist, die es – wie alle anderen Versicherungssparten auch – unter kostensparenden Gesichtspunkten zu managen gilt. Dies bedingt verständlicherweise zwangsläufig eine Reduzierung der Versicherungsleistungen bei gleichzeitiger Anhebung der Prämien.

Versicherte Patienten sind verunsichert und wissen heute nicht, ob sie morgen noch ausreichend Deckung haben. Sie fürchten am Ende, trotz langjähriger Beitragszahlungen keinen ausreichenden Versicherungsschutz zu haben, und können kaum noch höhere Abgaben stemmen. Es gibt keinen Bestandsschutz mehr, auf den sich die Patienten verlassen können. Entweder erhöht sich der Selbstbehalt oder die Leistungen werden reduziert oder ganz gestrichen.
Mehr als 30 Milliarden Euro liegen bei Kassen und Versicherungen auf Halde und dienen als Polster für ungewisse Zeiten. Dennoch wehren sich alle Intermediäre unisono dagegen, auf den Steuerzuschuss der Bundesregierung zum Gesundheitsfond zu verzichten. Sie drohen bei Streichung mit höheren Belastungen für ihre Versicherten, wenn dieser Zuschuss zur Entlastung der Versicherten gekürzt werden sollte. Eine fürwahr perfide Politik im Umgang mit Versicherten.

Aber diese Gier ist der Spiegel unserer Gesellschaft. Es geht gar nicht mehr um bezahlbare oder nicht bezahlbare Gesundheitsversorgung der Bevölkerung. Es geht um egomane Selbstversorgung und Durchsetzung eigener Machtansprüche zu Lasten des Gegners. Gegner sind Patienten,

Ärzte und die Politik, die nur abnicken dürfen, ohne positiv gestalterisch mitzuwirken. Die Anhäufung von Milliardenrücklagen ist für die GKV unverzichtbar. Jeder Angriff auf diese „Spardose" gilt als unfreundlicher Akt und würde sofort eine Erhöhung der gesetzlichen Beitragszahlungen nach sich ziehen. Jeder erpresst jeden und alle wirken auf ihre Weise mit, das Gesundheitschaos zu beschleunigen. Die Pharmaindustrie nutzt dies auf ihre Weise und bringt unverhältnismäßig teure Produkte auf den Markt. Andernorts würden sie für einen Bruchteil des Medikamentenpreises verkauft. Die Apotheken beginnen untereinander einen Wettbewerb zur Ausnutzung von Preisspielräumen, nur um ihr eigenes Überleben zu sichern. Die Lobby der Pharmaindustrie lässt die Muskeln spielen und ist ähnlich mächtig und politisch verstrickt wie die aller anderen Industrie- und Wirtschaftszweige, nach deren Vorgaben die Politik tanzt. Niemand hat den Durchblick und alle haben stets die schier passende Lösung parat, dem Chaos im Gesundheitswesen zu entrinnen.

Nach dem jüngsten Krankenhausreport der AOK werden in den Krankenhäusern bundesweit rund 20 Millionen Behandlungen durchgeführt. Hiervon wird etwa 1 Prozent der Patienten unter Anerkennung einer viel höheren Dunkelziffer falsch behandelt oder unterliegt gravierenden Behandlungsfehlern. Das sind rund 200.000 ärztliche Kunstfehler, von denen wiederum rund 10 Prozent tödlich enden. Die Fehler oder Versäumnisse in den ambulanten Praxen sind hierbei nicht eingeschlossen. Eine seriöse Hochrechnung hierzu gibt es nicht, weil die Intransparenz der Datenlage ein fester Bestandteil der Patientenversorgung ist. Daten- und Aktenlage sind auch deshalb vage, weil üblicherweise nur ein Bruchteil der Patienten es wagt, gegen Kurpfuscher und Kliniken rechtlich vorzugehen. Meist enden die Auseinandersetzungen vor Gericht mit einem Vergleich und die behandelnden (Chef-)Ärzte bleiben unbehelligt.

So blieb z. B. der Chefarzt einer Kinderabteilung einer Eifelklinik in seinem Amt, obwohl die Hämatome eines eingelieferten Kindes eindeutig auf grobe Misshandlungen deuteten, die von dem Spezialisten nicht erkannt wurden und der die Polizei deswegen nicht einschaltete. Ärzte gestehen von Berufswegen keine Fehler ein und entschuldigen sich noch weniger für nachweislich begangene Behandlungsfehler. Es gibt keine Fehlerkultur im Medizinbetrieb, und solange diese nicht vorhanden ist, mangelt es an der grundsätzlichen Bereitschaft, auch gutachterseitig eindeutig Stellung zu beziehen. Es wird vertuscht, verschwiegen und abgewehrt.

Wenn der Gesetzgeber die Rechte der geschädigten Patienten nicht nachhaltig und wirksam stärkt, ändert sich nichts. Dann gilt der Slogan „Politikerpfusch begünstigt Ärztepfusch". Ebenso wie es im Politikbetrieb keine Transparenz gibt oder sie unerwünscht ist, ebenso fehlt sie in der Medizin. In Krankenhausberichten sucht man bis heute vergeblich nach Hinweisen auf kritische Behandlungsergebnisse, Komplikationen oder gar eigene Fehler. Zum Schutze vieler Nieten in Weiß werden Abweichungen von Standards, die Nichtdurchführung notwendiger Maßnahmen und die daraus entstandenen Folgen vielfach überhaupt nicht erwähnt. Die weiße Kriminalität scheut auch vor Urkundenfälschungen nicht zurück, wenn z. B. Einwilligungskreuzchen auf OP-Formularen nachträglich angebracht oder versetzt werden.

Bislang war stets der Patient beweispflichtig, dass er falsch behandelt wurde und deshalb einen körperlichen (und seelischen) Schaden erlitten hat. Seine Rechtsstellung war nahezu hoffnungs- und aussichtslos, weil er sich auch im Umgang mit Krankheiten, den erforderlichen Heilverfahren und den medizinischen Fachausdrücken hoffnungslos unterlegen fühlte. Es war deshalb ein Schritt in die richtige Richtung, dass durch die Umkehr der Beweislast nunmehr der behandelnde Arzt in der Verpflichtung steht zu beweisen, dass er keinen Fehler begangen hat. Dies wird im Ergebnis vermutlich keine spürbaren Verbesserungen bringen, aber es hilft, die medizinischen Leistungen patientengerechter durchzuführen und entsprechend zu dokumentieren. Die Grauzone, wo echte Krankenhilfe endet und die Gewinnaussicht beginnt, wird immer weiter ausgedehnt und nebulöser werden. Dies gilt auch für den Gesetzgeber und die Justiz. Überflüssige Operationen, das Verschreiben honorarversprechender Medikamente und ein patientenfeindliches Zeitmanagement sind nur einige Fallstricke, denen der unbedarfte Patient machtlos gegenübersteht.

Ein weiterer Aspekt belastet zudem das gegenwärtige deutsche Gesundheitswesen und dessen nachhaltige Gesundung. Über 50 Prozent der Krankenhäuser leiden unter jährlichen Verlusten. Sie riskieren viel, manchmal zu viel, um zu überleben. Die unter Zahlen- und Zeitdruck arbeitenden

Klinikverwaltungen verlangen höhere Umsätze, bessere Auslastung der OP-Säle, kostenbewussteren Umgang mit Verweildauern und Liegezeiten der eingelieferten „Fälle" und vieles andere mehr. Die Existenz des Krankenhauses kann auf Dauer nicht mehr sichergestellt werden, wenn ausschließlich zugunsten des Patienten und nicht zugunsten des Krankenhausträgers als Arbeitgeber gearbeitet wird. Es ist also eine Frage der Managementkunst, alle beteiligten Komponenten in Einklang zu bringen. So weit, so gut. Und dennoch geht es um Millionenumsätze, denen Kliniken und Spitäler hinterherjagen, um an dem lukrativen Auslandsgeschäft zu partizipieren. Es geht um Patienten, die nicht der heimischen Grundversorgung unterfallen, sondern aus dem zahlungskräftigen arabischen Raum stammen, viel Geld mitbringen und wenig Rechte einfordern. Dabei geht es nicht um Abschottung gegenüber nichtdeutschen Patienten, sondern vielmehr darum, dass sich in dieser Grauzone medizinischer Aktivitäten bei der Behandlung von Auslandspatienten, insbesondere aus dem arabischen Raum medizinisches Personal tummelt, das keine ausreichende Qualifikation hat und daher oftmals die Dringlichkeit und die Notwendigkeit operativer Eingriffe fehlerhaft beurteilt. Dieser Patientenmarkt wächst in zunehmendem Maße und gewinnt eine immer stärker werdende existentielle Bedeutung gerade auch für inländische Krankenanstalten. Schließlich genießt die deutsche Medizin in den betroffenen Ländern einen guten Ruf, für den zahlungskräftige Patienten bereit sind, auch einen guten Preis zu zahlen.

Gewöhnlich läuft das Geschäft über sogenannte Vermittlungsagenturen. An diese Anlaufstellen wenden sich Heilung suchende Patienten und werden von diesen requiriert. Sie erhalten eine kaskomäßige Vollversorgung und werden nach Deutschland zur Untersuchung und Behandlung gebracht. Die Vermittler arbeiten für spezielle Kliniken und sorgen für ihren patientenseitigen Nachschub. Sie stellen in der Regel für ihre Dienstleistungen – einschließlich Kost und Logis für Angehörige – überhöhte Rechnungen aus, raten den Betroffenen zum Teil zu überflüssigen Behandlungen und Heilmethoden und übergeben die Einreisenden an Ärzte, denen im Grunde die fachspezifische Befähigung fehlt. Das System ist zwar fragwürdig, aber es funktioniert. Widerspruch wird von keiner Seite eingelegt und jeder glaubt, Patientenbetrug gäbe es nicht in Deutschland, sondern nur in Afrika und Lateinamerika. Denn Gesundheitsleistungen „Made in Germany" sind über jeden Zweifel erhaben. Die Wirklichkeit ist freilich eine andere. Patientenvermittler, Ärzte und Kliniken betreiben zusammen ein Kartell zur Beschaffung schnellen Geldes. Der Medizintourismus aus dem Nahen und Mittleren Osten fragt nicht nach Schuldzuweisung oder Fehlbehandlungen. Das Entstehen und das Wachsen dieser „Grenzkliniken" sind nicht zuletzt die Folge unserer Gesundheitsstrategie, die das Überleben kleinerer und mittlerer Krankenhäuser erschwert oder gar unmöglich macht.

Inzwischen wächst der Anteil dubioser Vermittlungspraktiken von Auslandspatienten nach Expertenschätzungen auf bis zu 10 Prozent des Jahresumsatzes eines Krankenhauses. Dieser Behandlungsservice existiert praktisch *praeter legem* und ist so gut wie nicht justitiabel. Im Gegenteil. Je mehr bei der Behandlung schiefgeht, umso mehr verdienen die Kliniken und profitieren Ärzte und Vermittler, weil die Behandlungsdauer entsprechend verlängert werden muss.

Das Gesundheitswesen als Tummelplatz für kriminelle Herausforderungen und Machenschaften, die schamlos ausgenutzt werden, ist die Kehrseite einer Medaille, bei der die traditionellen berufsethischen Standesvertreter die Verlierer sind. Denn für sie stand und steht immer noch der Mensch und nicht das Geld im Mittelpunkt ihrer hippokratischen Eidesformel. Nur wenn aus weißen Schafen im Laufe der Zeit immer mehr schwarze werden, stellt sich nicht nur für die Politik, sondern für das gesamte System die Frage von Glaubhaftigkeit und Glaubwürdigkeit. Die Ethik in der Medizin verblasst zu einer konturenlosen Moralvorstellung, die jeder Beteiligte für sich neu erfindet und definiert. Die Versicherungen und Kassen treiben ihr Spiel mit den Prämien, die Verbände mit den Ärztehonoraren, die Ärzte mit ihren Behandlungssystemen, die Patienten mit ausufernden Heilungsansprüchen und die Politik mit hilflosen Versuchen, alles unter einen Hut und „auf einen guten Weg" zu bringen. Die Verfolgung eigener Marktinteressen bildet das Fundament unserer Marktwirtschaft. Es geht um das Wie und mit welchen Mitteln wir unsere Interessen durchsetzen, und nicht um das Warum.

Nach klassischem Denkmuster wird das größte Glück der größten Zahl am ehesten dadurch erreicht, dass jeder ausschließlich seinen Interessen folgt. Dieser Marktmechanismus schafft Wohlstand für alle. Mitnichten. Es hat sich gezeigt, dass sich unsere sozial verpflichtete Marktwirtschaft seit vielen Jahrzehnten längst von diesem Marktmechanismus klassischer Prägung verabschieden musste. Ethische Werte fanden keine Berücksichtigung und die Schwachen fielen durchs soziale Raster.

Auf dem Gesundheitsmarkt haben wir noch bestimmte klassische Muster alter Prägung. Strukturen und Prozesse sind schon lange nicht mehr zeitgemäß, weil sie nicht dazu beitragen, anstands- und menschengerechte Lösungen für alle Menschen herbeizuführen. In Wildwest-Manier rafft jeder, was er kriegen kann, und schämt sich nicht einmal, dies öffentlich zu bekennen. Letztlich tragen alle Akteure Schuld an diesem Desaster. Niemand wagt es, etwas Neues zu riskieren, weil niemand mehr einmal besetzte Domänen gerne kampflos preisgegeben will.

Am Ende geht es nicht um die Menschen, und es geht im Kern auch nicht um die Grundversorgung der Bevölkerung mit medizinischen Einrichtungen. Worum es wirklich geht, ist das Geld, die Macht und der Einfluss. Und solange diese Triebkräfte die Oberhand haben, solange erfolgt auch kein Umdenken in diesem Spiel, auch wenn das Gegenteil beteuert wird.

Zu guter oder schlechter Letzt

Da begeht ein Steuersünder seit vielen Jahren systematisch Steuerhinterziehung und Steuerbetrug in großem Stil. Von der Sportpresse wird er als einer ihrer Epigonen gefeiert. Ein *deus ex machina*, dem es gelungen ist, seinen Verein und die Glücksgefühle seiner Anhängerschaft in ungewohnte Höhen sportlicher Erfolge zu treiben. Die Zahl der gewonnenen Fußballtitel ist inzwischen unübersehbar und zeigt, dass mit Millionengeschäften auch im Fußball alles möglich ist. Europäische und weltweite Meisterschaften rechtfertigen, so die Fans, jedes Vorgehen, auch dann, wenn es eindeutig kriminell ist.

Steuerhinterziehung ist eigentlich ein Bagatelldelikt in den Augen der tosenden Applaudanten und zeigt nur, wie clever der Sportfunktionär mit Gegnern, Fiskus und Justiz umgegangen ist. Wer nur Steuern hinterzieht – egal in welcher Höhe und Größenordnung –, verdient Respekt. Er zeigt, dass er auf allen Feldern des Lebens eine gute Figur macht, clever ist, bewundert wird und obendrein erfolgreich ist. Wer sich jenseits jeder sportlichen Bewertung bewegt und über jeden Zweifel erhaben ist, dem ist auch im Umgang mit den Nachlässigkeiten des gesellschaftlichen Alltags ein hoher Vertrauensbonus sicher. Staat und Gesellschaft, Sport und Kultur, Fiskus und Justiz, alle liegen ihm zu Füßen. Hierfür sorgt das wöchentliche Gegröle der Schreihälse auf den Rängen der Stadien. Sie sind die wahren Stimmgeber für Recht und Gesetz, für Ordnung und Missfallen. Sie sind so lange verlässlich, wie der sportliche Erfolg nicht ausbleibt und an jedem Wochenende von Sieg zu Sieg geeilt wird.
Die Niederungen des Alltags und erst recht die des Steueralltags sind nicht der Stoff, aus dem die Erfolgsverwöhnten ihre Daseinsberechtigung schöpfen. Schließlich sind die Sphären der eigenen Lebensfreude in einer anderen Dimension zu suchen, als es die Ticketinhaber auch nur annähernd erahnen.

Jeder von uns Sterblichen, der seine Einkommenssteuerschuld anerkennt, sie fristgerecht begleicht und bestimmungsgemäß abführt, ist eigentlich ein Dummkopf und der ewige Verlierer.

Denn mit vollem Einkommen ohne Abzüge lassen sich im Leben viel mehr gute und schlechte Dinge bewegen als nur mit 40 oder 50 Prozent netto verfügbarer Löhne und Gehälter unter Berücksichtigung staatlicher Abzüge. Der Staat freut sich über soziale Segnungen, auch wenn sie aus hinterzogenem Geld stammen. Der verurteilte Protagonist kann davon viele Strophen singen, weil ihm viele Ehrungen aufgrund seines vorbildlichen sozialen Engagements zuteil wurden. Gutmenschentum durch hinterzogene Steuern in Millionenhöhe.

Dem Staat, den wir alle unser eigen nennen, wird durch treue und treulose Mitbürger in unterschiedlicher Weise (Steuer-)Gerechtigkeit zuteil. Hunderttausende Steuerstraffällige haben ihre Ersparnisse und Geldanlagen anderen Ländern in Europa und Übersee in der Hoffnung anvertraut, dem eigenen Land berechtigte finanzielle Ansprüche vorzuenthalten. Das eigene Heimatland indes, das die öffentliche Infrastruktur bereitstellt und weiter ausbaut, Produktionsmittel und humanes und geistiges Know-how und Kapital kostenlos zur Verfügung stellt, damit die Steuersünder ihre Profite machen können, möge sich bitte schön für die notwendigen zur Verfügung zu stellenden öffentlichen Mittel an die ehrlichen und weniger cleveren Steuerzahlern wenden. Alleine die Kosten für die Sicherheit der Spielabläufe werden in Millionenhöhe der Allgemeinheit auferlegt, auch jenen, die kein Vereinsinteresse haben, während die Ticketeinnahmen in den Stadien und Mediengelder privatisiert werden, d. h. in die eigene Tasche der Vereine und ihrer Bosse fließen und den Millionenbetrug erst möglich machen.

Die meisten zur Steuerabgabe Verpflichteter können (und wollen) sich nicht der angemessenen Steuerfestsetzung entziehen. Abschreibungen, Werbungskosten, Sonderausgaben sind so umfangreich geregelt, dass kaum noch eine nennenswerte gesetzeskonforme Möglichkeit besteht, die Steuer spürbar zu reduzieren oder gar zu vermeiden. Dennoch werden schon bei geringfügig abweichenden Angaben Strafdrohungen ausgesprochen und dem Arsenal vielfältiger Strafzumessungen zugeordnet. Nicht selten reagieren Fahnder und Revisoren auf unempathische Weise und völlig unangemessen auf Bagatellvergehen ihrer Kunden und demonstrieren eindrucksvoll, mit welchen Konsequenzen Steuerhinterzieher oder solche, die es gar nicht wissen, zu rechnen haben.

Anders ist es bei Straftätern mit Selbstanzeigen. Sie kommen in der Regel strafbefreit aus jahrelangen Steuerhinterziehungen heraus und akzeptieren gern die Folgen ihres Vergehens, selbst wenn die „Gebühren" für Strafvergehen in der Zwischenzeit geringfügig erhöht wurden.

Steuerbetrug, ob als Prominenter oder Nobody, ist Verrat und Verbrechen an der Gesellschaft, dem Staat und den pflichtbewussten Mitbürgern. Daran ändert auch nichts, wenn Politiker aller Couleur ihr Steuervergehen vordergründig einsehen und es allenfalls im Nachhinein als Fehler bedauern. Auch das ist ein Verbrechen, wenn man Zweitsteuern nicht bezahlt, aber die Diäten kassiert. Es ist unglaublich, mit welchem Schulterschluss und welcher Verharmlosung Sympathisanten und „Sportkameraden" nicht müde werden, ihre heimliche Bewunderung öffentlich zu bekennen, und sogar die Jagd auf Steuerbetrüger mit der Verfolgung von Vergewaltigern oder Kinderschändern gleichsetzen. Im Vergleich zu „echten" Straftaten sei die Steuerhinterziehung lediglich ein Bagatellvergehen und nur durch die Feststellung der hinterzogenen Steuern zu ahnden. Da wir alle Steuersünder sind, sollte auch niemand den Stab über andere Hinterzieher brechen, egal um welche Summe es sich dabei handelt.
Die Sympathiebekundungen für den Steuerdelinquenten in Bayern waren schon beeindruckend. Ein ganzes Bundesland einschließlich früherer Politgrößen relativierte das Ausmaß des Vergehens, zeigte sich loyal und demonstrierte in aller Öffentlichkeit einen unerträglichen Lokal- und Regionalchauvinismus. Da es in einem der wohlhabendsten Bundesländer offenbar nur ums Geld geht, über das alle Anhänger, Freunde und Bekannte ausreichend verfügen und dementsprechend genug auf der hohen Kante haben, konnte der Strafprozess und dessen Urteil nur ein Treppenwitz des Rechtsstaates sein. Auch wenn Schadenfreude, Neid und Missgunst die übliche Begleitmusik spielten.

Der Ertappte erhoffte sich durch eine schnelle, anwaltlich begleitete Selbstanzeige den Verfolgungsbehörden zu entziehen und die angemeldete, bewusst niedrig gehaltene Betrugssumme geräuschlos an den Fiskus zu entrichten. Gleichwohl waren auch die Angaben über die angeblich nicht gezahlten Steuern falsch und entstammten dem gleichen Fehlverhalten, mit dem der Angeklagte jahrelang den Staat betrogen hatte. Es war daher kein situatives extrinsisches Verhalten des Straftäters, sondern ein intrinsisches Vorgehen, das ihm in den Jahren zuvor so viel illegales Geld auf seine Konten spülte. Man könnte auch sagen, die Katze lässt das Mausen nicht, auch wenn sie nach außen hin so tut, als wenn sie Reue zeigt.

Erst im Strafverfahren selbst, als der Druck für den Angeklagten immer größer zu werden drohte, gab er zu, erneut falsche Angaben gemacht zu haben. Er wolle nunmehr endgültig mit sich und den Steuerbehörden reinen Tisch machen. Ihm dämmerte wohl, dass seine Reuebekundungen nur dann wirklich gerichtsfest werden, wenn er die Höhe seiner Steuervergehen realistischer angibt und somit alte Angaben revidiert. Wer sich allerdings für mehrfach notwendig gewordene Anpassungen entschuldigen muss, klagt sich letzten Endes selbst an, erneut und wiederholt die Unwahrheit gesagt zu haben. Diese Vorgehensweise gipfelte schließlich in der übereinstimmenden Feststellung, dass die wiederholte Korrektur der geprellten Steuerzahlung um weitere Millionenbeträge nachweislich den Eindruck erwecken musste, dass es dem Betrüger nicht um Aufarbeitung der Wahrheit, sondern um weitere Vertuschung seiner Vergehen ging.

Wahrheit? Warum auch? Vor den Toren des Gerichtsgebäudes skandierten die unbelehrbaren Anhänger mit roten Schals und Spruchbändern, was sie von ihrem Vorbild, dem Delinquenten, seinem Verein und dem Gericht hielten. Der Mob machte ihm Mut, nicht alle Katzen aus dem Sack zu lassen. Die Frage stellt sich indes, wieso es gelingen konnte, unbemerkt und unverfolgt jahrelang gigantische Summen an den Finanzbehörden Münchens und Bayerns vorbeizuschleusen, ohne dass der geringste Verdacht entstand, dass hier Steuerhinterziehungen im großen Stil begangen wurden? In Köln wäre man um eine Antwort nicht verlegen, aber in Bayern?

Zu guter oder – je nach Sichtweise – schlechter Letzt gab es allein wegen der historisch einmalig hohen Dimension möglicher Steuernachforderungen für den Angeklagten nur noch wenig Hoffnung auf Milde. Die scheibchenweisen Vorenthaltungen in der Wahrheitsfindung und des wahrheitsgemäßen Ausweises der gesamten Steuerbetrügerei ließen dem Gericht keine Wahl. Es schickte den Täter ins Gefängnis.

Wer nicht einsieht, muss einsitzen. Sympathiegeschrei, Lobhudelei und vorgezogene Danksagungen über Verdienste und Wohltaten waren das letzte schmückende Beiwerk, um das sich die Medien in einer einzigartigen Kampagne und mit lautem Getöse „verdient" machten. Ihre mediale Ikone wurde zum unbedeutenden Statisten auf Zeit erklärt und dieser akzeptierte aus naheliegenden Gründen das vergleichsweise milde Promi-Urteil. Vielleicht findet der nunmehr rechtskräftig Verurteilte doch den Weg zu der evangeliaren Einsicht, dem Kaiser – nicht Beckenbauer – das zu geben, was ihm gehört, und nicht selbst Kaiser zu spielen und alles zu behalten. Selbst wenn diese Erkenntnis zu guter oder schlechter Letzt altersbedingt reift, wäre es für eine Umkehr nicht zu spät.

Den Gipfel des Unverstandes in diesem Steuertheater lieferte einmal mehr die Politik. Die Regierungschefin zollte dem Straftäter vor einer eigens anberaumten Pressekonferenz ihren großen Respekt und ihre hohe Anerkennung für die Akzeptanz des gerichtlichen Urteils. Abgesehen davon, dass es politisch unklug war, das Strafurteil eines ordentlichen Gerichtes politisch zu kommentieren, muss sich letztlich jeder steuerzahlende Depp die Frage stellen, ob sein Verhalten nicht doch der dümmere Weg ist. Vielleicht hätte die Kanzlerin ihre Äußerung besser gepfiffen, als sie in der Öffentlichkeit auszubreiten. Schweigen zur rechten Zeit hat auch eine philosophische Dimension.

Wieder einmal bestätigt es sich, dass Deutschland zu Ethik und Moral ein gestörtes Verhältnis hat, und dies nicht nur in den Tagen des bayrischen Vorzeige-Idols. Wen wundert's da, dass für viele unserer Zeitgenossen die Ethik doch nicht mehr ist als eine (bloße) Theorie im Kopf – und nicht Wertmaßstab für unser eigenes Handeln.

Zur Person des Autors

Prof. Dr. Joachim Kohlhof, Jahrgang 1945, war zuletzt Inhaber des Lehrstuhls für Finanzierung und Investition an der FH Brandenburg.

Nach seiner Promotion begann der Wirtschaftswissenschaftler ein Bank-Trainee und arbeitete ab 1972 als Vorstandsassistent des Gerling-Konzerns in Köln. 1978 wurde er nach Ernennung zum Bundesbankrat bei der Deutschen Bundesbank Stellvertreter Direktor der Landeszentralbank in Köln und Bonn. 1986 erfolgte die Ernennung zum Sparkassendirektor und Vorsitzenden des Vorstandes der Kreissparkasse in Daun. Zudem war er Lehrbeauftragter für Finanzmanagement an der Fachhochschule in Trier. 1994 erhielt Kohlhof Berufung und Ernennung zum Professor an der FH Brandenburg durch den Wissenschaftsminister des Landes Brandenburg. Professor Kohlhof ist Gründer des Collegs für Wirtschafts- und Unternehmensethik in Mehren/Eifel. Er ist Mitglied im Freundeskreis der Ludwig Erhard Stiftung und Inhaber der Ehrenurkunde zum Förderpreis „Soziale Verantwortung des Mittelstandes 2002" der WJD.

Kohlhof war Gastprofessor an der Karel-de-Grote Hoogeschool in Antwerpen sowie Referent an der Banking Institution of Higher Education in Riga.

Der Autor ist bekannt durch seine umfangreichen Veröffentlichungen und Rundfunkbeiträge zum Thema Finanzierung und Bankwesen sowie zu aktuellen wirtschafts- und unternehmens-ethischen Problemen.

Bisherige Veröffentlichungen hierzu:

Der Bürgschaftskredit, 1976
Der Lombardkredit, 1981
Der Diskontkredit, 1985
Führungsverhalten und Unternehmensethik, 1995
Finanzmodelle von Großinvestitionen in den neuen Bundesländern, 1997
Perspektiven zur Privatisierung öffentlich-rechtlicher Sparkassen, 1997
Qualitätskonzept für ein Bankenrating im Internet, 1998
Avale, Bonds und Garantien, 1999
Value-at-Risk-Management in Banken, 2000
Wertemanagement, 2001
Ohne Anstand und Moral, 2002
Vom Nutzen ethischer Werte, 2004
Ethik in der Altenpflege, 2005 (MA)
Ethik im Unternehmen – Leitfaden für die ethische Auditierung nachhaltigen Wirtschaftens, 2006 (MA)

Im Shaker-Verlag sind erschienen:

Mensch – Ethik – Wirtschaft, 1999
Unternehmensethik – Erfolgsfaktor oder Hemmschuh?, 2000
Politik – Ethik – Wirtschaft, 2002

Im Shaker-Media Verlag:

Höre Deutschland – Deine Kinder, 2009
Denkverbote, 2012
Die verführte Gesellschaft, 2014

Joachim Kohlhof

Mensch – Ethik – Wirtschaft

ISBN 978-3-8265-5886-3

112 Seiten, 12,40 EUR

Joachim Kohlhof

Unternehmensethik

ISBN 978-3-8265-5983-9

122 Seiten, 12,40 EUR

Joachim Kohlhof

Mensch – Ethik – Wirtschaft

ISBN 978-3-8265-8296-7

146 Seiten, 12,40 EUR

Joachim Kohlhof

Höre Deutschland, Deine Kinder

Eine Wanderung über den Ethiksteig von den

heiligen Stätten bis zur deutschen Realität

ISBN 978-3-86858-507-0

150 Seiten, 24,90 EUR

Joachim Kohlhof

Denkverbote

Ethische Metamorphosen

zur Zeitgeschichte

ISBN 978-3-86858-754-8

164 Seiten, 24,90 EUR